汽车4S店精品销售与管理

汽车后市场精品管理第一本工具书

主　编　霍书增
副主编　谢计红　麦　迦
参　编　王　勇　邓国明　陈晓冬　杨　非
　　　　褚畅青　陈　军　李　伟　姜则蓉
　　　　陈秉跃　谢　宇

机械工业出版社
CHINA MACHINE PRESS

本书按照从汽车贸易集团公司管理层到下辖4S店管理层的业务需求，自上而下，全面、深刻地剖析了汽车精品业务开发、管理、经营全程需要直面的问题、精品运作战略规划和实施、精品运作管理和考核等问题。内容涵盖了从组织架构搭建、产品选择办法到4S店的业务开拓、产品增销提量等各个层面，既有理论观点，又有实战策略，具有很强的启发性和可操作性。

本书是4S店进行店面管理、精品管理的指导用书，对各汽车美容店、汽车后市场连锁品牌店有一定的指导和借鉴意义，适合各大汽车贸易集团的总经理、衍生业务总监、精品业务总监，以及各4S店的总经理、精品业务经理和销售员工学习；也可供高等院校相关专业师生阅读。

图书在版编目（CIP）数据

汽车4S店精品销售与管理/霍书增主编. —北京：机械工业出版社，2014.9(2017.3重印)
ISBN 978-7-111-47975-8

Ⅰ. ①汽… Ⅱ. ①霍… Ⅲ. ①汽车－专业商店－销售管理②汽车－专业商店－经营管理 Ⅳ. ①F717.5

中国版本图书馆CIP数据核字（2014）第213038号

机械工业出版社（北京市百万庄大街22号　邮政编码100037）
策划编辑：齐福江　责任编辑：齐福江
版式设计：霍永明　责任校对：王　欣
封面设计：路恩中　责任印制：李　飞
北京铭成印刷有限公司印刷
2017年3月第1版第4次印刷
184mm×260mm · 11.75印张 · 1插页 · 253千字
标准书号：ISBN 978-7-111-47975-8
定价：48.00元

凡购本书，如有缺页、倒页、脱页，由本社发行部调换

电话服务	网络服务
服务咨询热线：010-88361066	机 工 官 网：www.cmpbook.com
读者购书热线：010-68326294	机 工 官 博：weibo.com/cmp1952
010-88379203	金 书 网：www.golden-book.com
封面无防伪标均为盗版	教育服务网：www.cmpedu.com

序

打造可持续增长的汽车精品业务

汽车产业作为国民经济的支柱产业，在前几年的高速发展中，成就了中国的汽车大国地位。但自2011年以来，我国汽车市场由高速发展进入了低速增长期。总的看来，目前我国新车年产销已突破2000万辆，处于总量较高的阶段。汽车市场已开始出现国际成熟市场的一般特征：即汽车市场增长已由单一的新增需求驱动，逐步转变为新增需求与置换需求的两轮驱动；新车市场与二手车市场的联动作用进一步凸显；市场竞争十分激烈，买方市场初步显现。

虽然汽车市场仍然保持一定幅度的增长，但由于竞争的加剧，新车销售利润变薄的趋势将无法逆转，汽车经销商的生存和发展也将面临重大挑战。要在市场倒逼的形势下提高企业的盈利水平和竞争力，进而做强做大，关键取决于汽车经销商4S店对整个经营环节综合运营能力的不断提升，包括基础管理能力、业务模块的整体布局及综合营销水平。同时，要适时调整和改变原有的经营模式和盈利路径，改进和创新经营。目前我国汽车经销商的利润构成主要来自五个方面，即新车销售、维修和保养、金融与保险、汽车精品和二手车业务。现在来看，在做好新车销售、维修和保养、金融与保险以及二手车业务的同时，强化和推进汽车精品业务是一个好的选择，因为汽车精品业务尚处于盈利但不成熟的阶段，利润丰厚，前景广阔。

据日本成熟汽车市场的经验，汽车精品业务的利润占汽车经销商利润的15%。目前，国内大部分汽车经销商虽已重视汽车精品业务，但是这项业务的增长还缺乏稳定性和可持续性。由于缺乏系统的业务规划、完善的组织机构以及可持续的营销模式，同时也缺乏经验的积累，更没有系统的方法论，以至于汽车精品业务的开展尚未形成成熟的业务模式。

由霍书增先生编写的《汽车4S店精品销售与管理》一书的出版，正好填补了这个领域的空白，这是国内第一本系统讲述汽车4S店精品销售与管理的书籍。

我和霍书增先生认识已久，记得初次见面是在2009年的北京，在中国汽车流通协会主办的“汽车消费”论坛上，当时，聆听了他关于汽车精品运营方面经验的演讲，现在还印象深刻。

那时，他负责庞大集团汽车精品业务不久，但已经初有成效。他的演讲简炼、务实，充满了对汽车精品事业的激情，更体现了他对汽车精品业务较深刻的理解。

霍书增在汽车精品领域中，是一名既有很强的实践经验又有深刻理论思想的专家。多年来，他一直专注于汽车精品领域的工作，特别是对4S店如何做好汽车精品业务有着丰富的管理和运营经验。本书内容囊括了他近10年来在实践中凝结的经验，在经营管理中获得的思考，以及他对汽车精品未来发展的预测。

《汽车4S店精品销售与管理》详细地分析了4S店的生存现状及国内外汽车精品行业的现状和发展趋势；对从汽车贸易集团到4S店的汽车精品业务运作，如战略规划、组织架构、进货管理、市场调查、供应商管理、精品考核、美容项目等方面进行了论述，并提出了可操作性的方案，同时提供了大量可直接应用于实战的工具和案例；对4S店的经营方案，如展厅陈列、精品销售、精品库存、精品服务、技工管理、精品考核等提出了建议，并给出了相应的管理工具；对精品营销方法等进行了系统的论述，同时提供了大量的营销案例。

德鲁克说过："没有人能够左右变化，唯有走在变化之前。"中国汽车经销商依托市场规模的扩大而获得利润增长的时代即将过去，未来的利润增长来源于精细的管理和营销的创新。管理要有系统的方法论，创新则源于知识的积累。《汽车4S店精品销售与管理》这本书，不仅提供了系统的汽车精品管理的方法论和相关的营销知识，还提供了大量的实战工具。更可贵的是，他还邀请了在精品管理和营销方面有深厚经验的专家朋友们分别为本书撰写了文章，为读者贡献了自己的经验与见解。从中既可看到他坦诚、分享的为人、交友态度，也让本书集合了多家之言，让读者可以从更多角度了解汽车精品。

我相信，通过阅读此书，汽车精品行业的从业者可以获得非常有益的启发和收获。

作为中国汽车流通领域发展的积极推动者，我非常高兴地看到《汽车4S店精品销售与管理》一书的成功出版，也感谢霍书增先生为推动汽车经销商汽车精品业绩的提升所付出的努力。同时，我也相信：本书必将为中国汽车精品行业的管理和营销水平再上一个台阶，起到积极的推动作用。

沈进军

中国汽车流通协会

写在前面的话

我和霍书增霍总初识于2009年，当时他在庞大公司做精品公司总经理。我编辑的杂志里选用了他一篇稿子。印象最深刻的，除了霍总生动的文笔，还有他为人的认真和勤勉的态度。后来与霍总熟悉了些，他赠我其早年写的散文集《一路狂奔》，才知道，霍总的才情原来是有渊源的。所以，如今看到这本《汽车4S店精品销售与管理》即将付梓，我个人并不意外，他的善于总结、学以致用是业内公认的。而读完此书，你会更加佩服霍总的毅力，能在如此繁重的工作中将日常积累的心得体会井然有序地书写出来，并不是普通人能轻易为之的。

关于此书成稿的缘由，值得说一下。编写此书的想法来自于朋友间的一个倡议，其后霍总开始执笔，再历经多次修订、润色，加上业内同仁的襄助，最终成为现在这个面貌。期间，我有幸参与其中，断断续续做了一些编审、校勘的工作——其实更是学习的过程——对4S店汽车精品业务也有了更深入的理解。

从心底里说，这本《汽车4S店精品销售与管理》是非常值得阅读的。你可以称之为工具书，也可以称之为业务指导书，里面的道理和实例，光阅读和学习还不行，还要在实际工作中尝试去用，才能做到知行合一。而就目前经销商的现状来说，其实最需要改变的，是思路问题。

比如说，很多汽车4S店至今还在将精品作为消费者买整车的附赠品，依然是变相降价的销售思路，而在此思路下，对精品的要求基本上就是越便宜越好。最终的结果可想而知，消费者一旦发现白得的东西是伪劣品，对4S店品牌的信任度也是打折扣的。这是以销售为导向的4S店最常见的、也最应该改善的地方。可惜的是，时下还有很多4S店执迷于此。

从4S店集团层面来看，不少管理层一般都认为汽车精品是重要的业务板块，但是如何做，怎么做，怎么管理，则各家做法不一，效果自然也是千差万别。为何会有那么大的差别，也不甚明了。从我个人来看，目前汽车经销商集团的精品业务，做得差的偏多。比如有位4S店投资人就问我，他们有精品公司，也是统一采购，虽然也有起色，但业绩并不突出。为何人家做得好，为何我们做得不好，是因为缺乏系统的认识和总结。从这个意义上讲，这本书就很值得这些管理者好好读一下。

而站在4S店集团精品公司的角度来看，这本书也是值得读的。我们都知道汽车精品是一个利润丰厚的业务链条，众多的汽车精品供应商敲破铁门也要争取4S店的销售入口。所以作为甲方的4S店往往并不愿意在业务上下功夫。可惜时移世易，在整车销售价格越来越透明的今天，延伸业务开始成为汽车经销商能否立足未来的关键，投资人对汽车精品业务的重视程度和考核力度也会逐步增大。精品公司的管理者的工作，不仅仅是集采那么简单，还需要针对每家店面的情况给出具体的指导和整改措施。要做到这一点，并不容易。不懂汽车精品运营规律，不提高汽车精品业务能力，只知道闷头算计自己利益的，离被淘汰已经为期不远了。

我们知道，汽车经销商目前都在呼吁转型，但是如何转型，其实是大有周章的。在这样一个时间节点上，霍总结合多年的所思所想、所作所为，并搜集整理业内好友的诸多案例和观点成就此书，不失为造福行业之举，善莫大焉。同时，也要感谢机械工业出版社慧眼识才出版了这本对行业很有助益和推动作用的著作。

作为中国汽车经销商微信（autodealer）和商友会的发起人，我们会尝试利用微信、微博等新媒体途径荐举此书，以期帮助更多业内同仁了解和发现此书的闪光之处，为促进行业进步略尽绵薄之力。

以上为一点感想。匆匆写就，希望对诸君有用。

中国汽车经销商商友会创始人

前言

这是一本关于4S 店汽车精品管理的工具书。

我为何要写一本这样的书呢?

因为多年前，当我刚踏入这个行业的时候，一直在寻找这样一本书。

6 年前，我毅然离开行政机关，投身于汽车精品行业。期间的跌宕沉浮，甘苦荣辱，抵得过在行政机关的17 年之和。我知道，这不是一条坦途，我只能义无反顾地往前走。前方或荆棘密布，或暗香浮动，或柳暗花明，或遭遇穷途。但经过这6 年磨砺，今天的我，能够清晰地看到自己的目标和方向，明白了为何有些路途看似捷径却难以行得通，为何有些坎坷路坚持下去就是坦途。

2013 年5 月，我向庞大集团提出辞呈，但我一直感恩在庞大的这6 年，让我对汽车精品从门外到门内再到窥其本源，梳理出清晰的脉络。

然后，是选择、否定、再选择的痛苦沉寂期。这段时间持续了5 个多月，我自己将它比喻为心灵的静修期——我开始回顾在庞大集团这几年的精品运营生涯，总结得失与成败，由此写出下面的思考和文字，希望能为此段旅程画上总结性的一笔。

这个快速发展的行业，如同眼下这个快速发展的时代，有太多的现象、太多的概念需要廓清和梳理。比如说，什么是汽车精品?

这个貌似很简单的问题，却始终缺乏一个明确的答案。

刚进入这个行业时，我也曾就此向业界前辈们请教，其中不乏知名精品厂家或大型汽贸集团的掌门，而答案竟然五花八门。

从业至今，经过多年的思考和总结，我自信有了明晰的答案——

所谓精品，是指汽车生产出来之后，在销售之时，或销售之后，或使用过程中附加在其上的所有的精品。之所以称其为精品，是相对于街边美容店、装具店的普通产品而言。它不像轮胎、转向盘这些必备的配件——缺少了它这辆车就不能行驶。没有导航、氙灯、香水、脚垫，不更换轮毂，不贴太阳膜，不做车身改色，并不影响这辆车的驾驶性能。汽车精品不具有不可替代性，所以，它不是汽车消费的必需品，只是汽车使用过程中衍生出来的附加产品。

那么，其存在的意义何在？

首先，是为了满足车主个性化的追求，比如：内、外装饰精品等；其次，是为了满足车主追求舒适和安全的更高需求，比如：电子产品、太阳膜、隔声降噪产品、防撞预警系统产品等；最后，是为了对汽车提供更多保护的需求，比如：底盘装甲、漆面保护、发动机底护板等。

当然，也有一些汽车贸易集团基于集中采购、便于管理的需要，将汽车机修、养护产品也纳入汽车精品的范畴。

笼统地说，汽车主机厂生产汽车之后，除了机修配件之外，所有可以添加的产品，都可以列入汽车精品这个范畴。

据资料统计：2011 年，中国汽车市场的精品销售额达 4 300 亿元，2012 年更是突破 5 300 亿元大关，可谓涨势喜人。

这么大的市场规模，却没有行业标准，鱼龙混杂、良莠难辨，但也正是因其无序，所以才蓬勃而有生气，也成就了诸多商业传奇。我见过仅仅四五年时间，有人从不名一文变身为千万甚至亿万富翁，也耳闻目睹有人携巨资投身这片竞争红海而血本无归。这是市场的凶险写照，却也是行业的魅力所在。

汽贸集团作为汽车销售商，占据了精品销售的前端和上游，可谓占尽了天时地利人和。但因为汽车精品是新生业务，又是采购的敏感地带，导致各方利益竞相角逐，效益也参差不齐。有的短短数年业绩提升了数十倍；有的外包给洗车厂或美容店所得无多；有的则因管理不善和中高层内耗而士气大挫；有的借机整合资源而获利甚丰。

我相信，这是行业竞争、吐故纳新的必然过程。一如我们的人生，从懵懂少年到逐步走向蓬勃的青春，从涉世之初的混沌到自我世界观的逐步建立。

作为一介个体，身处这个行业，我希望能以绵薄之力，贡献自己的一点所思所感。如果能对这个行业的从业者有所助益，也算了却一份心愿。

我不想为了写书而写书，更不想将一个短篇小说兑水、稀释成中篇或长篇。在这个匆忙的年代，人们捧起一本书，希望读到的都是“干货”，都能有所触动或启发，否则就会因生气、失望而抱怨。因此，我坚持“简洁”的写作风格，对一些人人都熟知的、没有争议的内容，我略去不写。以至于很多篇幅，呈现给大家的都是“干货”，像风干的牛肉，硬、干，但希望能有嚼头。

我的写作思路其实很简单，就是按照 4S 店集团精品管理层面和 4S 店单店的精品管理层面，进行的脉络梳理和整理。我搭建一个管理架构，力求理性、客观，然后让行业内的其他高手朋友，写出感性的文字作补充和说明。当然，也有可能是另外一种观点，我视作碰撞和交流，因此，这本书才有资格堪称丰富。

最后，我要表达一下自己的心意——

感谢这个时代，让努力能得偿所愿，身心可以天马行空地自由穿梭。

感谢汽车流通协会，授予我“CADA 后市场专家联盟专家”这么大的荣誉。于我，它更是一种鼓励和鞭策。

感谢父母，让我在宽松的环境下野蛮生长，既能体会世态炎凉，又能感悟人间真情。

感谢爱人和孩子。无论我选择什么样的道路，你们都不离不弃地支持我，纵使明知艰难也不退缩，只为我不负我心地走一程。

感谢庞大集团这个平台，引领我踏进商海，让我得到了充分的锻炼，并结识到更多优秀的业内同行。

感谢从甲方到乙方的角度转变，让我有了另一种人生体验。黑暗中坚守，困顿中突围，创业远比想像中困难。但柳暗花明，峰回路转，生活真的比文学更精彩！

更要感谢那些在困厄中默默支持我、陪伴我、扶持我的朋友，王勇、张强、麦迦、宋建国，还有庞大的那些师长兄弟，虽联系无多，但我时常在想念他们……正因为有了他们，我对明天才更有信心。

感谢邓国明、陈晓冬、杨非、褚畅青、陈军、李伟等圈内朋友的赐稿，以及雅森国际的谢宇、潇潇传媒的姜则蓉的鼎力相助，还有王登营博士的智慧奉献，以及点金国际的大力支持。这本书如果还有一些份量，是因为你们给予的这份精彩。感谢武汉交通职业学院谢计红老师的辛勤审稿，感谢威固的范彦军副总裁、宝利德的吕诚总监以及殷诗全和闵娜，你们的建议和帮助，让我得以能尽快地顺利成书。

最后，真心感谢杨家庆先生一直给予我的信任和支持。

带着一颗感恩的心，留下思索和感悟，我再次上路。

未来长路正远，我们一起走！

与诸君共勉！

编　者

目录

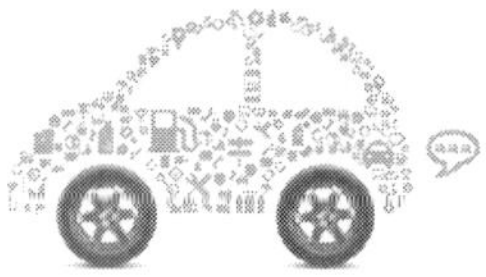

第一章　汽车精品的现状和趋势

先澄清一个观念：汽车精品，是不是汽车或车主消费的必需品？

一辆车，无论高、中、低档，也无论新旧，没有导航，没有氙灯，没有贴太阳膜，没有香水、脚垫、真皮座椅，也没有做底盘装甲，这辆车能不能照常行驶？答案显然是肯定的。这就是说，没有汽车精品，车辆能照常行驶。由此得出一个结论：汽车精品不是汽车消费的必需品，它只是一个衍生品。所以，汽车精品的消费，需要汽车 4S 店的员工主动向客户推销；从客户方而言，它只是一种被动的消费。

有很多人把汽车精品和汽车配件等同视之，这种观点有失偏颇。其实，两者之间的差异是很大的。首先，同一类别的汽车精品成百上千种，客户有选择的需求，也有选择的权利，而汽车配件具有唯一性，具有不可替代性，如果车型确定，汽车配件几乎可以说是别无选择的；其次，汽车精品是被动消费，如果客户不是想彰显个性，或有高的服务需求，它基本上可以说是可有可无的，而配件不同，一旦车型确定，它是车主不得已而为之的一种消费，是别无选择的一种消费，是一种"被动情况下的主动消费"；再者，汽车精品更新变化很快，这个季度的新产品，下一季可能就被淘汰，需要汽车精品业务负责人保持市场敏感度；而汽车配件却有相当长的稳定期，除非这个车型退出了市场，否则它的配件几乎没有淘汰、过期之说。

由于非必需品的特性，决定了做汽车精品，要比做整车销售、维修、配件更难。现在汽车 4S 店的竞争日益激烈，车主对汽车精品的需求也渐趋增长，而 4S 店作为一个完整的服务平台，有尽可能满足车主多方位需求的责任。另外，汽车精品业务还能为 4S 店带来丰厚的利润。所以，汽车精品这项业务必须做，即使不好做，也得做。

汽车精品存在的意义：

1）为了满足车主个性化的追求，比如：内、外装饰精品等。

2）为了满足车主追求舒适和安全的更高需求，比如：电子产品、太阳膜、隔声降噪产品、防撞预警系统产品等。

3）为了给汽车提供更多保护的需求，比如：底盘装甲、漆面保护、发动机底护板等。

第一节 国外汽车精品市场概况

经过上百年的发展，汽车早已成为欧美家庭日常生活的必需品或消费品，那里的青少年获取驾照的年龄普遍偏低，他们从十几岁就开始接触汽车，所以对汽车这种大宗消费品的重视程度，比中国用户群体要低很多。

欧美汽车市场早已经进入饱和状态，单纯的汽车销售已经很难维系4S店的生存，因此在一些中小型城镇，早已经形成联合汽车品牌销售店，即2～3家甚至4～5家不同品牌的汽车共用一个4S店进行联合销售，店面、销售和售后服务团队共用的情况比比皆是。

欧美国家很少有我们国内习以为常的“汽配城”，更多的是具备连锁性质的汽车配件经销店，比较大型和知名的连锁汽配品牌有AUTOZONE、NAPA、AUTOBANE等，像AUTOZONE在全美有超过2 000家以上的连锁店。这些汽配连锁店除了可以供应车主日常使用的汽车配件外，还有丰富的汽车精品，比如汽车养护产品、外观美容产品、内饰摆放件和挂件、外观装饰件、小型汽车电子类产品等，但这里的汽车精品大都是基于用户可以DIY的范畴。这些知名品牌的汽配连锁店、各个汽车4S店及各种专业汽车精品加装改装公司，形成了欧美国家最主要的汽车精品销售渠道。

在我们国内比较常见的一些汽车精品，比如DVD导航、太阳膜、真皮座椅、汽车音响等需要专业安装的车用精品，在国外的汽配连锁店内甚至汽车4S店难觅其踪。这些产品一般都由一些专业从事产品经销和安装的公司进行销售，很多这样的公司会和4S店及汽配商店有业务合作关系，为客户提供上门和进店服务。这些公司从事的产品种类虽然比较单一，但却代表了其在行业内的专业性和高水准。

除了上面我们提到的几项产品外，还衍生出更专业的改装公司，比如动力改装、悬架改装、轮胎轮毂改装、内饰翻新或改装，甚至可以对整车或老爷车进行翻修、复原并使之性能大幅度提升。比如，ARB和TJM等是专门为越野车进行改装的连锁品牌，MIDAS主要针对排气和悬架系统进行性能改造，TIRE-RACK和TIREPLUS等提供轮胎、轮毂改装的专业服务，还有一些能对整车进行彻底改造和翻新的诸多知名品牌和企业。

在内饰改造方面，欧美国家和中国也存在很大不同。由于汽车改装法规比较健全，国外高端车用户对车辆的使用观点也与国内不同，因此催生了一批专门针对高端车进行内饰改造的公司和品牌，比如BRABUS、KAHN等，他们能够全面彻底地改造汽车的整体内饰，实现完全的个性化，同时也为用户提供全面的车辆性能改造及解决方案。特别值得一提的是，由于电子类产品存在一定特殊性和专业性，汽车电子类产品的销售安装公司，尤其是音响和导航产品的销售安装公司普遍业务比较好，因为这些公司具有很专业的销售和服务团队，能够满足客户的各种要求，这是其他公司或4S店及配件连锁店所不具备的。这样的企业如JB HI-FI等。

欧美国家4S店内的汽车精品销售，也和国内有所区别。在欧美4S店内出售的汽车精品，大多数为保养使用的养护品、美容产品，原厂出品的纪念品（比如服装、帽子、杯子、钥匙链、烟灰缸等，这和国外对品牌商标保护法管理严格不无关系），原厂改装件等。国外由于汽车运动极为普及，由车厂品牌支持的各类运动竞赛非常普遍，因此

4S店内经常会出售一些和汽车运动及厂家支持的体育竞赛有关的汽车精品，当然，这部分汽车精品多数属于纪念品范畴，面向的受众群体多为对品牌相对忠诚的客户。大部分欧美4S店内出售的汽车精品，品种没有国内店内的种类多，而且一般国外4S店没有专门设立对导航和太阳膜等施工人员，需要施工的产品一般会由外协公司完成，或4S店推荐后客户自行前往安装。有些国家或地区的4S店会根据客户要求对车辆进行有限的改装，产品质保和售后会由4S店及第三方品牌厂家负责，比如越野车的改装和按客户要求对车辆性能提升的改装。国外汽车品牌对车辆质保的政策相对宽松，除了使用第三方改装产品厂家不负责质保外，其他原车未改装部分，汽车厂家同样负责质保，一般不会出现推诿现象。

综合上述，欧美国家目前汽车精品大部分由三个主要渠道进行销售：汽配连锁企业、汽车4S店和专项产品专营店。前两个渠道主要销售的是DIY产品和纪念类产品，而产品专营店主要做无法DIY的专业类产品销售和安装。

欧美汽车用户在购买汽车时对自身的需求非常清晰，这点和国内用户有很大的差异，同时欧美用户对家庭用车的态度也和国内用户的态度有很大不同，因此比如国内4S店很容易推广的一体导航设备、地胶、真皮座椅改造等，在国外很难进行大量推广。而由于欧美国家用户对汽车接触的起始年龄普遍偏低，而且大部分用户家里有自己的停车位或车库，也由于欧美人工成本相对较高，因此相对于欧美用户而言，动手能力强的DIY类产品，比如油水类添加剂、外观养护类产品等，比国内的4S店更容易进行销售，甚至很多用户完全可以自行在家里完成对汽车的部分改装。

虽然欧美国家的消费者对车辆接触年龄相对较早，但欧洲和美国两个地区的消费群体也存在一定的差异。欧洲发达国家相对美国而言，大部分普通家用车用户对车辆精品加装和改装意识低于美国，英国、法国、德国、意大利、荷兰等欧洲国家表现尤为突出。甚至我们去欧洲上述国家旅游时，也不难发现，这些国家的家用车，很多几乎没有添加任何汽车精品产品。而美国汽车用户，尤其是大量的皮卡用户群体，特别是加州地区，对汽车精品和改装的意识，相对于美国其他地区和欧洲发达国家要高很多。

美国是汽车养护类产品和添加剂生产源头，因此这类产品和其衍生的DIY产品在市场上很普遍，并且价格低廉。其他国家比如俄罗斯、巴西和中东发达国家，由于汽车在很多方面仍然有一定身份的象征作用，因此在上述国家和地区，高端汽车用户的汽车精品和改装相对活跃，很多欧美一线产品在上述国家和地区也有完整的销售或代理体系，以满足这部分人群的需要。

第二节 国内汽车精品市场综述

从全球角度来看，汽车后市场分为三大模式：一个是欧洲模式，以4S店为经营主体，授权维修为辅，厂商推动为主；一个是日本模式，以产品为主导，汽车精品店面为主；一个是美国模式，以服务为主导，主要的经营模式是综合连锁。

我们认为中国的模式会和美国模式相近，因为市场容量接近，而且中国的车型消费层次更接近大众化而非高端化。我们不会走欧洲的模式，因为欧洲是有很多非常小的国家，难以形成一个跨国界的连锁企业。日本市场太小，不具有代表性，也不是我们学习的对象。

——新华信国际信息咨询（北京）有限公司总裁　林雷

从1998年到现在，15年的时间，中国汽车行业走过了逐渐起步到快速发展、从卖方市场到买方市场的激烈竞争阶段。汽车精品行业也从无到有，从小到大。这15年，是汽车行业蓬勃发展的15年，也是汽车精品行业迅速成长、壮大的15年。但随着车市增速的放缓，汽车精品行业将从“野蛮生长”向“规范经营”过渡。下一步何去何从，如何把握今天、决胜明天，成为业内思考最多的一个问题。

一、危机四伏的现状

索尼商业帝国的坍塌，给大大小小寻求发展和扩张的企业敲响了警钟。4S店模式的先天性危机，使我们不得不担心：无论多么庞大的商业体，如果没有自主知识产权，没有自建造血功能，没有自己的品牌特色，一夜之间就可能破产。

汽车精品，是当之无愧的精品，因为它在4S店的利润构成中，正占据越来越大的份额，其重要性日益突出；汽车精品，又不仅仅是精品，它是价值链的延伸，是服务品牌的延伸，是和客户沟通的纽带和桥梁。

前两年，中国汽车市场的“非正常式井喷”，让许多汽车经销商兴奋异常，更让汽车制造厂普遍看好中国市场，纷纷在华扩大产能。随着第二家、第三家工厂的顺利落地，新的生产线的如期投产，产能的释放期很快将到来，也将拉动新一轮更激烈甚至惨烈的竞争。

当汽车品牌厮杀的时候，冲在市场最前沿的汽车经销商、4S店，无疑是第一批投入到战斗中的先锋军，要么成为炮灰，成为没有英名的烈士；要么成为英雄，书写狭路相逢勇者胜的传奇。

上游汽车厂家竞争格局的现状，决定了汽车经销商运作自有服务品牌的必要性和迫切性；高成本的运作模式，先天性地决定了汽车经销商集团在战略决策上难以迅速掉头。

大多数品牌车型的销售利润都在下滑，包括高端车的利润，暴利时代正在远去。

刚刚获得重视、被普遍看好的汽车售后市场，正在被迅速崛起的、具有品牌效应和美誉度的连锁美容店、装具店、快修店蚕食，因为他们机制灵活，成本小，更亲近消费者。

无论是日子难过还是好过的汽车制造厂，都纷纷扩张自己的利润空间，把手伸向4S店的高利润项目，实施掠夺性的延伸和挤压。

这种夹缝中求生存的状况，其实与生俱来，但因为早期“资源型消费”的中国汽车流通行业现状，问题和矛盾并不突出。随着汽车经销商从“资源型经营”向“服务型经营”的被迫转变，这一问题被集中呈现：4S店所售的产品是汽车制造厂生产的，产品的品牌是属于汽车制造厂的，需要自省的是，我们这家集团公司的奥迪店，和同城其他集团公司的那家奥迪店，有多大的区别呢？

我们这家4S店和对方那家4S店，卖的是同一个厂家生产的同样的汽车，接受的是厂家同样的培训，使用的是同样的管理软件，执行的是相同的销售流程，如果不是看门头的标识，估计集团公司的中高层领导者都很难分清，自己走进的，是自己集团公司的4S店，还是竞争对手的4S店？

那么，4S店的价值在哪里呢？难道仅仅是一个高投入、低回报的搬运工？

如果不具备不可替代性，是不是可以大胆揣测：4S店有可能被上游的主机厂，当作一枚可有可无的棋子，随时地替换掉？

如何避免这样的命运发生？答案是：拥有自己的品牌。

除了汽车的品牌之外，汽车经销商还能有什么品牌呢？答案是：自己的服务品牌。就像国美、大中电器，不生产任何产品，却有自己的渠道品牌。

如何打造自己的服务品牌？答案是：借助汽车精品、汽车配件和金融保险等后市场的可控资源，进行整合和调配，创造并扩大自己的利润空间，同时打造属于自己的长效品牌。

立足今天，并且站在一定的高度，先看清当前的市场形势及发展脉络，才能决定我们未来的走向，以及怎么走、分几步走。小精品，大文章，这里面有太多的东西值得我们去发现和总结，比如说，如何围绕并借助汽车精品业务来提升集团公司的战略优势，需要大家积极探索，认真研究。

国内汽车精品的当前现状下以下几个特征。

1）后市场空前活跃，呈现出多种状态。以4S店作为参照，主要有两种渠道的存在形态，而这两种渠道的存在形态，在运营上又可细分为多种形式：

① 4S店：集团高度集中采购，各分店配送施工；单店自行采购运营；外包专业经营公司；集中采购但外包施工等。

② 装潢美容店：具有施工区域的大型综合性汽车精品百货；连锁的综合性汽车精品店；连锁或独立的专项业务服务店；单体的精品经营店。

2）市场空间巨大，进入门槛不高，每天都有新进入的厂家和供应商，新进入者如过江之鲫，因不规范愈发呈现出旺盛的生命力。

3）处于风雨变幻的激荡期，从暴利到微利、从天堂到地狱可能只是一夜之间，无论是站在金字塔顶端的大品牌的生产厂家或全国总代理，还是处于最下游的门面经营店，没有一个人能够高枕无忧。

4）部分行业品牌格局初步形成，但地位并不牢固。以太阳膜行业为例，威固牢牢占据高端市场，优玛、TBT在中端市场渐成影响。一些品牌正在消失，新起之秀正在崛起，行业洗牌期正加速到来。4S店不注重品牌，但价格卖得极高；街边店则以低价抢占市场。无论品牌大小、价格高低，都有各自的存活空间。各种因素在激烈冲撞，预示着暴风雨即将到来。

5）后市场空间遭受主机厂挤压，无论是4S店还是终端门店，都难以回避。

近两年国内汽车销量增长迅猛，但销售利润大幅下滑，部分品牌甚至出现低于成本价销售的状况，各汽车厂家普遍采取增加配置不加价的策略，使得原属于汽车精品的市场被迫受到二次挤压，甚至很多汽车厂家出于自身利益的考虑，强行在其汽车销售渠道中植入厂家汽车精品产品进行销售，进一步压缩了后市场的汽车精品空间。

按照汽车精品市场划分，目前销售比较大的产品主要集中在以下几类：以DVD导航为代表的和带有一定衍生功能的电子产品、太阳膜、养护产品和美容产品、汽车内饰产品、真皮座椅改装、外饰包围件或保护件、灯具产品、轮胎轮毂等，具体分类见表1-1。

表 1-1 汽车精品分类

一级分类	二级分类	三级分类	四级分类
电子类	影音产品	GPS 导航	DVD 导航、无碟机导航、便携式导航、车载电脑、后视镜导航
		音响	功放、喇叭、CD、多媒体播放
		影音娱乐	头枕屏、后排娱乐显示屏、数字电视、音像制品、其他
		倒车系统	摄像头、辅助泊车、倒车影像、倒车雷达
	安防产品	GPS 防盗	一键起动、智能钥匙、GPS 定位防盗仪、防盗器、排档锁
		行车安全	夜视仪、防撞预警、胎压监测、行车记录仪、日行灯
	车用灯具	氙灯	H7、H4、H3、H1、HB3、HB4
		灯总成	前照灯总成
装饰类	汽车内饰	座椅	真皮座套、棉布座套、四季垫、毛垫、凉垫
		脚垫	大包围脚垫、乳胶脚垫、丝绒脚垫、丝圈脚垫、地胶、行李箱垫
		装饰品	桃木装饰、遮阳板、把套、安全带套
		小精品	香水、挂件、防滑垫、竹炭包等
	汽车外饰	防护类	前后护杠、行李架、踏板、尾翼、发动机护板
		装饰类	门边条、门拉手、车窗饰条、雨挡、挡泥板、车身彩绘、车衣
改装类	部件改装	外观	车顶装载装置、脚踏板、保险杠、车身彩绘、车标、大包围、高尾翼、轮毂轮胎、灯具
		内饰	密封隔音、座椅、气囊翻新、仪表台翻新等
	性能改装	排气系统	排气管、消声器
		进气系统	空气滤清器
		制动系统	制动盘、多活塞的制动卡钳、高等级制动油、高压制动油管、制动倍力器
		动力系统	改变空燃比、扩大锻造活塞、强化连杆、改换曲轴、换高性能火花塞等
化工类	美容类	车身外部	车身清洗、漆面研磨抛光、漆面防护蜡、漆面防护釉、漆面镀膜、漆面镀晶、外饰品清洁护理、汽车玻璃清洁护理、轮毂轮胎清洁护理、汽车前照灯清洁护理
		汽车内部	内饰清洁护理、异味祛除
		发动机外部	发动机外部清洁护理
		底盘	底盘装甲
	膜	玻璃膜	隔热膜、安全膜、除雾膜
		车身漆面保护膜	犀牛皮、改色膜
	机修养护类	发动机燃油系统	喷油器和燃油系统清洗剂、进气系统清洗剂、三元系统清洗剂、四合一燃油系统清洗添加剂、高效发动机积炭去除剂
		发动机润滑系统	发动机油泥去除剂、发动机内部保护剂、新车发动机保护剂
		自动变速器系统	高效自动变速器清洗剂、高效自动变速器内部保护剂
		冷却系统	高效汽车冷却液散热器清洁剂、无水冷却液
		动力转向系统	助力转向系统清洁剂、助力转向系统保护剂
		制动系统	制动盘清洗剂、轮缸导向销润滑剂、制动片耐高温保护剂、耐高温防咬死润滑剂
		发动机电路	发动机线路保护剂、蓄电池桩头保护剂
		空调系统	空调系统清洗剂、空调系统杀菌除臭剂
		车身润滑系统	线路及橡塑件保护剂

（续）

一级分类	二级分类	三级分类	四级分类
汽保设备	检测设备	汽车诊断设备	汽车故障电脑诊断设备、汽车解码器、读码卡
		检测分析设备	检测仪、检漏仪、检测台、制动台、分析仪、内窥镜、传感器、示波器、烟度计
	维修设备	钣金烤漆设备	烤漆房、烤漆灯、调漆房、大梁校正、钣金地八卦、喷枪
		维修工具	扳手、螺钉旋具、组套、工具车、工具箱、工作台
		轮胎设备	平衡机、拆胎机、充氮机、补胎机
		机械设备	举升机、千斤顶、吊机、吊车
	保养设备	养护清洗设备	自动变速器清洗换油机、动力转向换油机、黄油加注机、冷媒回收加注机、喷油嘴清洗检测设备、抛光机、打蜡机、吸尘机、吸水机
其他精品	百货类	箱包皮具	皮包、钱夹、拉杆箱、皮带
		家电礼品	电视、电脑、电磁炉、手机、吸尘器等
		烟酒饮料	烟、酒、茶、饮料、方便面、快餐等
		服装鞋帽	衣裤、领带、皮鞋、鞋袜等
	户外自驾类	探险旅游类	帐篷、背包、睡垫、炊具、手电、望远镜、刀具工具、通信设备等
		户外活动类	自行车、钓鱼用具、餐具、户外服饰、服饰配件、清洁防护、滑雪用具、户外家具等

随着汽车厂家产品更新和配置提升，部分产品在某些车型上可能会逐渐失去生存空间。因此，如何争取更大的生存空间，将成为汽车精品厂商需要迫切面对的问题。

二、国内汽车精品的未来趋势

1）原车配套的电子产品既有很大的市场机会，也会有很大的风险。随着汽车品牌之间竞争的加剧，一些有前瞻性的汽车厂家会努力提升车型的竞争力，可能率先在原车电子产品上进行升级，比如倒车雷达、导航、氙灯等，极有可能在今后几年内成为车辆的全系标配（或部分标配）。因此，如果有幸成为主流主机厂的配套产品商，则可能拥有相对稳定的订单；如若不能被主机厂“相中”，则市场空间更加狭小。

2）不依赖于设备和施工场地、技术含量较低、适合 DIY 的汽车精品将大行其道。随着汽车市场的渐趋饱和及用户群体的日益成熟，加之汽车已经由以前的高档消费品，逐渐成为日常消费品，人们对汽车的认识也正在发生着变化。中国汽车市场的发展与欧美等发达国家市场正渐趋同步，很多欧美国家比较先进的理念也在逐步向国内进行导入，后续会在国内市场出现很多类似欧美比较流行的、不依赖于设备和施工场地、适合 DIY 的产品，比如适合车主自行添加的发动机保护剂、汽油保护剂、辛烷值提高剂等，用户可以根据自身需求，直接购买这类产品后使用；适合 DIY 的外观美容类和内饰清理类产品也会逐渐流行，比如外观保护、漆面保护、轮胎轮毂美容、内饰清理等产品，用户可以在洗车后自行使用这些产品或由店内服务人员进行快速处理。

3）绿色环保的、专业的汽车美容会引导行业规范化，并逐步植入生活社区和汽车售后行业。随着汽车市场的逐渐成熟，中国也会迅速加入到注重汽车外观美容的国家行列，逐渐和欧美领先国家靠拢。我们发现，注重汽车美容的国家，一般都出现在空气质量良好的欧美发达国家，这也和当地国家对环境保护的力度有不可分割的关系，中国目前也正在大力治理和提高空气质量与生存环境质量。随着科技水平的不断进步，欧美和国内自有的诸多厂家也会不断推出具有更新技术水平的养护品和美容类产品，以适应国内汽车市场的需求，专业汽车美容一定会逐渐规范化，环保将提上日程。环境污染的加剧，进一步催发大家对环境的重视。

4）内饰改装行业的客户需求可能两极分化。随着汽车深入日常生活，车主对汽车的认识会发生一系列变化，汽车带来的尊贵感等附加的东西会逐步弱化，内饰改装行业可能会出现两极分化的特点：以日常代步为需求的用户，可能不再对内饰改装有更多的要求；但高端市场和特种行业对此的需求量会逐渐加大，导致出现更个性化的需求空间，从而催生出对内饰进行高端大幅度改装的企业，包括国外知名品牌会相继进入中国，自主品牌也会相应诞生，同时特种行业需求和特殊功能化改装也会应运而生。

5）外观和动力改装市场有增长空间，但政策是否支持将成为制约其发展的重要因素。我们不能对外观和内饰改装割裂开进行单独的考虑和分析。外观的个性化改装会在近几年有较大的需求，尤其年轻车主和特种行业。但外观改装和功能改装必须以国家相应法规政策的出台为依据，因此适当的法规出台，会迅速催生行业的发展，比如改装轮毂、改装灯具、特种设备、保护装置等。2014年9月1日实施的车辆6年免检政策，将会有力地推动其进程。

6）车联网业务有可能成为主机厂的重点关注对象。随着主机厂之间竞争的加剧，如何提升自己车型的配置从而提升竞争力，如何把流失的客户拉回到4S店，成为主机厂和4S店共同关注的问题。带有OBD和客户沟通功能、类似所谓的“车联网”之类的产品可能大量出现，各大汽车经销集团，以及有实力的大型电商，可能都会逐渐引入自己的车联网系统，与主机厂争夺这部分售后市场。

2014年春天，随着以苹果为代表的国外几大品牌商的介入，车联网（图1-1）再次引起业内的高度关注。作为中国乃至世界超大型的电子产品生产商，TCL进军车联网，无论是资金、研发还是品牌号召力，都给人很多想像空间。

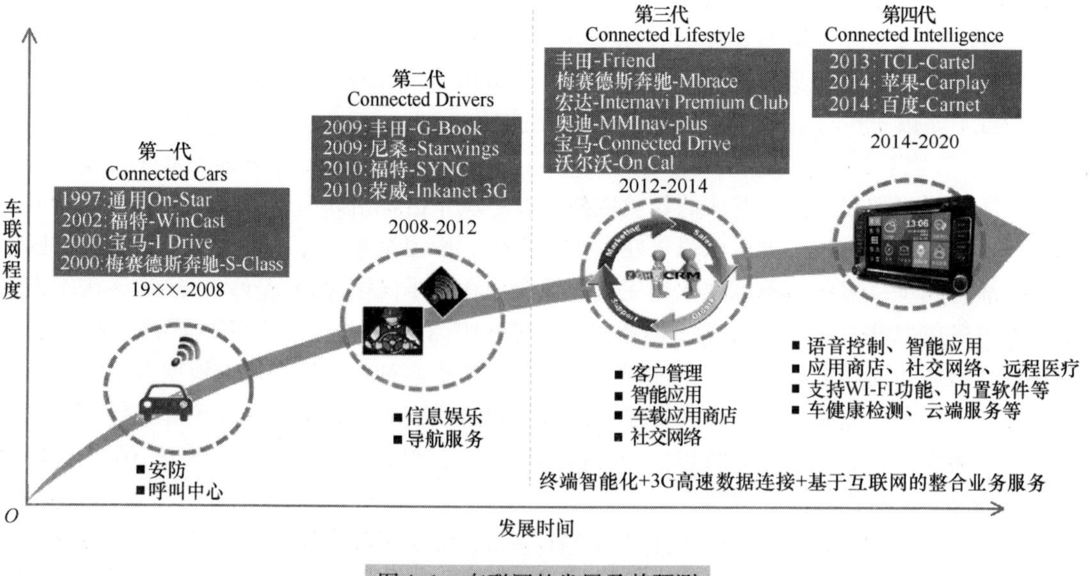

图1-1　车联网的发展及其预测

7）太阳膜可能是相对比较稳定、持续期较长的汽车精品。在未来10年，国人的用车习惯会使太阳膜行业仍然有相当长的持续期，而且贴膜工艺也会相应发生较大的革新，更易施工和节省施工时间的产品，会对销售产生良好的促进和帮助。而且，拥有技术含量较高的中高端产品，比如带有一定特殊功能或某些参数指标突出的产品，会打破现在的太阳膜品牌格局，竞争会更加激烈。

由此观之，汽车精品市场会产生大幅度的变化，目前固有的市场会受到前所未有的冲击，很多汽车精品会逐渐失去生存空间，但同时也会产生一些新生的商机和机遇，为具有真正技术含量的新产品打开更大的生存空间。某些小厂运用概念进行炒作或使用非环保材料，甚至对人体产生伤害的产品，会逐渐从主流市场消失或淡出。

三、未来业态主流

4S店、街边装具美容店、连锁品牌店，谁将成为经营业态的主流？在目前的市场形态格局中，传统的街边店仍占据相当分量的市场份额；重视汽车精品业务的4S店以后来居上的姿态扶摇直上，引起业内更多的重视和关注；具有一定规模效应和品牌知名度的连锁店暂时还未成气候，但未来市场空间可期，将是4S店的主要竞争对手。

（1）街边美容店

虽然不乏一些经营面积较大、在某些项目上专业精深度较高的店面，但整体而言，在资金的投入上、在规模效应上相对较弱，因为大都是一家店独立运作，在客源和技术上难以互相支撑，在品牌知名度的传播途径上相对较窄，加之辐射的服务半径有限，难以形成大的气候；但这并不防碍其整体在中国市场上的市场份额，只不过对每一个单体而言，存在着局限性而已。但正因其小，也有其独特的优势，船小好掉头，应变机制灵活，成本相对低廉，而且这些店面往往更靠近消费者——亲民，便于就近、快捷地提供服务。但从长远考虑，技术实力和产品来源渠道的狭窄，以及与产品供应商议价能力的先天不足，决定了其未来萎缩的市场空间，特别是在4S店介入后市场以及连锁品牌的装具、美容店兴起之后，其生存空间会越来越小。“三包”法的实施，将会给街边店带来更大的压力。

（2）4S店集团和4S店

因其拥有强大的资金实力，同时借助所售车辆的汽车品牌效应，加之又是新车销售的源头，维修、保养、保险、二手车等源源不断的客户支撑，使4S店拥有强大的生命力，一发力即在市场上引起广泛关注。但我们也看到，4S店大都处在郊区或城乡结合部，不“亲民”，又因投入过大而致使成本过高，加之目前“赚一笔是一笔”不思长效的业务开发心态，致使卖价畸高而饱受客户抱怨和非议；另一方面，其高高在上的心态，对供应商既占压货款又强硬的态度，一切都仰仗供应商施工、服务的模式，不仅让其饱受诟病，而且几乎使其武功全废。

但4S店先天拥有强势地位，放弃这暂时的强势地位不用，也不是明智之举。如何充分运用目前的市场地位，迅速地把自己的业务搞上去才是硬道理。作为4S店一方，对服务商有诸多硬性要求：

1）提供培训。4S店需要供应商提供本产品、本行业的市场分析、本产品的卖点和优点，以及竞争对手的分析；施工、安装技术的讲解；销售话术的搜集、整理和提炼。以上述内容为主，但又不限于此，如何做好店面经营、做好员工绩效、如何让淡季不淡等。如果供应商能做到这一点，会受到4S店的欢迎。

2）营销策划。从某种程度上说，4S店不需要品牌，“主机厂指定品牌”在当下的中国可能比很多知名大品牌还管用。但从另外的角度说，4S店又特别需要品牌，需要有消费者认知的品牌导入销售，因为这样事半功倍。所以，汽车精品供应商的上游——汽车精品厂家或中国总代理，需要做好营销策划，它包括定位、传播、渠道建设、市场活动等内容。

3）施工支持。4S店因运营成本较高，在人员配备上，特别是业务开展的初期，不可能将所有人员配备到位，另外配备的人员需要面对的产品太多，不可能全部掌握每一个产品的安装、施工和维修技术，需要供应商在技术上给予支持。

4）售后服务。一方面4S店对汽车精品的重视程度普遍不高，只想一心地挣钱，不想因汽车精品质量故障等问题陷入客户的投诉纠纷中；另一方面，有些售后的问题，特别是产品软件和硬件问题确实需要供应商立即给予支持，因为4S店自身的性质和面对的特殊客户群体，需要立即解决，客户不会给4S店太多的应对时间。就像我们吃饭，在地摊上，有些卫生问题可能一笑而过，而在五星级饭店，发生一丁点儿的卫生问题就可能心理大受刺激一样。

从上述内容，看似4S店离开了供应商的支持，汽车精品经营会举步艰难。但我们知道，4S店不仅仅是卖车的商家，更是一个拥有强大实力、多商业链条并可多方借力的综合服务商，只要4S店想要转变，或是市场环境进一步迫使其改变，一切皆有可能。所以，在未来的汽车精品市场，4S店仍将是占据主流的汽车精品销售模式。

（3）具有品牌知名度和美誉度的连锁品牌店

连锁品牌店既有资金和技术实力，又临近居民社区，投入成本远远低于4S店，采购的议价能力又远远强于街边店，可以说连锁品牌店占尽天时地利人和，兼具了4S店和街边店所长，又规避了其所短，将是最具竞争力的汽车精品市场模式。

但可惜的是，现在的连锁品牌店，大都处于亏损状态，其主要原因在于，扩张的速度跟不上，没有规模效应，又因时间短和知名度不够，致使客户群体较少，议价能力又稍嫌不足。但假以时日，这一切都将迎刃而解。现在制约连锁品牌店业务跟不上的原因，除了上述因素之外，还在于难以获得原厂配件。但在美国市场，所有汽车品牌的配件都是面向全社会公开的；中国也在向这条路走，连锁品牌店将迎来自己的春天。这不仅是连锁品牌的春天，也是汽车精品市场的春天，更是中国汽车消费者的春天！

四、未来走势综述

1）规模化、品牌化经营将占据主导，拚规模、拚渠道、拚品质将是国内汽车精品厂商绕不开的门槛。

2）随着行业的日渐向规范化迈进，准入的门槛将逐步提高，行业的淘汰率在增加，未来3～5年内将会出现相对意义上的寡头。

3）4S店和连锁企业的主流地位将更加突出，传统的综合卖场及维修厂将逐步被细分的专业门店取代，网络化、电子商务也将成为重要的产品销售形式。4S店利用其卖车优势及信息不对称进行的“虚高”销售将会逐渐减少，这也是影响4S店精品运营走势的枢纽所在——4S店如继续采用“透支式销售”，随着销售竞争的加剧及二次购车车主比例的日趋增加，车主在4S店自己掏钱购买汽车精品的比例将快速下降；4S店在汽车精品运营将步“装潢美容店”的后尘，必将向“价值运营”的方向回归，唯其如此，4S店的汽车精品经营才能消除“虚胖”，持续发展。

4）一线城市的消费日趋理性，更注重品牌和质量。但随着二、三线城市及以下城市新车销售的持续上扬，汽车精品消费的重心将整体下移。

5）在具体行业上：

① 电子产品。因主机厂的介入，前装市场将切走电子产品特别是导航产业很大一块蛋糕。

② 太阳膜产品。因车主在安全、隐私等方面的需求，太阳膜行业将持续增长。随着车主对品牌认知度的提高，中高端太阳膜品牌的行情看涨，低端产品会日益萎缩。

③ 美容产品、内饰产品。因环保、健康理念风行，主打绿色概念的产品将受到热捧。同时，随着社会财富的积累和个性张扬时代的到来，个性定制化、设计化、主题化的产品将成为发展趋势。因车主年轻化、个性化和女性消费群体的增加，内外饰产品比例将提高。

④ 外装产品和改装类产品。与内饰产品一样，外装市场将增长，个性化产品、主题化产品更趋见好。

同时，随着越野车、运动型车的较高增长，户外精品销售将持续走好。

因现代人生活压力的增大，音乐成为普遍的释放方式，音响改装需求将上扬。

受制约于国家的相关政策，动力改装将不会有太大的提升。在逐步规范的市场体制下，改装将踏上其理性回归之路。

五、国内汽车精品业务存在的问题

银行业遭遇乱局困境，汽车限购城市在逐步增多，汽车“三包”政策已经出台，行业的洗牌期，已经加速到来。

汽车经销商日子的难过，只是行业变革的前奏。下一步，将会是整车厂的调整和动荡。一些弱势的品牌，因车型技术含量较低只能靠价格或外形取胜，但车主的消费能力弱，已经从先天上决定了这个品牌的经销商，难以在决战后市场的博弈中赢得一席之地。

汽车“三包”日子的到来，将使汽车精品成为4S店集团一柄锋利的双刃剑，一方面可能给4S店带来巨额利润，另一方面可能让4S店崩溃：稍有一款产品引起广泛的客户投诉，就可能使经销商万劫不复。在这种情况下，决定取舍的，还是以利益最大化为导向，同时考虑风险概率的大小。

以中鑫之宝为代表的品牌快修、美容连锁店的兴起，将成为汽车经销商和4S店最大的竞争对手，使4S店的日子雪上加霜。居高不下的运营成本，以老大自居高高在上的心态，是4S店最难跨越的障碍。而且随着4S店群体向郊区和城乡结合部的转移，低成本、靠近居民区、快捷高效的快修连锁店将占据更大的主动。大家可以想一下，微利甚至不挣钱的整车销售，4S店不得已地做了，但高回报的维修、保养、美容业务，却让快修店抢了甚至捡了，这将会是一种很难想象的局面。

随着汽车精品厂家日子的艰难，部分精品厂家已经选择退出4S店，已经认为和4S店集团合作成为一种鸡肋：4S店的销售量在整体中所占比例不高、价格低、迟迟不结账，服务上既要侍候车主客户，又要侍候好4S店上上下下的管理层的这种非良性的合作模式，终究难以长久。有的精品厂家，借助多年的品牌塑造和在消费者中造就的品牌影响，已经足以选择主动：我可以掌握定价权，也可以对有些运作不良集团说不。在消费者日渐理性的趋势下，汽车精品品牌的力量正在凸现。汽车经销集团或4S店的精品合作模式，已经到了转型期。

当很多专家在以“千人汽车拥有量”为依据，和欧美、日本等所谓的“成熟市场”对比，从而得出中国汽车销售还有至少10年快速发展期的时候，不知道他们对国人的驾驶习惯、道路状况有没有关注？有数字显示：杭州机动车保有量已经突破了100万辆，如果把全城的机动车依次排开，总长可达3 400万km，而杭州主城区的道路总长仅2 100万km。在这样的现实面前，怎么敢奢望快速增长？二手车置换是一种趋势，问题是，单纯的销量增加，已经没有多少利润可言。看看和国外的同品牌车型价位对比，或许更能明白未来的价格走向。租赁、共享的用车模式，公共交通的兴起，都在呼唤一种更环保的用车模式，单纯地依靠整车销量提升利润的时代，已经终结了。

各种迹象表明，4S店的这种运作模式，已经到了非变不可的地步，激烈的竞争将加速变革的到来。4S店集团迫切需要对自己有一个清晰的定位：是专做高端品牌，还是走亲民路线？是在一个品牌、一个地区精耕细作，还是遍地撒网广种薄收？做大还是做强？其实，这根本就不是一个问题，能生存下来、最终笑傲群雄才是王道。但悲哀的是，总有高手在低级问题上犯错，而且往往是致命之错。

第三节 汽车精品的品牌思考

近两年来，常常会有些做汽车精品的朋友找到我，向我请教市场营销的发展方向，或是对他们的营销现状给予一些建议。似乎在突然之间，汽车后市场的企业家们在关注自身产品销量的同时，竟然不约而同地开始关注自己的品牌了！

的确，在几年前，汽车精品这个行业还很少被大众了解。一般消费者在购买产品时，提及更多的都是产品的名称，而非产品的品牌名。即便提到品牌，也多半是以辅助产品属性的方式提到。此刻，品牌原本所蕴含的价值基本是被忽略了。由此可知，汽车精品厂商的营销费用，更多的效果只是存在于对消费者的告知层面，而非深度影响的品牌层面！

关于品牌这个概念，在当今经济高速发展的中国社会，已经不再是什么高大上的词汇了！品牌消费，已经成为一般受众的基本消费习惯和价值保障。尤其是在快消品、白色家电和电子产品领域，品牌已经不仅仅只是一种品质、一个承诺和一份价值的范畴，它已经真正形成了某一特定消费群体与品牌价值间达成的利益共识。

然而，如今的汽车精品行业中，特别是价值较低的品类，品牌似乎更多还只停留在商标层面，消费者对于价值的诉求也远不及对价格的敏感度。根据多年的经验对汽车精品的品牌总结出以下一些特性。

1. 汽车精品行业的特殊性

汽车精品行业的确有着与其他行业不一样的的特殊性。

首先，汽车精品的品类繁多，涉及技术、材质、功能、质量等方面，单靠一个品牌或某一个企业是不可能包络所有汽车精品品类的生产或销售的；其次，汽车精品中，很多产品的单个价值都不是很高。小到几元、几十元，或是数百元，如脚垫、香水、把套和刮水器等。这些汽车精品又不同于快消品，都不同程度地存在一定时长的使用周期，很难形成大规模，且难形成持续的消费市场；第三，大多数汽车精品的技术含量都较低，只要有少量资金，基本上都能组织生产。这就造成了汽车精品中，同一品类会存在数十个，甚至数百个生产厂家或品牌；第四，那些单品价值较高的产品往往又受到主机厂的排斥，常常生存在夹缝中，对于形成良好的品牌、口碑存在先天不足的市场环境。

2. 没有品牌的产品，未来注定是要被消费者遗忘的

虽然汽车精品行业现阶段为特殊的发展时期，但还是要明确一点，那就是：没有品牌的产品，是不会被消费者认知的。

通过近几年的快速发展，汽车精品行业已经从散而乱，逐步开始走向规范，并意识到品牌对未来发展的重要性。前文所提及的，一些业内老板常常会找到我，问询有关如何建立汽车精品品牌？如何运作品牌策略的宣传产品？怎样的产品最需要做品牌宣传？

坦率讲，这些问题都不是简单的问题，更不是一两句话能说得清楚的，但以下几个观点可以供大家参考！

观点一：品牌应该赋予那些有生命力的产品

有生命力的产品具备延续性和可发展性，在保持其核心使用价值的前提下，能够通过各方面的改良和创新，产生适合不同时间、不同地点、不同人群的产品系列。这样的产品具有差异化的特性，能够满足不同用户群体的需求，其使用价值能够得到充分的体现；同时，差异化的产品能够区别市场中的其他产品，提升用户对产品的认知和认可。

品牌赋予有生命力的产品，能够增强用户对产品的认知和认可，同时能够提升用户对企业的认同感。因为人们的消费习惯已经从产品认可转变为品牌认可。品牌不仅仅是帮助消费者辨认产品制造商、产地等区别于其他同类产品的标志，而且能够帮助消费者迅速找到自己所需要的产品，节约时间成本；同时，对于消费者而言，他们在购买产品满足自身需要的同时，还希望获得他人的认可，选择良好的品牌能够降低其精神风险和金钱风险。产品本身仅具有使用价值，而品牌则能赋予产品不一样的个性，消费者对品牌的认可很大程度上都是基于品牌的个性与自身气质相符。

汽车后市场中，不论美容产品、精致饰品，还是养护精品等，都具备一定生命力。每个消费者所购买的车型不同，气质也不尽相同，因此他们在挑选养护精品的时候，尽量会选择实用性强的产品，而在挑选装饰和美容产品的时候则会选择与自己气质相符或相近的产品。这样，不同的品牌间的差异化为他们的选择提供了帮助。

在汽车保养过程中经常用的的机油就是很好的例子：壳牌公司根据车型不同，研发了多款适合不同车辆的机油产品，比如我们经常说的“红壳”和“黄壳”，其产品的使用价值是在于发动机润滑，而不同之处在于，壳牌很好地将产品和品牌传递给了车主。车主在换机油的时候不会说换某个标准的机油，而是直接说我要“红壳”或者“黄壳”。

观点二：低价值产品可以形成品牌化产品矩阵

虽然，几乎所有产品都有生命力，都可以赋予其品牌名称，但是我们还不能忽略产品价值的高低。在品类繁多的汽车精品名目中，有很多属于低值类。它们有这样的一些特质：如单位价值较低，生产门槛不高，很容易被复制，换代频次较高。但是，低价值的产品并不是说价格低，也不是说它的生命力不强。相对而言，低价值的产品往往具有高利润空间，产品使用周期很长，因为在车辆使用过程中，它们常常作为必需品出现，比如说脚垫。

在众多的低价值产品中，我们能够选出生命力较强的一些产品，尤其是属于同一类别的产品，共用同一个品牌，形成一个消费价值链。例如，我们可以根据脚垫、座套、靠垫、把套等产品的类似性，赋予“舒适驾驶”的产品定位，即“××品牌”的产品只为“舒适驾驶”设计。根据用户需求，设计成不同价位、不同材质、适用于不同车型的多层次产品，这样能够形成一个品牌化的产品矩阵。这就好像我们经常看到的汽车改装企业，利用一些零散的产品如运动包围、扰流板、车贴、排气管等组成销售套装，并且冠以“××改装套件”的品牌。

品牌化产品矩阵的好处，在于企业能够标准化生产，降低生产成本，同时能够很好地控制产品的质量，防止竞争对手的模仿；同时，消费者购买时大多数购买整套产品，提升了企业的利润。不同层次的产品设计，能够带来不同的利润空间，保证企业受益的同时，是企业能够更快地适应市场变化，调整产品策略。

观点三：高价值产品要强化服务的品牌属性

高价值的产品往往具备高技术含量，随着汽车工业的发展，也会产生技术的升级换代，对于市场的反应比较敏感。而高价值产品的消费人群，对产品的价格敏感度相对较低，他们更注重的是产品质量和服务。高价值产品很容易建立品牌价值体系。企业可以根据产品属性，建立品牌核心价值，围绕核心价值对消费者需求进行不断研究，多元化的产品设计，强化产品服务，在做好技术和品牌保护的前提下，保持产品和技术对市场的适应性。

汽车电子产品可以说是高价值的精品之一，其中的种类也很多，功能也不一样，但是其目的都是让汽车乘驾更具乐趣。这类产品可以建立统一的品牌核心价值，开发包括导航、娱乐系统等多元化的产品体系，从销售、安装、升级等方面提升服务品质，塑造品牌形象。

再比如汽车养护精品，可以基于“安全”建立品牌核心价值。围绕“安全”，研发制动液、防冻液等多元化产品，对产品和技术进行升级，并采用车主养护课堂、免费检测等形式强化服务，从而不断提升品牌的力量。

高价值产品必须在技术和服务方面保持领先，才能不断地增长，品牌认知和认可度才能够提升。再好的产品，没有服务保障，怎么都卖不出去；再好的品牌，没有持续地更新维护，也会渐渐没落。

观点四：精品营销要应产品特性而定

产品有了，品牌有了，而营销就是促进产品销售、品牌塑造的利器。在营销过程中，企业需要根据产品特性制订营销策略，这样更加有利于信息传递到有效客户群体中。比如装饰美容精品安装简易、价格适中，可以在淘宝、京东这样的电子商务平台开设专营店；而养护精品可以通过车主课堂、电视电台节目等进行推广；电子设备及可能涉及复杂安装的产品，则可以通过试乘试驾活动和4S店合作等进行推广。

当然以上方式并不是一成不变的，以往我们希望通过最贴近用户的渠道进行营销，比如在4S店、汽车快修店等地方做营销推广，但是目前4S店里的效果是很多汽车精品都是送出去的，收效不大。

早先，我们通过媒体做推广、在4S店里放置易拉宝、靠用户间的口碑传播等方法做营销。而随着互联网和移动互联网的发展，已经可以在淘宝、京东等网上商城购买到轮胎、轮毂、机油、香水、车贴等几乎所有品类的汽车精品，甚至我们可以通过微信和微博等工具进行产品的销售，但是一切还在摸索当中，如何利用好网络平台，实现 B2C 的商业模式，完成 O2O 的商业对接，将是我们面临的巨大挑战。这其中，用户良好的消费感受是此类模式的重要基础，再好的产品，也会被雪片般的差评毁灭！

充分利用电子商务平台有助于汽车精品品牌的营销推广。但是这部分的花费比较大，有没有更好、更省的方式，希望大家可以多加思考。

观点五：精品营销可以借鉴快消品模式

我们的思维再拓展一下，互联网、移动互联网是当今比较热门的营销手段，但是反观传统，还有很多产品在采用传统的促销方式推广，它们的收效也是很大的。就比如快消品行业，经常在商场、超市等地点进行促销活动、各种展览，我们的汽车精品是不是可以做到这点？

在商场、超市促销活动和外展活动中，经常能看见穿着制服、端着冰红茶/咖啡的美女推销员，请你注意听一下她们的口号："××冰红茶/咖啡"，品牌的名称贯注在"冰红茶/咖啡"的前面，来来往往的消费者很容易就在潜意识中将"冰红茶/咖啡"和"××品牌"联系在一起。汽车精品的营销也可以学习快消品的经验，在给销售顾问进行培训的时候，可以在介绍产品的时候加上品牌名称。这样有助于在消费者心中树立汽车精品品牌。

同时，我们可以看到，快消品推广经常是可以试吃试用的。这样的体验式营销是否可以在汽车精品营销中使用？比如在展厅放一排香水，让来看车的人都可以试着闻一闻；或者是在试乘试驾的过程中，汽车精品企业也跟着讲解相关汽车精品的使用及优点；又或者在展车中放不同类型的装饰品，看看哪个更受欢迎。这是典型的体验式营销，通过消费者亲自感受产品的价值，由此产生对品牌的认知和了解，为今后产生购买做铺垫。

以上是几个观点，更深入的还需要大家共同探讨。

在我看来，品牌就是消费者需求与产品核心价值达成的高度一致，即品牌提供的消费价值正是消费者需要的。你说你的，我要我的，这不是品牌。品牌的属性就是精品的属性，比如刚才说到的"安全"是养护精品的属性，它的价值在于企业把行车安全、驾乘人员安全放在首位，用户购买了含有"安全"属性品牌的养护精品，就等于认同了企业的价值观、认同了产品的质量，而企业也应当做到保证产品质量，为用户安全着想。

品牌的形成不是一蹴而就的，品牌的提升不仅仅是体现在产品功能改善、质量提升和价值提高，还要考虑到品牌知名度、美誉度和普及度的提高。在精品的营销过程中，需要持续投入、改进和提升产品本身，不断塑造和完善品牌故事，才能让品牌深入人心。

品牌不是低价，价格只是品牌的外在表现，质量与承诺才是品牌的内在价值核心。

品牌不是忽悠，乱说一气只能是不明所以，真正实在的是建立在用户之间的口碑和无微不至的服务。

品牌不是一次促销，一锤子买卖可能让你一夜暴富，但是坚持和传承却能让你的企业基业常青！

第二章　4S店集团的精品业务运作

第一节　4S店运营管理的问题与形势

一、精品运营管理中的问题

近年来，国内汽贸集团的销售业绩差强人意，经营利润也在大幅下滑。一直高歌猛进的精品业务，好像也遗留下太多的问题。

一项业务的发展是否陷入瓶颈，主要看两个方面：一是增速和增量是否保持快增长；二是从业者是否对未来感到迷茫。由此观之，精品业务的瓶颈之说或有道理。

影响一个行业发展的因素很多：大的方面，有国际、国内的政治、经济形势，市场环境、行业政策等；小的方面，有经销商集团、4S店自身的问题。从企业经营角度来讲，要接受不能改变的，改变能够改变的。宏观因素非企业所能控制，从经销商集团、各4S店自身存在的问题入手，了解是哪些因素制约了集团、4S店精品业务的发展，使其走到一个瓶颈期。

1. 4S店是一个矛盾综合体

1）在产业链上下游夹缝中求生。4S店虽然垄断整车销售，却是在夹缝中生存。上有来自整车厂的销售指标压力，下有来自汽配城、路边店等对售后服务市场份额的争夺。

2）在债台高筑的风险边缘游移。4S店是高成本投入的行业，虽说4S店不缺资金、有实力，但因行业的特殊性，4S店又往往债台高筑。虽然说现代企业制度的发展已经使融资、信贷成为一种企业的常态，但4S店的资金却鲜有宽松者。

3）既扮演黄世仁，又充当杨白劳。一方面，对汽车销售而言，现在还相对处于产品就是资源的年代，所以在和主机厂的博弈中，4S店是弱势的一方，致使4S店不仅车辆压库，而且也必须按配比销售指定的精品产品。但另一方面，4S店是各精品厂家普遍看好的主要的销售渠道，所以在买方为主的时代，相对于精品厂家而言，4S店又是强势的一方。4S店深受主机厂的压迫，也受到了精品厂商的吹捧，是设身处地地站在长远合作的角度和精品厂家进行合作，还是把夹缝中的生存焦虑传递给精品厂家？这真是一个问题。

4）普遍具有战略眼光，却在战术上捉襟见肘。4S店的创业者，大都出身底层，有勇气、有眼光、有敏锐的市场洞察力，以及天生的灵敏的商业嗅觉和百折不弯的坚强性格，是真正的草根英雄，他们创造了一个传奇的时代。但在具体的战术实施上，这些4S店的管理者却又受制约于所处的时代，打上了粗犷发展的烙印，在精细化管理和团队打造上跟着感觉走，当行业竞争加剧时，难免束手无策，或虽有良谋，却在忙乱中顾此失彼。

其实，不仅是4S店，任何事物都是一个矛盾综合体，正因其如此，所以才可能有两种走向：更好，或是更坏。如果我们意识到这些问题的存在，正视并思变，那么问题并不难破解，毕竟4S店的精英们都是从市场一线真正地拼杀出来的，天生善于应对危机。

2. 4S店集团在精品管理方面的软肋

（1）高层信心不足，重视程度不够

4S店集团对精品业务的重视程度是否足够可通过下面的问题自行进行判断。

① 集团精品业务管理的直接负责人，在集团公司的组织架构中居于什么样的地位？他的级别达到什么样的高度？

② 集团精品业务管理的直接负责人，在集团公司的威望如何？是提拔了一个优秀的人才，还是勉为其难地选择了一个没有多大影响力的人？

③ 集团精品业务管理的直接负责人的收入和经营业绩挂钩吗？他的收入水平在集团中达到什么样的水平？

④ 集团旗下的各4S店有精品经理吗？如果有，这个精品经理和销售经理相比，地位、威望、收入居于什么样的水平？

⑤ 当精品业务和整车业务发生冲突的时候，集团高层是否能认真权衡，而不是一味地向某一方倾斜？在集团高层的共识中，精品是一项独立的、重要的业务，还是整车销售的附属？

⑥ 集团从不欠主机厂的一分钱，欠精品厂家的钱吗？集团有和它建立长远、互利共同发展的意识吗？

⑦ 集团高层听过精品负责人的汇报吗？是不是将其当做一项常项工作？

⑧ 精品采购在集团的支出中占多大比重？会不会出现长达几个月的压款、迟迟不结账，并且不担心对方退出或心生非议？

⑨ 如果集团对精品业务有信心，有没有勇气根据前三个月的平均销量，一次性买断某项产品，从而达到采购成本的最低化？

（2）管理层高高在上，人为自我限制，将自己置于空中楼阁之上

这里主要是指集团的精品负责人或精品管理层团队，没有和供应商建立长远的、良性的合作模式的思想和意识。对中高层而言，思想问题在任何时候都是第一位的。

（3）精品业务零星分散，没有系统的思想和管理体系做支撑

请回答下列问题：

① 精品这个行业，大多数类别的产品都还没有行业标准。那么，作为经销商集团，有没有自己的标准体系？比如，有没有生产厂家的选择标准（如量化的指标、数值或行业内的排名）？有没有精品分类标准？有没有厂家准入门槛？有没有数量限制？有没有区域限制？

② 有没有精品业务的运营管理系统？这个系统和集团的整车销售、财务系统以及其他的业务板块系统互相兼容吗？如果不兼容，有没有想过什么时候启动系统的整合？

③ 对各店的考核指标、奖惩措施，是不是相对稳定？推行得是否顺利，是否能激发大

多数人的积极性？

④ 有没有培训机制？培训机制是否有年度、季度、月份计划？执行得如何？有没有针对店长、精品经理、业务员的培训计划？是如何保证落实到位的？谁来监督？

⑤ 有没有典型案例、经验推广的制度？如果有，是如何打造、挖掘、发现、树立典型的？这个案例有没有可复制性？有的话又是如何推广这个典型并复制其经验的？

⑥ 有没有考虑过不同部门、不同岗位互相监督的需要？如何平衡相互合作和监督？

⑦ 每一类、每一个产品的进入，有没有培训、推广的计划或模式？话术的搜集、整理、传达由谁来组织落实？如果主推某一款产品，会不会让同类不同品牌的产品厂家心中生疑，感觉一碗水端不平？如何权衡？

3. 4S店在精品运营方面存在的主要问题

（1）信心不足

1）不敢进货，一味地让厂家压货。所有的4S店都知道供应商会把结算周期计算在价格之中，也都知道一次性买断会降低价格，但就是不买。这里面除了地位强势可以让供应商压货之外，还有一个原因：4S店因为担心卖不出去所以不敢一次性进货太多。让厂家压货就没有任何压力，卖了自然欢喜，卖不了反正还可以退给供应商。但问题是：不给自己任何压力，这个产品能真正地卖好吗？卖不好，难道受损的只是供应商吗？

2）只知赠送，不会销售。经常有人担心一旦销售精品，反而连车也销不出去，这是4S店在精品运营管理上的瓶颈所在。在4S店，所谓的汽车精品几乎全部是赠送出去的，这是与外部的装潢美容店最大的不同。从某种角度看，这甚至是当前4S店运营精品的耻辱。4S店拥有最好的硬件环境、很高的人员素质、最好的培训体系，但是却形成了“卖汽车、送精品”的惯例。我们可以到路边的装潢美容店看看，即便那么差的环境、那么低的素质，但是它们的汽车精品都是实实在在地销售，而4S店却是“想销售精品，顾客就要享受免费赠送；不免费赠送，客户就坚决不买，甚至连车也不买”。对于汽车精品，是车主缺乏消费意识，还是4S店缺乏销售意识？是车主缺乏消费能力，还是4S店缺乏销售能力？答案是不言而喻的。

（2）精品不精，差异化缺乏

目前，汽车精品产品多而杂，展柜如同超市，产品同质化，很难使利润达到最大化。在汽车品牌的经营选择上，4S店都是单一汽车品牌的经销商（唯其专一，方有成绩）；但是在汽车精品的采购运营上，4S店大多采用“韩信点兵、多多益善”的运作思路，殊不知“多子未必多福”。单店毕竟不是沃尔玛，这种精品超市型的运作思路，对于寸土寸金的4S店来说，在精品运营上不亚于歧途末路。4S店在精品运营上一定要“精选、精做”，应选择适销对路、品牌价值高、利润回报大的产品。

（3）KPI考核误区

4S店集团在对汽车精品的财务指标考核上，大多会选择汽车精品的毛利率作为考核指标。但是这种简单的指标犹如“画皮”——表面令人赏心悦目，真相令人恐怖。对企业经营来说，毛利率和毛利额哪个更重要？究竟是要赚毛利额，还是赚“毛利率”？这可不是一个简单的问题。

以单车加装的某一汽车精品而言，假如A品牌的采购成本是400元/车，销售额是1 000元，毛利率60%；而B品牌的采购成本是3 000元，销售额是5 000元，毛利率是40%。那么，集采人员会选择哪个品牌？他们通常会选择毛利率高的A品牌。然而如果以单车毛利额来分析，则选择结果会大相径庭：A品牌的单车毛利额只有600元，而B品牌的单车毛利额为2 000元，相差3倍多。再引入单车的精品经营成本的要素，在4S店每月的销车量视作相对不变量的前提下，假如4S店单车精品分摊的房租、水电、折旧等经营费用成本为400元/车，那么，A品牌的单车相对净毛利额仅有200元/车，而B品牌的单车净毛利额可达1 600元/车。那么，两个品牌对净毛利额的贡献比例为8:1。所以，在4S店的精品经营上，我们更应该选择单车毛利额更高的产品而不是单车毛利率更高的产品。

要将精品从“成本中心”观念变更为“利润中心”观念，我们更应该关注它能不能创造利润、能创造多大的利润？而不是仅仅关注它成本能有多低？毛利率能有多高？这就像卖奥迪与卖奥拓，奥拓的毛利率未必低，但是单车的毛利额却无法与奥迪相提并论。

（4）精品的展示体验及安装施工不到位

4S店在卖车方面配置了最优的资源，这也让其在精品运营上获得了相当大的客户优势；但是卖车的资源配置优势并不代表4S店在精品运营上具备同样的优势，甚至有些是天壤之别。一般来说，4S店在卖车上特别强调“展示体验”，而在精品经营上却相反，经常是“要展示没展示、要体验没体验”，试图“空手套白狼”。以汽车太阳膜为例，4S店鲜有配置齐全的隔热展示，能摆个膜样架、写上技术指标就算不错了。用这样的“空手道”来运营精品，前面提到的“装潢美容店实实在在卖精品，汽车4S店老老实实送精品”的差异就毫不奇怪了。对汽车精品的加装环境及车辆防护而言，4S店的精品施工车间及车辆的防护通常也很难让人恭维。如果说4S店的汽车展厅有“宝马”的水准，那么其施工车间能达到“宝来”的标准已经算是难能可贵了。

（5）专业人员缺乏

销售人员缺乏产品知识，技术工种岗位急缺，且业务技能单一。由于4S店销售顾问的主要精力与考核点都在卖车，导致大部分销售顾问对精品的专业知识匮乏，对所销售的精品经常是“一知半解”，随意评说。这种缺乏产品知识与专业能力的销售又怎么能够打动客户，为消费者“解疑释惑”呢？而4S店通常采用的又是“自己不会卖，也不让别人帮助卖”的运营策略，所以，4S店虽然很想在精品运营上分羹，但是缺乏专业人员、专业知识和专业技能的“精品销售”只能变为“精品赠送”。

（6）供应商选择标准与合作理念的错位

4S店在精品供应商的选择上，通常会选择低成本、容易控制的供应商，这种“自视甚高”的供应商选择理念要想成功，除非4S店的汽车销售“供不应求”。4S店在精品上卖不卖？卖什么？怎么卖？完全由4S店说了算，消费者没有任何的话语权。但是，对大部分汽车品牌而言，汽车的销售已经过了“供不应求”的阶段。在汽车销售都已经进入“微增长”甚至“负增长”的时代，4S店更应该选择能够协助4S店实现精品销售、提高销售毛利的供应商，要更多地关注供应商的运营能力而非简单的供货价格。供应商选择及精品的运营关注事项包括：真正实现销售的能力、市场管控的能力、培训营销能力、施工服务能力、品牌知名度与美誉度、终端车主的消费满意度等。

（7）业务手续繁琐，让供应商视同鸡肋

精品进入4S店难，真正上量更难，上量后结账更是难上加难。其中4S店各个层级、各个环节的重重障碍，让汽车精品供应商不胜其扰、不堪重负。

（8）服务滞后

很多精品的售后服务需要依靠生产厂家或供应商提供，而精品厂家不在同一地区，供应商又是“量入为出”的服务团队设置，无法及时解决售后问题。

针对4S店在精品经营上的顾虑和障碍，曾有公司做过一份调查，结果见表2-1。

表2-1 精品从业人员调查结果

排　行	项　目	数量/人	占比/%
1	销售人员不专业	402	50.7
2	安装施工带来的其他风险	352	44.4
3	产品的采购与选择	338	42.6
4	安装及施工技术	293	36.9
5	对产品的不了解	275	34.7
6	来自汽车厂的压力	159	20.1
7	其他	99	12.5
8	资金不足	32	4.0

调查显示，有50.7%的人认为销售人员不专业是精品经营的最大障碍；其次，40%以上的人认为安装施工带来的其他风险是一个障碍；也有超过40%的人在如何选择产品上并不了解。此外，有20%的人认为存在来自汽车厂的压力；只有不到4%的人认为自身的资金不足。这组数据恰恰说明，在汽车精品经营上的障碍主要来自于对汽车精品领域的陌生、人才的匮乏和经营管理能力不足，解决了这些问题将大大提高4S店在汽车精品经营上的热情和盈利能力。

4. 解决问题的措施

（1）在4S店集团公司层面

1）高度重视，全力关注并支持精品业务开展。在组织架构设置上，在对精品生产厂家或供应商的配合上，在内部人员的安排调配和奖惩制度的执行上，站在公司战略高度去推动和运营。

2）建立集团公司的精品相关标准，可以先易后难、先急后缓地逐步做起，做到有律可循、有章可依。

3）树立服务意识，强化服务意识。资源整合管理的前期可注重服务，待各店精品业务氛围渐起之后，可注重管理。两者不可偏废，但可分先后。

（2）在4S店经营层面

1）善于学习，永不满足。建立培训机制，打造学习型团队。精品相关的理念、技巧、话术、经验和失误分享等学习需要系统化。领导层需转变观念，树立以服务为中心的经营理念，将利润增长的重心放在后市场，将汽车精品经营作为利润增长点。

2）建立团队，专业化操作。对一些常规性的项目，可以培养自己的技师；对于一些冷僻的项目、新开展的项目，可以借力精品生产厂家或供应商；打造专业的汽车精品销售团队、提高服务顾问的积极性和业务水平。

3）鼓足信心，大胆求证。可以批量采购，可以买断某款产品，不仅能节省成本，更能实现局部的差异化。如果还是担心，可以先借用目前的强势地位，到时候再让供应商退货。

至少，要迈出试一试的步伐。

4）产品分清主次，少而精才称之为“精品”，并且所选精品从档次、身份、地位上应尽量与整车的定位相符。

二、精品集团化管理的形势

兵家有云：知己知彼，百战不殆。汽贸集团运作精品的集团化管理，首先应该思考清楚几个问题，然后才好确定是否启动、如何启动该项目。

不仅仅是在集团公司启动精品的资源整合之前，包括在实施之后，运转的过程当中，这些问题应该一直在我们的脑海里盘旋：

我们汽贸集团自己的竞争对手是谁？是汽配城，还是大型的批发市场？是街边随处可见的装具、美容店，还是有一定品牌影响力的连锁加盟店？其他汽贸集团同城同品牌的4S店，是我们的竞争对手还是可以联手的伙伴？

和上面的这些“同业”相比，我们汽贸集团有什么明显的优势和劣势？

让我们做一个相对系统的分析，看看集团化运作的精品管理，有哪些优势和劣势。很多4S店集团的精品总监都说，日子越过越苦，那么，集团化的精品管理，究竟难在哪里呢？

1. 从精品行业本身分析

1）新兴行业，人才奇缺。

2）历史较短，缺乏沉淀和传承。

3）品种太多，无从选择。

4）产品更新换代快，淘汰率高，各领风骚三五年。

5）产品缺乏标准，各精品厂家自炒概念，各立山头，群雄逐鹿。

6）国家法律法规不健全，甚至不支持。

2. 从汽贸集团资源整合的角度分析

1）主机厂不支持甚至限制各4S店自营精品。

2）新车销售尚有利润，惨烈的市场竞争还没有真正到来，各集团公司领导虽然一直在高喊“狼来了”，但从内心而言，重视程度不够，危机意识不够。

3）各集团或单位没有一套规范的、稳定的、制式的操作和管理流程。

4）考核力度不够，奖惩的刺激性不够，缺乏主动性和迫切性。

5）不会做，想做而不知从何做起，一知半解，又没有系统的学习机会。

6）涉及各方利益的打破和重组，会有很大阻力。

7）车辆品牌较多、地域分布较广，对精品的需求多样化。

8）店多、面广、人多，众口难调，管理难度大。

9）4S店的运营成本高，造成精品价格高，与其他形式的街边美容、装具店相比，没有价格优势。

10）相对各4S店而言，具体到某一品牌车型，对其车主的需求了解不够深入，对车辆和车主的信息掌握滞后。

如此看来，困难是确实存在的，而且有些困难好像也确实没有破解之道，只能负重前行。曾有朋友直言：能常人之所不能，才是专业。

但话又说回来，如果我们的精品既便宜，又高档，还能搭上所售汽车品牌的影响力快车，客户一看就喜欢得不得了，老板还要我们干什么呢？他派自己的小舅子、小姨子，或是司机、保安来做精品总监好了，哪里还有你我存在的价值?!

在市场井喷的时候，“一头猪站在风口上也能飞起来”，专业人士的价值会被模糊掉；市场越难做，各个集团公司的业绩差距越大，专业人士的价值才能体现得更充分。所以，让我们勇于改变可以改变的困难，并接受不能改变的困难，将其视为激起浪花的礁石，然后调整心态，看看4S店集团有哪些优势，以便轻装前行。

3. 4S店集团化的优势

1）有稳定且源源不断的客户资源，而且客源质量相对较高。

2）有所售汽车品牌的本身价值，客户的信任度较高。

3）是新车销售的源头，关闭闸口，下游的街边店、连锁装具店就会缺水断水。

4）有样品车，可以加装后以直观效果说话，这是街边店不可具备的优势。

5）单店车型集中，备货简单，库存压力小，目标客户集中，针对性更强。

6）可以让精品厂家量身订做产品，更能体现客户的个性、尊贵性和车辆的舒适、便捷性。

7）销售量大，采购成本低。如果没有其他因素的考究，采购成本应该偏低，甚至可以占用精品供应商的货款，即只要集团公司有政策，几乎不用做资金投入。

8）一旦启动并且前期基础工作扎实，依靠惯性也能良性运转，节省管理成本。

4. 精品生产厂家和4S店集团合作的好处

1）节省市场开发的时间、人力和风险成本。打进一家超大型的4S店集团，相当于开辟了数家甚至数十家街边美容、装具店。

2）有利于产品知名度的传播和美誉度的打造。虽然不能像普通产品纳入三星、苹果的配件系统那样会身价倍增，但至少会使其身价提升。

3）每一家4S店集团，都有统一的文化背景，各店情况类似，精品厂家处理问题相对有规律可循，省心省力。

4）如果工作方法得当，人员安排妥当，销量提升迅速，因为有源源不断的客户资源支撑。

5. 4S店集团集中管理的价值

为什么要实行集中管理，这个问题虽然一直在有人问，但答案却好像并不难回答。但我们惊讶地发现，某大型集团公司，集中管理原本做得不错，但近期却突然转变了风向：将由一个部门总管全部4S店、一个领导主管所有精品业务的精品公司分解，以代理的汽车品牌为单位，划分成若干个专业的精品公司。

如果是为了精细化管理，这样做或有可商榷之处。但如果这样分解，最好上面再有一个集团化管理公司，负责不同品牌的精品公司之间的协调和管理，对重大项目予以核实和把关，对先进经验予以分享、传播，对问题进行检查和惩处。如若只是这样单纯地分解，集团化管理的优势会软化很多，而且以各品牌4S店管理部为单位，只恐会降低集中管理的公信度。

那么，为什么要集中管理呢？

对这个并不新鲜的问题，我们再做一次思考：

1）可整合集团公司各4S店之力，和精品供应商谈判，容易争取到更有利的商务条件。

2）可节省各4S店单独和供应商谈判的时间，同时因更具专业性而取得更多话语权。

3）术业有专攻。可以培养专业的团队，做专业的事情，有助于业绩的迅速提升。

4）考虑问题有相对的高度，便于综合权衡各方利益并平衡之。

5）综合考量各项资源的整合。

私下也听到另外的声音，就是说担心权力集中到一个部门或一个人，容易滋生腐败，影响集团公司的利益和形象。若真因此担忧，则更是多虑。我们可以这样想：

是重点考核一个人、一个部门容易呢，还是同时考核多个部门容易？

是将问题集中到一个人身上更容易发现呢，还是将问题分解到数个人身上更易发现？

是出现问题问责一个人好呢，还是将责任分散到数个人身上，罚难责众，甚至不知道问责谁更好？

6. 解决问题的措施

1）授权一个部门管理，权力相对集中，以业绩作重点考核。

2）在组织架构上，互相监督、互相配合。

3）在业务流程设置上，互相制约，便于监督。

其中最重要的一点是，将全部纳入采购系统的产品，在集团公司的内部网上公示：生产厂家、服务网络、产品图示、价格、服务标准，以及负责引进人的姓名、电话公示，并引进责任追究制。

现在4S店整车销售下滑，很多4S店已经开始注重精品业务，希望能从精品这一块儿提升利润增长点。但大多数4S店都是集团统采，产品固定单一，采购权也抓在少数几个人手里，这样很难差异化和新产品进入。

7. 精品统采和单店采购的利与弊

1）如果一家4S店自己想怎么做就怎么做，不用打报告，不用发传真，自己直接和精品厂家联系，独立对结账，效率肯定要比向精品总监汇报要高。但在对全国精品市场整体情况综合了解上，在对同类产品性能和价格的通盘掌控上，在运营模式的推行和创新上，以及经典案例的推广上，又都是单店欠缺的。

如果我们每一个店都对每一个产品比对一次，每一个店都费尽心力搜集、整理案例，每一个店都在原点上起草自己的考核方案、奖惩办法，这些店汇集起来的时间、精力和人力甚至财力，是很惊人的。

这就像交通信号灯。在午夜空无一人的大街上开车，红绿灯的存在肯定减缓行驶的速度，影响飞车的快感体验，但如果在上下班的高峰期，如果没有交通信号灯的存在，是不是很可怕，恐怕连正常的行驶都不敢保证，这时的信号灯，其功莫大。

2）精品总监的作用其实比信号灯更重要，相当于“信号灯+路径指示牌+交通警察+交通局”。信号灯保证按规律运行，有序行进，路径指示牌指引方向，警察纠正违章，交通局开辟道路。我们不能因为某一个警察不作为，或是交通局有腐败，就彻底否定这个机构设置的必要性吧？

3）要解决上面的问题，其实并不难，关键是要有一套行之有效的机制。

① 集团精品总监将搜集各4S店的需求制度化、经常化，并将反馈公开化，则自然将自己的工作态度置于全员监督之下。

② 把纳入采购系统的产品价格、型号、精品生产商/服务商信息，以及各类产品、各精

品厂家的业绩在集团内部网上公布，再次提请大家监督。

③ 对业绩不佳的产品实行末位淘汰，新旧产品的流动可加速。

④ 特需、急需、个性化的产品，各4S店可上报申请自行采购。各店自行采购的产品实行报批、备案制度，同时作为精品管理部门掌握信息的依据。对各店自采数量较大的产品，精品管理部门应纳入集团化采购系统。

三、集团公司集中管理精品业务的优势和劣势

1. 劣势

在中国，特别是北方市场，精品还是一项新崛起的项目或行业。既然是新兴行业，说明两点：一是困难重重，二是充满活力。它的困难主要体现在以下几个方面。

（1）专业人员缺乏

这种缺乏体现在两个方面：一是精品施工人员的缺乏。电子产品的安装、太阳膜的施工、音响的改装，都需要专业人干。因为是新兴行业，人才沉淀不足，而且从街边美容店的角度而言，这个行业投入并不很高，可以说稍有经济基础的技师基本上都可以独立开店经营，一些有想法的技师可能会离开4S店自立门户。二是精品管理人员，尤其是大型集团的精品管理人员缺乏。因为他不仅仅是做业务，更是整合资源。什么叫整合资源？就是人员、职责、权限、利益的调整和再分配。这就要求精品管理人员，不仅业务精通，更要具备一定的沟通、协调和统筹规划能力，同时要有较高的职业和道德操守。

（2）没有统一的产品标准

精品可以说是“（汽车）厂家反对，国家不支持”。厂家这一块儿我们不说了。国家这一块儿，因为没有统一的产品标准或质量认证，致使一方面是方兴未艾的市场需求，一方面是因没有质量认证而面对工商、质检等部门检查时的停业逃避；而精品的大块业务——改装，更是因为涉及立法问题，而一直处于“地下”状态。

具体到某一类产品而言，也缺乏一个公信度高的中介机构来认定。以太阳膜为例，A产品的太阳膜，市场上定价最贵，自我标榜最好。但如果用B、C产品的设备或检测方法，它还会是最好的吗？有没有一个公信力的单位，为我们做一个权威的结论？这两个问题，答案显然都是让人怀疑，甚至都是否定的。

（3）产品纷乱繁多

和上一个问题近似，但并不一样。还以太阳膜为例，仅商标注册的全国就有200～300个。每一个产品既然能问世，抛开它的质量问题不谈，肯定有其存在的道理，或成本低，或服务好，或市场定位准，等等。问题是我们怎么进行选择。没有选择是一种痛苦，选择太多同样是一种痛苦。而且，这种选择，对大型集团而言，更痛苦。因为各个不同品牌、不同地区的4S店，都可能站在自己的立场去选择产品，都会有冠冕堂皇的理由，这就加重了集团公司产品整合的难度。

对大型集团公司而言，难度会更大。第一，车型太多，众口难调。以庞大集团为例，高端品牌有奔驰、路虎、沃尔沃、奥迪，现在阿斯顿马丁、雷克萨斯也已引进，低端的有夏利、五菱、哈飞佳宝等，共计40多个品牌。集团公司的管理层，在整体情况上、在综合管理上肯定有优势，但如果细化到某一个品牌车型，很难说比4S店掌握得更精准。第二，战

线太长，地域分散，每一个地域都有不同的消费习惯和消费心理，而且店（点）多面广，集团公司难以一家家店进行指导、管理。

2. 优势

我们先以4S店和街边的美容/改装店相比，它的优势很多：

1）有品牌、有形象，更容易以专业的形象出现。

2）具体到某一个品牌4S店，产品集中，不必像街边店一样，产品选择大而无当。以导航为例，4S店只备货本品牌车型的产品就够了，而街边店因不知哪一个品牌的车型上门，可能要备太多的车型产品，资金压力大，针对性差。

3）可以像卖房子一样，加装“样板车”，以实际效果说话，这也是街边店不可比拟的优势，因为4S店唯一不缺的，就是车。

4）4S店是产业链的上游，售车是精品业务的开始。如果上游的水堵住了，下游几乎是没水吃的，或只能是残羹冷炙。

5）4S店是一个大的资源平台，售车、维修、保险、养护等，甚至还有车友俱乐部、自驾游等，“集客”更方便，推销时介入的时机也更便捷。

我们再以大型集团公司和单一的4S店或街边美容/改装店相比，它的优势显然是其他单位所不可比拟的：

① 具有内部“自洁”或“自我强化”功能。曾有人比喻，说大型集团公司就像一艘航空母舰，因其自重比较大，自身的零部件也太多，需要协调的部门、人员太多，启动可能慢。但一旦启动，即使关掉油路电路，它按惯性滑行也会滑行很长时间，而且仍然具有很强的攻击力和杀伤力。而且，因为它足够大，即使有矛盾，也可以在内部消化掉，可以在发展的过程中消化掉，就像车辆在高速公路上行驶，因速度高挟带的风就可以净化路上的垃圾。

② 可以更经济、快捷地为生产厂商/供应商提升销量。大家可以这样想，如果生产厂家或供应商一家家4S店地去走访、推销产品，拿下100家店，需要多长时间？但如果这个集团公司有100家店，是不是更节省时间、人力和经费成本？如果这家集团是300家、500家店呢？

③ 有助于产品质量的认可，或产品知名度、美誉度的传播。某一产品被大型集团公司纳入采购系统，在某种程度上就是市场对其质量的一种认可。就像不知名的品牌进入沃尔玛超市一样，会提高自身的美誉度。

第二节 精品业务运营管理的战略规划

各大汽贸集团及各4S店在精品管理中存在的问题，已经在前面做了相对详细的阐述。概括起来，目前各大汽贸集团的精品业务主要存在如下问题：

1）缺乏精品业务的战略定位，或精品模式与定位不够清晰。

2）精品业务发展模式缺乏中长期规划，走一段是一段，走到哪儿是哪儿的集团公司比比皆是。

3）管理思路短路，缺乏有眼光有思路的专业管理人员。

4）指标制订的不科学、不全面、不合理，考核目标过于短线。

存在的问题，就是我们整改的方向。下面就针对上述问题，详细地介绍如何做好精品的规划与设计。

在论述这个问题之前，我们先看一下上下左右的环境，看看与之相关联的各方，以便掌握各自需求，顺之导之，让工作更平顺地推行。与之相关联的四方：集团总公司/各4S店/供应商/客户。集团公司需要将精品做大，增强竞争力；4S店需要提供好的产品，尽可能地扫清一切障碍让其专心地经营赚钱，并得到合理的回报；供应商需要提供相对宽松的环境，以便其业务顺利推行；客户需要在这里得到物有所值、甚至物超所值的产品和服务。那么，我们接下来的一切，就围绕着存在的问题和各方的需求展开。

一、精品业务定位需慧眼识金

存在的价值或意义，不外乎两点：一是集中管理，要求以专业的身份和形象出现，出现的一切问题需要有专业的机构、部门和人员来实施和应对；二是整合资源，形成合力，主要表现在集中采购、集中和供应商对话，以争取相对宽松、优惠的制度支持。

有很多人会说，我应该把产品选择放到前面，因为一般都是先有产品才有销售。这种思路不错，但是，我们选择的汽车精品，比如说导航产品，选择飞歌还是卡仕达，或是三星，有什么直接的，或是很大的差别吗？答案是没有。对4S店而言，选择哪一品牌的产品不是关键。那么关键是什么呢？关键就是选择哪一类精品项目更为关键。

精品的种类繁多，达上千种、近万件，只在商标局注册的导航、太阳膜就分别多达二三百种，这就直接面临一个问题，怎么选择产品？

人的时间、精力是有限的，我们应该遵循的是二八原则。我最早接触到这个概念，应该是从金融界，对大客户，要求：80%的精力投入到20%的大客户身上，而这20%的客户，应该为我们提供80%的利润。这个方法，同样可以用在我们产品的选择上。那么，这80%的精力用在哪里呢？应该用在利润最大化的产品上。

那么，哪一类产品利润最大化呢？

需要施工的、有技术含量的。因为产品的价格可能透明化，但技术的价值不透明，而且技术无价。就像女人做头发一样，在街边小店，50元可能就不少；到了稍大型的品牌店，可能要300~500元；但如果请经常给明星政要做发型的知名发型师来做头发，估计上万元很多人眼睛也不会眨一下。这就是技术的力量，品牌的力量。

掌握了上述原则，产品问题应该说是最好解决的。即不在哪一款产品上费精力，而在哪一类产品上下功夫。

那么，哪一类产品利润最大化呢？或者说，哪一类产品是客户容易接受的，能够给我们提供较大营业额、较高利润值的呢？表2-2是4S店精品项目排序表。

以上数据，来自互联网。可能因为时间的推移，里面的项目排序已经发生了改变，但这并不重要。重要的是做好调研，对运作容易做、销售额高、利润额高的项目的思路，永远不会变。

表2-3为某品牌车型制作的精品方案，可以作为参考。

其实，可以列举的项目还有很多。我们列举这样一个表格，只是给大家提供一个思路：精品，原来可以这么做，应该这么做。

表 2-2　4S 店精品项目排序表（以业务量大小计）

排　序	产　品	4S 店选择比例/%	销售情况
第 1 位	防爆太阳膜	87.62	热销
第 2 位	防盗器	69.52	
第 3 位	倒车雷达	56.19	
第 4 位	GPS 系统	48.57	畅销
第 5 位	底盘装甲	46.67	
第 6 位	汽车地毯	42.86	
第 7 位	汽车真皮	41.90	
第 8 位	汽车影音改装精品（含 DVD、喇叭等）	40	
第 9 位	汽车香水	32.38	一般
第 10 位	小装饰品	32.38	
第 11 位	汽车清洁精品	26.67	
第 12 位	转向盘套	25.71	
第 13 位	凉垫	24.76	
第 14 位	汽车座套	24.76	
第 15 位	电子狗	21.90	
第 16 位	氙气大灯系统	20	

表 2-3　某品牌车型制作的精品方案

序号	产品名称	可达最大装车率	平均单台车产值/元
1	防爆膜全车	装车率为 100%	2 000
2	车型专用 DVD 导航	装车率 30% 以上	5 000 × 30% = 1 500
3	发动机下护板	装车率为 100%	500
4	底盘防锈	装车率为 100%	1 200
5	真皮座椅	原车布座椅的装车率为 60%	3 000 × 60% × 40% = 720
6	专车专用氙气大灯	原车近光卤素灯的装车率 30%	1 680 × 30% = 500
7	倒车雷达	原车无倒车雷达的装车率 90%	500 × 50% × 90% = 225
8	漆面镀膜或封釉	装车率 50%	1 000 × 50% = 500
9	凉垫 + 毛垫 + 四季座垫	装车率 80%	800 × 80% = 640
10	脚垫	装车率为 100%	200
11	挡泥板	装车率 100%	200
12	其他高新产品		
	总计		8 685

在实际工作中，我们建议大家把这份表格“简化”，或是用“减法”：在这 10 多个项目中，只要我们能做好其中 4 或 5 项，并且将这 4 或 5 个项目营业额做到较大化，就已经很了

不起了。

从以上两份表格我们可以得出一个结论：那就是4S店创造或挖掘利润最大化的项目的原则，一是选择利润绝对额高的，而不是利润率高的产品；二是选择需要施工的，有技术含金量的产品；三是选择销售量大、客户容易接受认可的项目。

由此可见，精品，应是以产品、服务为纽带，将销售、售后、客户维系紧密联结在一起的，一项重要的、独立的业务，它能提升车辆的销售，也能促进客户的回店，能在整车销售、维修保养和精品销售之间形成良性互动的一种业务模式。

二、精品业务运行战略规划的布局

战略规划是一项系统工程，非一朝一夕之功，非一人和一团队之力，需要上下联动，齐抓共管，分步骤实施。

第一阶段：采购权上收，管理权和经营权可以分立，最好是合并上缴，视集团公司整体氛围而定。

第二阶段：业务开展，业绩增长，促进整车的销售和维修保养客户的增长。

第三阶段：打造集团公司的长效品牌，提升集团公司的品牌效应，提高集团公司的品牌运作能力和管控能力。

第四阶段：集团公司提高竞争力，员工快乐工作，客户满意度提高。

做好战略规划，需要注意以下几个方面的问题。

1. 集中管理是第一步

只有集中优势兵力，才能最大限度发挥威力。

汽车制造商可支配的资源很多，但很可惜，多年来一直处于分散的状态，犹如散落一地的珍珠，只能单个欣赏，却无法集中串联起来、整体华彩登场，形成强大的冲击力。

将集团公司不同部门的资源、集团公司各地分公司或分支机构的资源、各品牌厂型的资源，统一地整合起来，犹如盛装的“满汉全席”，因为集体亮相已经足够具有震撼力，这时再看任何一个单独的菜品，也是活色生香、满庭芬芳。

相对于配件、金融、保险等资源，精品整合的，基本上都是可以自己做老大直接支配的，并且是看得见、摸得着的实物，如果将其当做打造自己品牌的第一步举措，相对会容易一些。

因为这时有很多外力可以借用：各个精品供应商的资金，在现在的市场行情下，一般会有1~2个月的账期；如果技术方面欠缺，供应商可以派人进驻到店施工，或是为4S店的员工进行理论培训和技术指导，因为4S店市场独特的优势，足以吸引供应商的眼球。

其实，还可以有一种思路：集团公司将精品公司独立，然后精品公司和其他几家合作紧密的精品生产厂家，组建新的精品销售公司。因双方的利益链条完整，只要搞好利益切割和分配，应该不会有大的波折。如果运作得当，上市或可预期。

2. 创造利润是过程

4S店集团精品项目的低投入、高回报、投资回收期短、变现快等特点，决定了项目风险相对较小，甚至可以说：4S店集团只要出政策、出规定，几乎不用自己做太大的投入，就会拥有巨大的回报。

但这个时机不会永远存在，所以需抓住时机。

应该说，目前的汽车流通市场江湖纷争的格局还没有定形，现在的几大家汽车经销商集团，所谓的TOP100经销商，基本上是以销售额排座次，只能说其大，不能说其强。估计在3~5年内，汽贸集团会有一个重新的江湖排位，到那时或许会暂时有一段稳定期。但无论哪一家勇立潮头，集中化、垄断化的趋势将不避免。

对精品生产厂家而言，到目前为止，还没有任何一家在精品分类市场中占具绝对的优势和地位，初步形成的消费者品牌影响力也还没有深入人心，汽车精品的江湖品牌地位还有太多不确定因素。

乱就是机会，所以充满生机。

对4S店来说，因为国内还没有完善的行业/产业标准，相应的市场门槛还相对较低甚至没有设限，而4S店具有源源不断的顾客群，无论是技术层面还是市场层面，都还有很大的发挥空间。

4S店集团应充分利用自身先天的优势，抢先一步，抓住精品市场的大好机会，大胆推行以下几点：

➢ 推行精品的销售，借助精品供应商之力，培养自己的销售、管理和技术团队，甚至可以借势培养自己的产品品牌。

➢ 推行精品的标准流程，进入、退出的标准，安装、施工的标准。

➢ 推行精品的施工车间、施工团队的形象和标识，视觉统一化。

➢ 推行4S店自己的定位和方略，服务流程和标准。

上述项目推行的过程，就是4S店树立自己的服务品牌的过程。

当国家的相关政策出台后，只怕资源已被瓜分，消费者已被分流，精品生产厂家/供应商对4S店的拥捧只怕也将成为过去，这时再启动精品运作，悔之晚矣。所以汽贸集团应尽早谋划自己的精品战略。

3. 打造品牌是终极目的

到这里大家或许已经看出，这是围绕4S店集团的精品项目，是利用自身的优势，规避自身的劣势，借助汽车主机厂的汽车品牌影响力，和后市场中精品生产厂家/精品运营的资金和技术实力、管理实力，借力营销，并借力打造自己服务品牌的一项系统工程。

汽贸集团结合自己所售的车型和集团公司自我定位，将精品定位成为中国/当地会所式高端汽车服务连锁品牌，是相对比较接地气、易于实施操作的定位，便于集团公司品牌文化的传播和各店精品项目的单店运营。

精品运作顺畅之后，可以精品为纽带，将保险、维修等后市场项目借鉴这种模式整合到一起，将多年来所积累的客户资源再次整理和开发，并重新拾回流失的客户，打造一套让车主主动消费的价值生态系统，而且在这个系统里，客户是自愿而有依赖性的。

在这套系统里，没有也不需要太多高深的东西，只需要汽车经销商拿出胸怀和诚意，因为我们提供的，只是一个平台。这个平台，不用，则如同弃物；用，则熠熠生辉。

汽车经销商通过各类精品服务项目，将车主，这个相对高质量的客户群体黏住，让他们的各种需求得到满足，最后形成一种认知：只要在这里消费了精品服务，将获得超值的其他诸多服务，既专业又无后顾之忧，对他们的生活质量和办事效率将是一个极大的提升。

高利润，决定投入时的尺度可以收放自如，一旦4S店集团的连锁服务品牌既定，盈利模式形成，即使再有上游厂家的干扰，只怕已经于事无补，因为这里已经有更多的空间去规避主机厂的检查。这时，4S店集团就可以放心地说：我的持续赢利项目已经形成，良性循环时期到来。

三、精品业务运行战略规划的前期保障

既然是一项系统工程，就需要集团公司整体氛围的营造和上下联运的支持，所谓兵马未动，粮草先行，说的也是战略保障。对精品而言，需要三个方面的支持：

1）集团公司资源的利用。它包括：资金实力的支持，品牌效应的支持，采购资源的支持和营销渠道的支持。这一切支持条件，可以放大到真金白银的投入支持，也可以缩减到只借用集团公司的品牌效应就可以支撑运转。如果说给一个拥有30家以上的4S店集团公司配套精品，响应者应该甚众，资金、技术、人力、培训和运作模式，自会有人帮助打造。

2）运营团队的建立。它主要包括管理团队、销售团队和技术团队，再放大还包括辅助团队，比如资金的筹划和运作，营销方案的制订和实施，网络渠道的建设和搭建，以集团公司的人力和干部资源储备，实施起来并不困难。

3）经营体制的确定。选择什么样的组织形式，如何设计组织架构，如何规范权责体系，如何进行业绩评估，等等。现在的4S店集团，大都是私有企业，或私有的股份制企业，投资人的主导性比较强，做好方案、沟通并取得支持，或是在多方利益关系中寻求平衡点，才便于导入顺利和推行顺畅。

四、精品业务运行战略规划的实施

前进的方向确定之后，剩下的就是如何走、分几步走的问题了。但因为在前行的路上有很多不可预测的因素，所以在战略规划确定下后，战略实施就成为最重要的问题，它涉及的因素更多。

➢ 从业务范畴来说，业务模式的确定、管理模式的确定，组织架构如何设计，流程、岗位和绩效如何设定，都需要深入研究。

➢ 从外部环境来说，国家的政策导向，主机厂的相关规定，代理的汽车品牌的强或弱，其他汽贸集团的业绩开展如何，都不是我们自身所能控制的。

➢ 从集团公司内部来说，股权架构、投资人构成和主要决策者的管理风格，直接决定着这项业务能否顺利开展。企业文化是一种说不清道不明的东西，它像一只无形的手，左右着事情的成败。

事情是很繁琐，如乱麻纠缠不清。但再困难，也得向前推进，这时，就需要我们抛开细枝末节，抓住主要矛盾，从而看清问题，就像一句话所言：开始之前，应该把问题想复杂，把各种因素都考虑进去；一旦投入实施，就应该使问题简单化，以确定方向正确；待运作顺利之后，再精细化。从简单到复杂，从复杂到简单，其实是一个递进的过程。

在精品的规划实施中，我们应该有所侧重，这些侧重点，我们姑且称之为“管理重点”。4S集团的精品战略总结有八个字：“突破瓶颈重在改革”。围绕着这八个字，探讨目标数字背后问题和商机，如何进行精品运行战略规划，需要我们注意以下几个问题。

1. 4S未来趋势——精品战略将决定4S店未来格局

年产销2 000万台的数据是很漂亮，但是漂亮数字背后4S店面临的依然是库存高企、资金链紧张、竞争激烈、利薄如纸的困局。大家已经都很清醒，整车销售的回暖解不了4S店经营的困

局，但未来注定的整车销量的下滑则一定会加剧这种困境。我们反过头来看精品市场，从 2011 年 4 300 亿元到 2013 年的 6 600 亿元只用了两年时间。专业预估仍然有巨大的上升空间，到未来 2015 年的行业预估是 9 500 亿元。两相对比，商机不言而喻，这就是趋势。不要小看精品这个小东西，东西小但市场可一点儿不小。国际成熟汽车市场发展经验告诉我们，汽车产业 75% 利润来自汽车后市场。人会忽悠，但数据不会忽悠，至少 6 600 亿元的数字已经实现了。未来，4S 精品经营对于 4S 店来说不是锦上添花为了更好卖车，不是雪中送炭纯粹为了在卖车"困难时期"拉平亏损，而是能够决定 4S 大局的关键业务板块，必须提升到战略高度予以布局。毫不夸张地说，对于精品板块的战略将在很大程度上决定 4S 未来的市场格局。

2. 4S 精品现状——暴利思维粗暴经营必自断后路

4S 大批量开始做精品经营已经有 3 ~4 年，业内话题焦点从开始的要不要做，到后来的怎么做，到现在业内谈得最多的则已经变成是 4S 精品经营遭遇瓶颈。那么瓶颈何在？业内很多讨论聚焦在经营模式和经营方法等方面。但我认为这些都不是根本，最根本的问题仍然出在意识上，4S 高层决策者不重视才是让精品经营遭遇瓶颈的根源。

时至今日，大家都已经了解精品的利润率是很高的，比整车高得多。但大多 4S 店领导层的感觉却是做精品虽然利润率高但却不会带来"大钱"，而且还是一件很麻烦的事情。4S 店原来的固有思想认为挣钱是很方便的——"卖车"。反正不在这家店买就在那家店买，总得买。而精品呢？许多老板没有看到精品给他带来多少收入。千八百块的东西，能赚几个钱？售后搞不好客户还会不满意，惹来一身麻烦，有种费力不讨好的感觉。又或者只要能交车，精品随便送，到头来弄不清哪些是车的利润，哪些是精品的利润。归根到底还是一个利字，不能清楚地看到利润，自然不会重视。

4S 店领导层不重视精品经营带来的后果很明显，现在 4S 店和精品企业的合作状态就是最直接的体现。精品企业与 4S 店的接触过程，从来都不是一个平等的交流。即便精品企业点头哈腰地供着 4S 店人员，也很难换来 4S 店的一个微笑。对接合作的时候，往往只是精品企业在着急，4S 店从来都不急。不是 4S 店负责精品经营的人不着急，是因为铺货、压款、超高利润率等条条框框是很多 4S 店领导层给精品合作定的硬条件。结果就是合作对接中 4S 店永远都高高在上，要求铺货、无限压货款等"不平等条约"都已经是精品企业跟 4S 店合作必须遭受的潜规则，不铺货、不能接受压款、利润不够高的都得靠边站。拒绝很多厂家的同时也将很多经营的可能性拒之门外。这样看来，4S 店精品运营进入瓶颈是必然的，这才是根源。

我们再来看看 4S 店在车主眼里的印象，单就精品方面而言，奸商和暴利是我听到最多的评价。第一是奸商，很多车主去 4S 店消费都经常有被"强奸"的感觉。买车哪个店都差不多，就这个价钱，加两万，送脚垫，送香水。车上多装一样，价值就要上去一大截。反正能忽悠出去一个算一个，这是目前 4S 店的普遍做法。第二个印象是暴利。汽车精品市场买什么都很便宜，性价比高，而去 4S 店总有一种上当受骗被忽悠的感觉。前一段时间在成都走得急没有吃饭，到了机场以后想吃一碗面。结果吃面的时候后悔了，一碗面 75 元钱，当时特后悔没有在市里吃完再走。其实现在车主对 4S 店的认知和对机场的感觉是一样的。但这样一味地降低成本来获取单品的暴利，其实是在断自己的后路。除非机场那碗面能够治病，否则我想不会有人轻易或是特意去吃，去 4S 店购买精品也一样，现在除非极特殊情况，车主基本不会主动到 4S 店进行二次消费。

3. 4S 店精品前景——贴膜养护小精品将占主流

就目前来看，4S 店精品经营最青睐汽车导航电子产品和贴膜产品，对于美容养护类涉足很少，装饰小精品虽然也有经营但也基本不当回事。合作过程中电子产品因为有售后有安装，所以 4S 店在电子企业面前也没脾气，隔热膜类企业也还能稍微博弈一下，但对于小精品却只剩下砍价。

但精品市场最大份额并不在 4S 店，目前最受关注的是电子和贴膜领域。汽车电子领域，小电子状况相对还好，大电子产品各领风骚三五年，很快会被新的产品取代，未来变数很大。太阳膜虽然单价较高，但 2012 年精品市场销售额占比仅有 7%。此外 4S 店渠道关注较少的美容养护产品其实空间很大，2012 年销量达 1 512 亿元，占整个精品市场份额的 27%，装饰小精品仅内饰一项就占到精品市场份额的 28%。值得一提的是，这两类产品的市场增速非常强劲，美容养护产品近两年一直保持在 30% 以上的年增长率，装饰小精品市场增速在 15% ~20%。我认为未来市场主要有三块：第一，膜；第二，美容养护；第三，装饰类小精品。4S 店精品经营应该在美容养护和装饰类精品上面下更多功夫。

从市场竞争角度分析，4S 店未来精品经营过程中，非施工类产品由于不存在技术问题，未来渠道会非常多元化，价格也会越来越透明，想要长期维持高利润是不可能的。而施工类产品方面 4S 店目前来看优势还比较明显，因为 4S 店拥有有黏度的车主，有较好的硬件环境，有更专业成体系的技术人员。但未来也会面临强有力的竞争，竞争来自于 4S 店从没看上眼过的施工店。施工店现在确实还很弱小，不足以和 4S 店竞争。但是他们在变化，他们在做连锁搞运营，整流程、做规范，培训人员，统一店面形象技工形象。利益博弈在继续，竞争对手在进步，如果 4S 店经营者仍然维持现状，一味妥协不突破求变，未来就只能面临被淘汰的命运，开心的是施工店。日本的汽车后市场就是很好的例子，中间渠道已经完全消失，被澳德巴克斯和黄帽子给取代了。后市场的富矿在那儿，你不开施工店会开，那时候也没你什么事了。

4. 4S 店未来破局——精品保养战略铺垫未来

都知道卖车顶多到 2018 年就没什么戏了，做精品按上面看还有可能拼不过施工店，那 4S 店的未来该怎么办？怎样才能扭转乾坤？要想存活就必须得有竞争力。4S 店应该多争取自己的权益，争取零部件的自主采购权，争取更多的话语权，一步一步地把整个市场给拉回来。拉回来以后，形成一个什么概念？卖和养分开，真正意义上的从战略高度重视后市场板块。卖和养分开以后，会是什么结果？4S 店有黏度的车主不再有黏度，为此 4S 店会失去原有的垄断优势。但就市场发展趋势来看，垄断经营不会永远存在，卖和养分开是必然趋势。未来大型连锁的施工店一定会出现，一旦出现风投资本也会跟进，到时候你不想分开市场也会自己推动把卖和养分开，4S 店自己主动推动在战略上还能更好布局，而卖和养分开的下一步 4S 就得直面市场竞争。首先得面对和车主黏性极高的保险公司的威胁，因为他们是给车主维修出钱的人，黏性肯定高；其次就是来自大型连锁施工店的竞争。吃惯了容易饭的 4S 店在市场竞争环境下，只有两种结果：一是无法适应“死掉”；二是真正意义上的“突破瓶颈”。如果不想死掉，就只能让自己有竞争力。

“养”该如何布局？改装、维修、二手车、精品都是方向，但布局规划得研究市场。维修是个大头，但现在修车基本就是换件，车门稍微撞了一点，不修，直接就让换新的，整个门换了，保险公司赔一个新门。这样换件一点都不难，施工店也能完成，为什么要选择 4S 店？所以维修出不了竞争力。改装也是未来，但是由于改装的问题还很多，现在国家几收几放已经疲了，找不到放开的路。另外再加上矛盾还在萌芽中，但中国的问题一定得到矛盾凸显的时候才会解决。这需要一个过程，可4S店在这个过程中能不能活下来还是一个未知数。所以改装未来肯定要关注。再剩下的就是二手车和精品了，二手车确实是一个方向，但二手车在中国和精品也是息息相关的，而且单做二手车一项也难以形成良好的车主黏性，对于未来的长线布局助益有限，除非你想直接放弃另外几个板块。精品则是一个摆在4S店正前方现成的富矿，而且做精品4S店是有天生优势的。4S店的技术和源头优势、良好的硬件环境、现有的车主黏性都是现有的施工店比不了的。施工店在做连锁，但是做得很吃力，成规模成气候同样也需要过程。而这个过程就是4S店的机会，4S店也可以做连锁，而且4S店做连锁是有天然优势的，现成的优质店面、黏度车主、专车专业技术，早点动起来一定能抢占先机并快速形成气候。形成气候也就留住了黏度车主，有了高黏度的车主长线经营的基础也就有了，后面的维修、改装、二手车市场发力的时候也就水到渠成了。

精品一直摆在4S店的正前方，是最容易上手、目前竞争最小且很容易做出效果的业务板块，为什么总要绕着走？利润的事情不是问题，虽然现在贴膜不挣钱，还有美容养护这块利润很高，将来可能比保养更挣钱。4S店决策层应该把目光放得更长远些，首先应该把精品经营当一个战略布局，而不是一个简单的营销行为。要考虑精品和汽车整个产业链上的结合，和车主需求的深度结合，和养护、保养的深度结合。

我的建议是将精品跟保养结合起来，把长线服务这一块做起来，现在非常好切入。在施工店不规范、不成气侯的时候，我们严把质量关，从销售型转向服务型，从质到量的一个叠加，做到精品求精。另外的建议就是抓紧时间利用自身优势做连锁，在施工店成长起来之前形成气候形成品牌，把这块提前牢牢地占住，这样的利润才更持久、更长远。另外，暴利思维一定得改掉，因为市场化竞争车主是核心，一味地降低成本来获取单品的暴利，一定会让车主敬而远之，也就无从再谈长线经营了。事实上，降低单品利润不会影响最终营收，反而会因为性价比高而带来销量的提升和车主黏度的增加。卖茶叶蛋的人比卖导弹的人有钱多了，茶叶蛋一天能卖几百几千个，开个连锁店甚至更多，导弹可能几十年也卖不出一个。4S店的精品经营道理也一样，别把精品做成火箭，毕竟车主不是傻子。

所以，4S店的经营思想需要转换，营销思维需要创新，当你转换一种思路就会发现，营销其实没有那么累、那么麻烦。当4S店一切以车主需求为出发点，意识到车主也是聪明的，赚大钱的时间就不远了，这是在铺垫未来。要想盖好一栋大楼，首先要打好地基，这是最基础的。而精品战略，就是4S店长线经营最好的基石，后面蕴藏着的是无限可能和商机。

五、精品业务模式

精品业务模式中主要分为三个部分：组织架构设计、业务管理和销售管理。

1. 组织架构设计

在集团化精品运作上，主要存在三种管控模式，其各有利弊。见表2-4。

自己所在的集团公司适合哪一种模式，是不是需要开创新的模式，请大家自行甄别选择。

在组织架构设计环节，我们需要考虑三个层面的问题：集团公司层，应侧重于考核、监督平台的打造；精品管理部门，应关注经营管理平台的打造；旗下的各4S店或连锁经营部，重心应该是销售平台的打造。

表 2-4　集团化精品运作三种管控模式

内容项目	分权管控	统分结合	集权管控
特点	采购权集中 管理权分立 经营权分立	采购权集中 管理权集中 经营权分立	采购权集中 管理权集中 经营权集中
优点	导入简单，单店易于适应市场变化	权责关系明确，各部分积极性高，各部门对精品关注度高	架构稳定，决策效率高，专业化程度高，执行到位
缺点	过分关注局部利益，集团整体战略职能被削弱，无法发挥集团规模效应	管理链条长，难度大，执行易变形	分工细，人员相对较多；运营成本相对较高
存在形式	采购中心	精品职能中心	独立精品公司
整合阶段	初期	逐步整合	高度整合
适用集团	整合初期	区域跨度大，品牌跨度大，店多，集团关系复杂	区域与品牌相对集中

组织架构是重中之重，是一切内容实施的前提，事关成败的关键。所以这一部分将独立成篇，在后面的章节中详细阐述。

2. 业务管理

业务管理主要包括以下内容。

1）业务运营管理。对4S店集团而言，店面众多，有很多集团公司代理的汽车品牌是高中低兼有，店面分布更是东西南北纵横几千里，管理难度很大。这时，无论是从效率角度考虑，还是从防控角度考虑，都应该实施一套运营成熟的管理系统。我们要求这套系统：

① 操作网络化，在哪里都可以网上办公。

② 数据共享化，产品资源、先进经验等信息可以共享。

③ 流程标准化，小公司要的是制度灵活，善于应变，大公司要的是流程标准。

④ 管理可视化，可及时掌握业务进程，及时发现实施过程中出现的问题。

⑤ 商品统一化，从网上可以一目了然地查询到所需的不同产品，从图册、价格到供应商信息。

⑥ 报表自动化。根据需要，定时或不定时地生成不同的报表。

2）采购管理。

3）仓储物流管理。

4）制度流程管理。

5）培训教育管理。精品培训的定位，应从岗位需求出发，把培训当做一种工作方法，而不是为培训而培训。培训的方向，应围绕服务标准化、操作流程化、技能熟练化、培训专业化、系统化方面进行。

➢ 以培训内容分类：精品理念培训、管理思路培训、营销技巧培训、行业知识培训、产品知识培训、销售话术培训、施工安装技术培训等。

➢ 以培训主讲人分类：集团公司领导培训、精品管理部门培训、各4S店长培训、各4S店精品管理人培训、各4S店精品销售精英培训、外聘专家培训、邀请合作厂家相关人员培训、兄弟单位先进单位培训等。

➢ 以培训形式分类：专项会议培训、大型会议插入式培训、实操或体验式培训、晨会或夕会培训等。

6）施工技术管理。它包括产品安装、施工标准、工时要求，以及技术岗位人员的岗级评定或操作准入标准。

7）KPI 指标管理。KPI 指标存在的意义，一是让大家有方向，二是便于区分良马劣马，三是让奖惩更有依据和说服力。围绕这三点，根据被考核的对象，将精品指标分为四类：对精品管理部门的考核，对各 4S 店的考核，对供应商的考核，对各 4S 店销售员工的考核。

在上述四类众多的指标中，建议大家理出三个关键指标：

➢ 单店精品的关键指标，是累计精品销售额。

➢ 单车精品的关键指标，是单车精品的平均额。

➢ 重点项目的关键指标，是该店销售额最高、赢利绝对额最大的前三五项产品。

3. 销售管理

以一个完整的经营链条来分析，精品销售应包括如下步骤：卖场设置（展架的统一形象，产品的摆放和展示的角度等）→广告宣传和活动策划（套餐方案的设计，促销活动的设计）→精品目标的设定→精品奖励→精品销售（结合整车的加装销售，和结合交车的独立精品销售，以及统一的话术）→售后维系（售后营销活动的组织，提供相关联的增值服务等），具体见表 2-5。

表 2-5　集团化精品运作三种管控模式

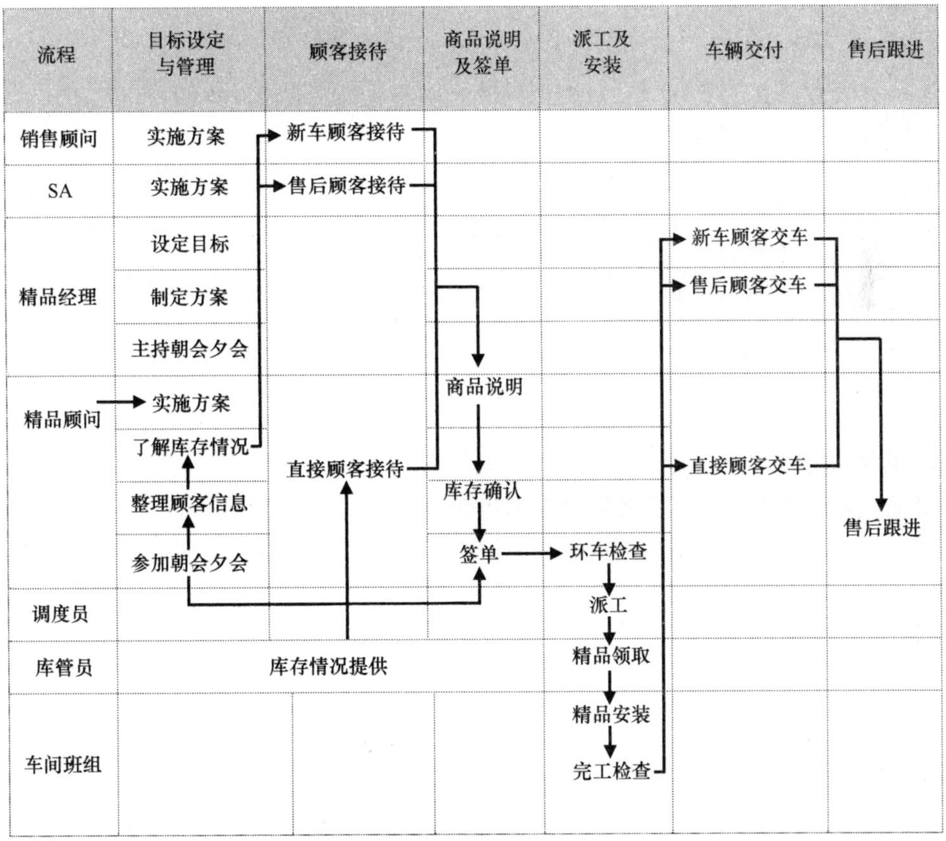

每一个步骤，都需要由专业的人员认真进行设计和实施。

精品销售是一项专业性很强的工作，更多的问题在后面独立的篇章中去阐述。下面以案例的方式，和大家分享4S店如何做好营销策划和下达精品目标，以使销售员工乐于推销，并顺利推销。

【示例1：套餐】

某款车型，高配置的车比低配置的车多了导航、一键启动、真皮和360安全预警系统，但价格差距高达3万元。加装后，成本约10 500元，售价2万元。

这时，销售人员应侧重从两方面讲解：

1）从购买成本的角度，讲解怎么节省成本。

2）从配置诉求的角度，讲解如何提升安全系数，增加娱乐功能，使车更加智能化，更显豪华和尊贵。

在这个过程中，应给客户说明：增加的配置是不是原车产品，是哪一个品牌，有没有随车质保，如果出现故障4S店会如何处理，使客户明明白白消费。

需要说明的是：一个精品套餐做出后，只讲这个套餐多少钱，而不需要把所有产品的单价列出。另外，不要只做一个大套餐，应把大套餐分成若干小套餐，这样销售起来相对比较灵活。

【示例2：精品目标】

某品牌4S店新车下线，当月销售100台。

该店重点项目是：导航、一键启动和真皮。这三项业务的前三月平均占整车销售的比例分别为：62%、37%和48%。

根据车辆销售和重点业务情况，该店当月下达任务：

1）结合新车销售

① 当月新车加装精品率不低于45%。

② 当月新车加装台数不低于70台。

2）重点项目指标

① 导航安装率不低于50%。

② 一键启动安装率不低于35%。

③ 真皮安装率不低于40%。

如果把组织架构设计好，业务管理和销售管理理顺，那么我们就可以说，精品规划基本上已经步入正轨，剩下的就是如何执行相关规定，并随着实际情况调整工作方向和工作重心的问题了。

【示例3：提高精品销售的提成】

精品提成比例可以参考表2-6。

表2-6　精品提成比例

精品提成比例		完成率100%	完成率100%以下	完成率100%以上
电子产品	6%	精品销售额×6%	精品销售额×6%×完成率	精品销售额×6%+超出精品销售额×10%
一般类产品	5%	精品销售额×5%	精品销售额×5%×完成率	精品销售额×5%+超出精品销售额×10%

例如某精品销售具体提成见表 2-7。

表 2-7　具体的精品提成案例

精品销售额	精品销售额 10 000 元	精品销售额 5 000 元	精品销售额 20 000 元
奖励提成	1 000 元 ×6% =600 元	5 000 元 ×6% ×50% =150 元	10 000 元 ×6% +10 000 元 ×10% = 1 600 元

六、精品业务运营模式的复制和推广

很多人说精品难做。但真的难做吗？回答是否定的。业内曾有朋友说，精品，不过就那么点事，何必神秘化呢？

有朋友问，既然简单，那有没有一种能共用的、通用的方式，可以让更多的单位迅速地复制和推广？

在参观、学习其他兄弟单位先进经验的基础上，我们探索出了一套共性的做法。现将其提炼、总结为“三招”：

第一招：巧设任务，明确奖惩。

第二招：谋划销售，实现产值。

第三招：慧眼识金，选好项目/产品。

这三招其实很简单，但正因为其简单，所以才容易复制和推广，就像我们上学时学的基本定理、公式一样，越是基本的，越是不可缺少的。如果它很复杂，在一个大型的集团公司，或企业文化稍有不同的企业，将很难推广。

但简单并不代表容易，并不是说每一个集团/公司都能用好。这就像大白菜，是北方农村再普通不过的蔬菜，但如果烧好，恐怕比烧海参鱿鱼更难。也像练太极，满大街会比划的人不少，但又有几人能“四两拨千金”，或是发挥出太极张三丰那样的威力？

也就是说，内功不同，对手不同，甚至环境、场合不同，同样的拳路，同样的招式，效果可能大相径庭。同样，我们在汽车精品管理上提炼出的三招，放在不同的集团/企业，面对不同的 4S 店群体，由不同的管理者实施，发挥的作用会有不同。

但刚才我们说了，它是基本的、简单的，是相当于最基本的定义和公式，所以只要能掌握了这三板斧，基本上就能上阵了，就能保证健康良性地运转了。

简单—复杂—简单，其实是任何工作推进的一个普遍过程。前期的简单是为了便于推行，中间的是为了精细化管理，后面的精细是形成规则。

七、中小 4S 集团精品业务运营管理方法

寸有所长，尺有所短。大型、超大型汽贸集团有它的优势，比如批量采购额度大，话语权比较强，受重视程度比较高。但也存在劣势，地域比较分散，车型比较复杂，导致供应商服务成本较高，何况很多大企业难免肠梗阻比较多，执行力相对弱化。所以，从另一个角度说，中小集团也有它独特的优势。

因为大型、超大型集团毕竟是少数，中小型集团可能更有借鉴意义。所以，在这里为处在发展瓶颈中的 4S 集团汽车精品运营业务作一个简单的探讨和分析。

1. 一个老生常谈的话题：落地执行

无可否认，落地执行、执行力等问题是老生常谈了。但是，只要谈到运营，就绕不开这个话题。只要你希望集团精品运营能够有良好的发展，不谈执行力等于空谈。正如谈武术先要谈扎马步，谈相声一定要先提“说学逗唱”。

但是，执行力谈来谈去之所以谈不出所以然来，有些时候是因为脱离了本质去谈执行力。本质问题很简单：什么是执行力？怎么样才能让团队有执行力？

首先，举一个小小的例子。在集团旗下的一家别克店，经营着一种知名品牌隔热膜。因为店总认为这个知名品牌对整个店的档次有拉升的效果，所以在店内划出一块单独地方作为该品牌的广告展示区。但实际情况是，该品牌的高端形象与店内所销售的汽车档次、目标消费人群很难找到切合点，问价者寥寥，更别提销售。我作为集团汽车精品总经理，在这种情况下可以选择以下几种做法：

➢ 将该品牌膜销售额定出标准，把销售团队是否能完成任务作为考核指标，用考核机制激励销售团队。

➢ 加大销售技巧培训力度，要求厂家派导师到店指导销售团队，提升技巧，从而提升业绩。

➢ 提高该品牌产品的销售提成，用正面激励的方式提高销售额。

这三种方法，从制度、员工素养和实际利益三方面着手，按道理是可以让整个销售团队提升执行力的。但事实上我一种方式也没有采用，采取的方法是说服店总撤销该品牌的广告展示，主推适合本店车型档次、目标消费人群的精品品牌。把原来的知名品牌降到补充的地位。

或者在某些同仁看来，这是变相削减团队的执行力。遇到销售难题，一定要带领销售团队迎难而上，而不是知难而退。但我认为，那是一种“左倾”思想。既然该名牌产品不符合这家店的实际需求，为什么一定要硬做下去呢？为了所谓的店面档次，牺牲了本来该产生利润的人力成本和空间成本，根本就不值得。不如干脆换上合适的产品，让销售团队真正能做出业绩。

回到基本的问题，什么是执行力？执行力可以理解为：有效利用资源，保质保量达成目标的能力。执行力指的是贯彻战略意图，完成预定目标的操作能力；是把企业战略、规划转化成为效益、成果的关键。衡量执行力的标准，对个人而言是按时按质按量完成自己的工作任务；对企业而言就是在预定的时间内完成企业的战略目标，其表象在于完成任务的及时性和质量，但其核心在于企业战略的定位与布局。

一个集团如此，一家单店也如此。片面强调员工绝对执行，无条件完成既定任务是错误的。要时时躬身自问，你的战略布局是否合理？你定出来的目标是否切合实际？如果这些问题没有清晰的答案，那么精品运营不成功，最大的问题不是一线销售团队，而是负责战略制定的精品总经理。

培养销售团队挑战难题，敢打仗，打硬仗是必须的。但是敢打硬仗不是敢打乱仗。在对销售团队强调“亮剑”精神之前，要搞清楚向哪里亮剑。否则，执行力无从谈起。

2. 两个重要问题：沟通和判断

要让精品一线销售团队有执行力。集团、店总层面所制定的策略和方案一定是具备极强可执行性，这样才能发挥出团队的执行力。但是即使弄清楚了这个本质问题，还是有一个基本难题摆在面前：如何才能制定出具有极强可执行性的策略？

在这里，中小 4S 集团在这方面甚至比大集团更有优势。大集团讲究统一化、标准化的管理。很多时候，大集团因为层级过多，对一线销售的情况很难做到有针对性的布置。反应往往有滞后性。然而，中小集团在这方面就可以做到更为高效、合理而有针对性。

我们要求，精品经理每周下店搜集信息汇报，每月进行总结已经作为成熟机制在运作。每一个单店运作着不同的品牌车型，店总、销售代表就会面临不同的消费人群，应对不同的消费习惯。这种情况下，只要搜集足够的反馈信息，任何一位负责任的精品总经理都不会采取“一刀切”分配销售额的形式。店总只要提出方案，我们的要求基本上可以两天之内给到回复。作为中小集团，层级架构较为扁平，提高效率的可行性非常强。所以一个常规化的、有效率的上下沟通机制，是精品总经理为单店制定合理的精品销售策略的先决条件。

但是，对于负责把控整个集团精品销售最终策略制定的精品总经理来说。搜集反馈信息只是基础的一步，核心工作仍然是判断。只有拥有准确的判断，你才能在众多信息中去伪存真，排除干扰，甚至是虚假的信息。

店总提上来的方案是否可以执行，需要精品经理人的经验以及对单店主营车型、方案实施时机、精品厂家支持力度、人员构成和素质、目标群体、消费环境等多方面综合考虑才能下结论。如果只是单方面考虑，那么这个方案实施下去当然也会有成功的机会，但是完全没有可控性。通俗地说就是在等上帝掷骰子。

一线销售所反馈上来的信息，同样也需要精品经理动用多方面的知识去判断，贸然地肯定和否定都是不可取的。不能认为只要是一线销售提出来的问题都是不够高瞻远瞩的、意图推卸责任的。要根据对应情况进行深入了解，才能做出准确的判断。

简而言之，作为中小集团精品经营负责人，要致力于建立整个集团上下的良好沟通渠道，让集团内部信息畅通无阻。进入大数据时代，基于数据分析的重要性不必多说。搜集信息是基本，做出清醒的判断是核心。

3. 三个需要做出平衡的点

作为集团精品总经理，最需要做到的其实是“平衡”二字。有三个需要平衡的点：投资人需求和长期效益的平衡、成本与品质的平衡、一线销售付出和收获的平衡。

关于第一点，投资人的心态就是要看到明显效益。在前几年，汽车作为资源，不愁卖。要说服投资人花大力气搞精品运营难上加难。现在卖车明显难做，汽车精品运营成为效益来源。但是精品和汽车本身有天然不同的属性，注定了不可能一蹴而就，而是应该并且可以长期经营的项目。因此，急功近利的态度一定是不可取的。要守得住，有耐心把精品运营做到稳步增长。为集团留住车主资源，而不是想一口吃成胖子，那样只会涸泽而渔。

关于第二点，作为集团精品负责人，降低采购成本，创造最大化的利润空间责无旁贷。但是，控制成本不等于忽视品质。前两年利用信息不对等，精品的价格其实往往偏离了其本身价值。如果现在还片面追求低成本，无视品质，等于赶客。在这个信息如此透明的时代，不能再把消费者当傻子。认为随便给个产品下店，销售人员就能卖出去。既然要保证品质，那么让利的空间就从精品采购方面去找。可以采用集团独立运营旗下精品公司，精品公司采购回来的产品提供给店面。那么在这个模式下，精品公司可以对店面进行适当的让利。让店面有足够合理的利润空间。虽然单品让利了，但是整个集团的精品销售量上去了，那么整个集团的精品利润还是在增长。而事实也是如此，集团的精品销售现在保持着每年 20% ~ 35% 的增长。

最后一个平衡点，是收益和消费者利益的平衡。为什么在这里要用“收益”而不是“利润”呢？我认为，收益包含着多层次的内容：集团的利润、销售代表的收益、店总的业绩等都包含在内。说到底，中小型集团很多时候要依靠“人”来支撑。一线销售是否有良好的收入非常关键。集团精品经营成绩的获得，“人”发挥着最关键的作用，尤其是集团中层领导的配合与努力，是该集团未来精品经营的希望。目前集团精品经营成绩的凸显，最有发言权的、最坚实的力量来自一线销售精英。

因此，集团采用了其独特的激励制度来充分调动各精品销售人员的销售热情。一方面，出台了一系列督促精品销售人员销售的激励政策，提高精品销售人员的提成，精品卖得好的销售人员，单是精品提成就可达到精品销售额的10%；另一方面，该集团还会在每月的销售总结大会上，对精品月销售冠军当场进行额外的现金奖励，并让其在大会上与大家一起分享成功经验，以激励销售顾问更大的兴趣与信心来卖精品。这种额外的现金奖励政策，可谓是对销售人员最直接、最现实的鼓励，一方面能够激励大家都努力争做精品月销售冠军；另一方面，成功经验的分享，能够启发带动更多精品成功销售的获得。这一政策的实施，真可谓是一举两得。从该政策实施至今，效果十分明显，集团旗下各精品销售人员的销售热情空前高涨，精品营业额大大提升。

在这个信息透明、多方竞争的时代，秉承一个“诚”字进行精品运作足矣。以诚信对待客户、以诚意对待团队、以诚心对待产品。用心深入研究，而不是拍脑袋出方案。

八、精品业务运营管理战略及热量子太阳膜4S店精品运营实例分析

4S店汽车精品的运营，紧紧围绕“明道 · 优术 · 取势 · 合众 · 践行”这十个字，如果把现状与这10个字对号入座，则是：执著者“优术”，明智者“取势”，大胆者“践行”，而“明道”者少，“合众”者尤寡。

1. 明道

明道，明白大道理。在4S店乃至集团的汽车精品板块运营方面，主要体现在模糊的经营理念与标准。

传统4S店的经营重点，无非是围绕新车销售与售后服务。强势的主机厂，也希望把这种理念强加于经销商，这有利于主机厂销量提升、品牌塑造与维护。在这种背景下，就有了一种奇特的怪象：很多投资人、集团高管、资格较老的店总，往往忽视了汽车精品的重要性。而恰恰是这些人，最为重视利润的获得来源与技巧。

随着整车销售日益激烈的竞争，车价利润的惨淡，新店不断开张以及大量快保养护店的出现，而导致售后也是晚节不保。所以近年来许多4S店都喊出了一个雷同的口号：我们要从整车销售领域向服务转型。更有这样的观点也不乏集体性的认同：汽车后市场，将左右汽车经销商的未来。

汽车后市场内容较多，保险、按揭、租赁、二手车、服务代办等，而目前最为给力的，应该就是汽车精品。如同建材家居对应于房产一样，汽车精品就是私家车的建材家居，是装扮、升级自己车辆的素材。10年前，我提出了“车居生活”的概念，就是因为这个道理。

现在，几乎没有哪个4S店的总经理嘴上还会说汽车精品不重要。但很多的总经理，仍然是停留在嘴上，没有落实到行动上。

如果你是一个4S店总经理，请回答：

你大概一个月有多少次早会，会上提到昨日的汽车精品销售状况了吗？

你的经营例会，会有精品经理或主管人员参加吗？

你的售后服务部门，是否开始销售汽车精品了？

作为一位店总，每天的早会，最好花2～3min去讲一下精品，分析一下昨天新车销量与精品销售的业绩匹配，分享销售顾问的高单车产值的做法，督促一下单车产值太低的销售顾问。这样无形当中可以提高精品销售单车产值。

可以说，一家4S店可以分为三块田地，分别是新车销售、售后服务、精品销售三大块，哪一块地如果没有耕耘好，都是这家店总经理的失职。

什么是经营标准？通俗点说，就是建立一套属于自己的数据报表，报表中每个名词、数字的含义，集团上上下下都要准确理解，且易执行。什么是属于自己的？就是别听到外面传闻哪家4S店月销售精品300万元，就给自己也定个月销售300万元的任务。任何任务或目标的制订，一定要基于自己的客观情况。

有了上个月的数据，经营管理者的任务就是把这个月的数据写得更好。有人质疑，这是玩数字游戏。其实，经营管理就是玩数字游戏。数字玩得漂亮也不容易，一个月可以掺杂一点水分，如果持续地“玩”漂亮，则必定是用心经营出来的。

经营标准不宜常变，虽然现在是个变革的时代。规模越大的集团，越不能轻易改变自己的经营标准。因为经营思想的再次统一，是需要付出大量工作的。

2. 优术

优术，就是指不断地优化战术。毛泽东说，战略上要藐视敌人，战术上要重视敌人。后一句的本义，就是要不断地针对市场竞争，作出战术的调整和改良。

对于4S店的精品销售之术，纷繁嘈杂，无法一一细说。目前，大部分的4S店把店内现场的精品销售、简单地分为：前装和后装。

大致的意思是：“前装”代表着在展厅里摆放的车辆上，预装上一部分的汽车精品，譬如导航、一键启动等，很多厂家管控不严的品牌，你还可以为这类前装车起上一个好听的名字，给客户的印象是让他认为一种新车型诞生了。如“皇家影院版”，往往是代表了对新车影音配置进行了升级改良。

“前装”的最大优点是，很容易实现多个项目的大额销售。同时，也符合“减法式”销售的逻辑，即多个项目形成一个套餐，如果客户嫌价格有些贵，销售顾问可以适当地减价——减少一两个项目。

另外，在展厅的展车上加装了某些汽车精品，也会给客户一定的印象，会让客户感觉这些精品大家都在买，造成一种“理所当然”的心理暗示。

前装也有一个缺点，就是容易让销售顾问养成惰性，不利于精品业务的自我学习及个人战斗力的提升。

所谓“后装”，常指“前装”以外的精品。“后装”往往更能体现一名销售顾问单打独斗的能力。

一个4S店如果希望拥有强大的“后装”能力，则必须要加强汽车精品的培训。传统的管理是PDCA循环，不断地计划、执行、检查、行动。当代的管理，则是PDCTA循环，这个字母T，代表的就是培训。在快速发展的今天，培训显得尤为重要。

新车销售和售后服务的培训，大可依赖厂家。精品呢？也依赖精品厂家？是不现实的。

原因很多，如精品厂家本身的素质问题，不足以匹配4S店人员的培训需求。

所以，精品业务的培训更多的是需要自身去完成，精品厂家最多做一些基础性产品知识培训。

强势的“后装”能力，会有效地避免销售顾问的赠送、打折现象。我在日常工作中，在各店开会、培训时，经常提及的一句口号：“你们是销售顾问，不是赠送顾问!”

同样，自发主动的培训，需要管理人员内心的积极性。我经常送给自己，也送给年轻的总经理们的一句话是：“培训别人，往往是提升自己的最佳捷径。”

有不少产品，是不适合“前装”的。比如太阳膜的施工，只能在新车销售后。我在分析、统计太阳膜的经营数据时，常常要让店内填写：太阳膜施工台数、占销售新车台数的百分比；销售与赠送台数、占太阳膜施工台数百分比；销售打折统计与分析，8折、5折以下占销售台数的百分比。

如果“后装”能力很强，那么太阳膜的数据就会很漂亮。其他项目也类似。

还有另一种做法，把店内精品销售分成三个阶段：前、中、后。前，与上述“前装”含义相同；中，则为上述的“后装”含义，即销售顾问单一产品或项目的零售；后，则是把专职的精品人员利用起来，进行最后的补充销售。

令人惋惜的是，4S店的很多销售机会被浪费了。不用说两年以上客户流失对于4S店是一种普遍现象，哪怕是眼前的新客户，为什么不珍惜导航、太阳膜等产品的销售机会？你身边有卖保险的朋友吗？看看他们是怎样寻找、利用机会的。

现在，很多车型的利润微薄甚至亏损，一台导航或太阳膜的销售利润往往大于一台车的利润，为什么不努力去赚取呢？

3. 取势

估计你也听到过类似的话：我们没有能力改变这个世界，那就让我们适应它。取势，就是这个意思了。

2009年的中国车市，被打了一针宏观调控的鸡血，小排量购置税减半，以旧换新，上山下乡，让所有品牌产能预备不足，市场供不应求。那时，我对4S店总经理们讲，只要有“强买强卖”的意识，你就可以从精品获利。这是一种“取势”的经营思路，与奸商无关。

如果，在天津的你，在2013年12月15日之前一天，就已经知道天津要限号，你会做什么？上调车价？加装精品套餐？布置人员准备彻夜加班？这也是“取势”的做法。毕竟，做企业就是要千方百计寻找利润点。

在正常的经营日子里，我们也要围绕着节假日做各类文章。三八节、中秋节、国庆节、圣诞节、感恩节、新春佳节等等每一个节日，我们都在挖空心思地考虑如何做好主题营销，不断考虑着下个月我要围绕着哪些主题去做方案。

势，往往指的是一些社会人文背景、法律法规、行业潮流等。只有去迎合它，以之为前提基础，然后发挥自己想象力，水到渠成地实现自己的目标。

以上所涉及的“势”，均为大势，只可顺势而为，不可逆之。

我们也可以在自己的地盘上，创造小势。此时之“势”，可以理解成氛围。

对于企业文化的直观感觉，实际上通过对一家公司氛围的观察便可以得到初步判断。员工精神抖擞、朝气蓬勃，环境有条不紊、秩序井然，我们便会赞扬这家公司“企业文化做得不错”；反之亦然。

落实到精品销售方面也是如此：管理人员、销售人员对待汽车精品是什么态度？有没有轻视、排斥的感觉？还是说到任一项精品就能顺嘴成章、侃侃而谈？

我们常嫌节日太少，店庆、厂家促销、服务月、世界杯、奥运会等等，人为地创造着一些貌似节日的氛围。一家4S店的精品销售氛围，同样可以营造。

牛根生说："这个世界不是有权人的世界，不是有钱人的世界，而是有心人的世界。'有心人'擅长'三大做'：做事，做势，做市。"我尤其看重第二个做——做势。前一个是基本，后一个是顺理成章。

如何做好精品的良性销售之"势"？我常以"调情"二字戏谈。其实，可以从软硬两个方面去考虑：制度规定、绩效考核，此为硬；培训引导、思想影响，是为软。

4. 合众

合众就是团队的打造。

"马克思主义者看问题，不但要看到部分，而且要看到全体。"从新车销售的角度而言，销售部是一个团队；从维修保养的角度而言，售后服务部是一个团队。但是，从精品销售的角度来看，精品部门就肯定不能独立成为一个团队。因为，精品的销售永远是寄托在两个方面：销售的新车和进店的车辆。

也就是说，精品销售主要还是通过销售顾问或服务接待来实现的。继而，我们是不是可以这样定义：真正的精品团队，实际上是销售部、售后部、精品部三者的结合体？答案是肯定的。大多数情况下，精品部门在完成一定的销售任务外，主要的工作还是做好销售部、售后部的后勤工作。

如果想真正实现精品团队的打造，就要让精品管理人员彻底渗透到销售一线去，让他们打成一片。很多的4S店，精品人员形同摆设，他们的具体工作内容更像是跑龙套的——为销售顾问调调货、安排一下施工、催一催交车时间。

所以，这又引起一个话题：如何让精品人员更有话语权？做法很简单：一是要让综合能力较强的人来担当精品的主管岗位；二是让精品的主管人员参与到店内的运营决策，比如他必须参加经营管理例会。

上面是讲单店。从集团的层面来说，目前几乎所有的集团仍然忽视或者没有正确理解精品团队的建设。

现在大多数的经销商集团都有精品公司、精品事业部。这些集团的老板、总裁们便认为自己有了一支精品专业化团队。在我看来，充其量是一支采购团队，压根不能算是搞运营管理的。

要做好运营管理，无非是四个字："开源节流"。集团统采，仅仅在一定程度上实现了节流的目的。那么，开源呢？

开源，就是提升每家单店的业务能力，做好精品在集团内部的销售与推广。这和采购关系不大。

如何打造集团的精品团队？同样无非是两个方面：

一是用好人。借鉴VC（风险投资家）看人的道理：VC投资，首先投的是人。建立一个专业化团队，领头人很重要。专业化的实现是层层传递的，如果领头人很业余，那么他的手下也可能是业余的，最后会导致4S店内基层的技术师傅可能都是业余的。

第二个方面，仍然是提高精品管理者的话语权。直接的通俗体现是地位职务。多年来，不少集团找我去工作，我一直有个要求：集团副总级职务，不是图那个虚名，说白了，是图做事方便，执行力高。

管理学上有个通俗的定律叫“不值得定律”。如果一个集团老板或总裁重视了，这个集团就能做得不算差；一个店的总经理重视了，这个店也不会太差。

反之亦然。所以，先问问自己：汽车精品，值得重视吗？

5. 践行

美国体育精品生产商Nike公司的口号：“Just do it（去做吧）！”

马云曾说：“孙正义跟我有同一个观点，一个方案是一流的Idea加三流的实施；另外一个方案，一流的实施加三流的Idea，哪个好？我们俩同时选择一流的实施，三流的Idea。”

践行，知之行之，就是执行力。

量子太阳膜4S店精品运营实例分析

在裸车利润逐年降低的大环境下，汽车后市场的精品业务已成为更多4S店关注的焦点，而在这些精品中，太阳膜可谓是加装率最高的汽车精品，也是相对利润较高的项目。而太阳膜行业品牌鱼龙混杂，质量参差不齐，大多数车主甚至4S店都不知道如何分辨太阳膜的好坏，在选购或推荐车膜的时候往往会很迷茫，以下几种情况是我们平时在4S店最常见的：

A. 买车送膜：一些4S店为了减少车价让利金额，会搭送一些精品礼包，少则上千多则上万元。而太阳膜则是其中必不可少的一项，在这样的情况下，送出的礼品往往标价虚高，4S店为了节省成本，选用的产品也是较为低廉的。车主可能短期内感觉占了便宜，可时间久了太阳膜本身隔热性能差，甚至产生气泡、异味的情况，往往会受到车主投诉，4S店则会损失更多车主返店进行保养维修等业务的机会，可谓是得不偿失。

B. 以次充好：一些4S店为了提升太阳膜精品利润，拿着一些中低端太阳膜产品当作高端产品去卖，短期内实现了利润最大化。可事后车主发现花钱买了个次品，这样的行为不仅影响了4S店的信誉度，甚至也会影响到整车品牌商的声誉。

C. 缺乏理念：除了车主外，一些4S店同样对太阳膜产品缺乏识别能力，即便是一些奔驰、宝马、保时捷等高端店。车主寻找的就是舒适的驾乘体验及安全的性能保障，一些4S店依旧在送或者卖一些品质差的低端膜，不仅没有满足客户的真实需求，也丢失了应得的利润来源。

量子膜来自世界500强企业圣戈班集团，拥有独步全球的十层以上磁控溅射金属膜专利，优质的产品和顶级品牌形象在行业内首屈一指。此外，量子膜给4S客户提供定制化、差异化的服务、多样化的营销方式，并配有高效强大的市场、销售、技术及培训团队。量子膜倡导体验式的销售模式，让车主亲自感受产品的优势，了解产品具有超凡隔热效果的原理以及顶级工艺。接下来让我们分享量子膜（Quantum）帮助4S店提升精品利润的方法及案例。

1. 设定目标及激励政策

4S店太阳膜业务的经营牵涉到很多方面，厂家、经销商、4S店需要共同制定合理推广计划。厂家与经销商同4S店高层需制定目标，并将目标细化到每月、每周、每日。相关责任落实到个人，并且制定终端精品部以及销售人员的激励政策，要让每个销售顾问身上有目标、有压力、有动力。

2. 展示道具和体验销售

量子膜推崇体验式的营销法则，拥有非常有效的4S展示及体验系统，它包含着子膜标准展柜、异形展架、Mini体验中心、热反射测试仪、秒杀机、飞利浦热灯等。

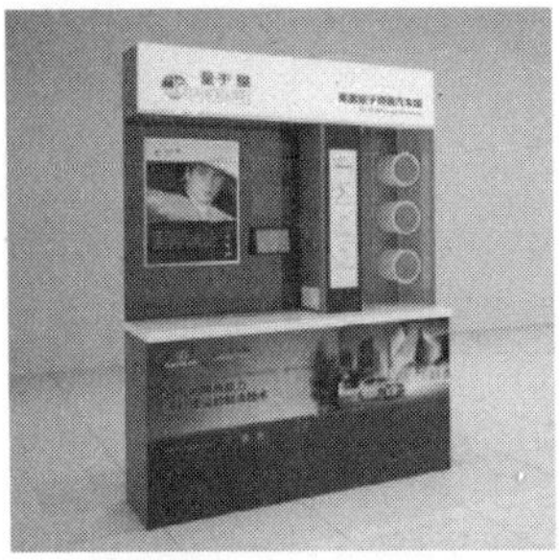

量子膜标准展架

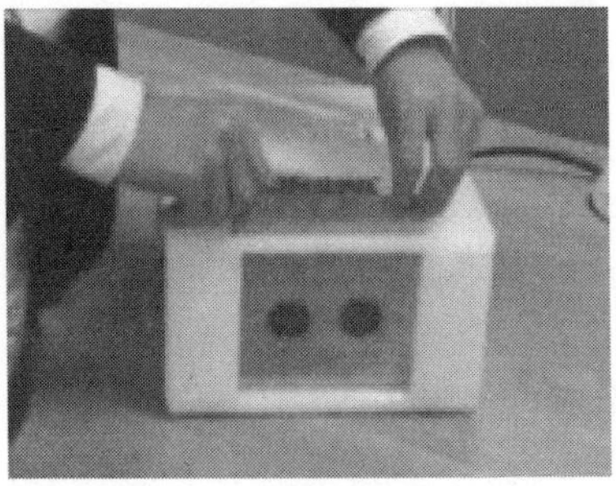

量子膜秒杀机

量子膜烤灯、样膜卡

3. 实用和规范的销售话术

为了降低销售员销售产品的难度，量子膜开发了独具一格的销售话术，简称为“四问一记一体验”。

“四问”：没有贴膜的高档汽车玻璃前烤膜，问“热不热”？

a）隔了1层市面上常见的标价3000元前挡，问“热不热”？

b）隔了2层市面上常见的标价3000元前挡，问“热不热”？

c）隔了3层市面上常见的标价3000元前挡，问“热不热”？

“一记”：请车主记住隔了3层竞品时的“热”的感觉。

“一体验”：让车主体验量子顶级汽车膜的非凡魅力和隔热效果。

询问车主的选择及价格预期。

4. 严格坚持技术标准

太阳膜采用的工艺原材料决定了产品的性能，但如果没有良好的施工将其贴到车玻璃上，再好的膜也只能是一张废纸。量子膜拥有极专业和完善的国际标准施工工具以及技术流程，在施工前后既做到对车身的保护，又保证了贴膜后的效果。

此外，量子膜拥有强大的的技术服务团队，针对4S客户提供定制化服务。

5. 量子膜经典成功案例

A. 某4S集团宝马店，拥有非常丰富的客源基础，原先太阳膜精品都是以赠送为主。随着卖车利润逐步降低，压力日益增大，集团高层开始慢慢注重太阳膜的精品业务，通过和量子膜销售市场人员协商，制订了全套营销计划。开展了一系列”体验式营销”“加价升级销售”“好友推荐销售”等活动。活动正式启动后，4S店高层制定了相关激励政策和销售目标，销售员坚持执行规范化体验式销售流程，渐渐的这种销售方式成为了一种良好的习惯。几个月后，展厅膜覆盖率98%，量子膜至影系列的覆盖率达到26.43%（9月最高达到43.75%），实现利润48.81万，占精品部毛利的38%！

太阳膜台次阅览表

项目 \ 月	1	2	3	4	5	6	7	8	9	10	11	12	合计
台次	106	55	70	82	94	86	66	83	80	72	97	50	941
至影	2	2	0	6	15	17	9	30	35	25	25	10	176
占比	1.89%	3.64%	0.00%	7.32%	15.96%	19.77%	13.64%	36.14%	43.75%	34.72%	25.77%	20.00%	18.70%
平均占比	18.70%	18.70%	18.70%	18.70%	18.70%	18.70%	18.70%	18.70%	18.70%	18.70%	18.70%	18.70%	18.70%

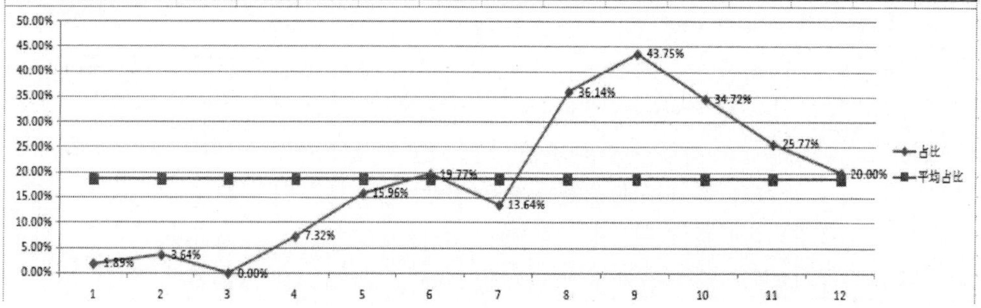

B. 某4S集团旗下主要以奔驰店为主，原先主要卖中低端太阳膜产品，对销售量子膜顶级至影系列产品望而却步。新的精品负责人到岗后，意识到了高端4S店一定要卖相匹配的顶级太阳膜。

初期，通过大量的内部沟通和宣传，集团总部与各个4S店的店总和精品负责人在理念上达成一致。之后，该集团与量子膜高层共同制定了整体可行的营销计划，于2014年底开展了集团内部4S店的销售卖膜竞赛，对各4S店设定详细目标，对相关人员设定激励政策。活动的开展可分为以下几个阶段：

导入期：活动开始初期，集团内部召开动员大会，号召所有旗下4S店注重太阳膜精品的销售，而量子膜总部则配合该集团，在半个月内对其所有参加活动的4S店进行了逐一的销售培训。

上量期：经过培训后，4S店销售员根据量子膜标准销售流程“四问一记一体验”和销售道具，几乎每个到店车主都体验量子膜顶级至影产品的非凡效果，慢慢地实现了顶级膜的成交。在此期间，量子膜业务代表和技术服务人员不断走访店面，第一时间解决终端销售和施工问题。

平稳增长期：之后的2个月内，该4S集团下的所有销售人员已经掌握了该销售方法。集团旗下的10家奔驰店从原先顶级产品0销量做到了240台次的销量。该竞赛活动直接帮助该4S店集团太阳膜精品利润增加了150余万元，并且有更多店面参与进来。

九、如何开展增值业务与精品营销

据国家统计局数据显示，截至 2012 年末，中国民用汽车保有量达到 1.2 亿辆，比上年末增长 14.3%，每百户家庭汽车拥有量约 20 辆。这也是世界公认的汽车社会门槛，当下的中国已经进入“汽车社会”。而根据交通运输部发布的《交通运输业智能交通发展战略（2012～2020 年）》预测，2020 年，我国汽车保有量将超过 2 亿辆。但是随着中国汽车销量整体增速明显趋缓，整车销售的利润空间也在逐渐下滑，但汽车保有量却保持着一个高位的增长。围绕客户对汽车后市场的潜在需求，越来越多的厂家与车商开始深入研究并努力提升诸如汽车精品、金融、保险、二手车、租赁等增值业务及其盈利能力。

1. 经销商集团的核心竞争

经销商集团的竞争，其核心是企业的战略前瞻能力与内外部资源整合能力的竞争。经销商集团运营板块中对企业内外部资源整合价值最高是：“增值与市场 CRM”两个业务板块。汽车经销商的盈利模式可以基本确定为“2 + N 模式”，即两大主营业务 + 增值业务若干；而且三大业务板块的毛利结构比在不断变化，其中售后业务与增值业务两个板块的业务毛利结构比呈不断增长趋势。例如二手车业务，在成熟的国外汽车市场，车商二手车的营业利润约占主营业务毛利总额的 20%，甚至会超过新车盈利贡献，而在国内尚处于起步阶段，4S 店平均毛利贡献还处于个位数，未来增长空间极为广阔。可以说增值业务盈利能力就代表经销商的竞争能力。

2. 开展增值业务对车商集团及 4S 店的经营意义

1）生存。面对库存增长、毛利下降，经销商需要增值业务来提高盈利、实现生存。

2）突围。产品同质化，汽车主机厂网络发展速度加快带来同城同品牌 4S 店日益增多，经销商需要通过增值业务形成差异化、成功突围。

3）机会。市场反映出来的现实结果有时会与 4S 店的目标远景偏离，面对不断增长的客户流失率，经销商需要通过增值业务（续保、延保）来持续增加保有客户基盘，以促进更多机会。

增值业务对于车商的 3 个作用：促进新车销售、提高店面盈利、增强客户维系。其价值具体可以体现在两个方面：一是毛利率差值（即新车综合毛利率与新车毛利率的差值）；二是人力成本最低——毛利贡献高甚至超过新车，而人力成本相比售后服务与新车销售却是 3 大业务板块最低、人均利润贡献最高的。

所以，车商只有将增值业务定位为战略业务才会有更美好的未来！（定位在战略业务的 4 个表现：有组织——术业有专攻；有目标——清晰的经营方向和规划；有绩效——专门根据增值业务制定出优势胜出的绩效方案和激励标准，促进各级关键岗位人员协同作战用于挑战；重结果——不看广告看疗效）。

3. 做好增值业务

既然增值业务如此重要，那么如何才能做好这个业务板块呢？有 4 个关键词：有组织、抓重点、定绩效、树标杆。

组织决定功能，功能决定结果。投资人和职业经理高管都想要实现理想的经营结果，但往往在组织和岗位设定时缺乏清晰的定位，宁愿在销售、售后多增加人员，而不愿意在增值业务岗位上增加必要的人选并逐步培养成专才。东风日产厂家早在 2004 年就成立了水平事业部，在主机厂增值业务上开创了先河，而且以目前国内整体增值水平较好的4S店为例，其人均利润贡献是销售售后两大主营业务部门无法超越的。

增值业务旗下有诸如精品、保险、金融、延保、二手车、租赁、改装等，由于精力有限，所以经营者要抓住“重点”。重点有3个方面：一是抓重点业务，例如精品、金融、保险3个业务的毛利贡献比可以达到90%；二是抓重点指标，每一个增值业务都有其核心的KPI（关键执行指标），例如二手车置换率；三是抓重点单位，而重点单位又分为“标杆”和“短板”。对于车商集团而言即标杆店面和短板店面，对于店销售经理和增值经理而言即指标杆员工和短板员工。既然是标杆，就要通过3个对标（品牌内、集团内、行业内）来实现样板店优秀经验模式的学习复制，同时通过标杆帮扶来促进短板。长此以往，整体运营水准必然提升。

十、单店精品产值如何做到千万元

在现今卖车动辄要优惠2～3万元的恶劣大背景下，只晓得裸车降价卖车，那是“流血”式销售；而懂得将裸车改造成精装车再优惠卖车，才是“流汗”式销售。

以某家汽车精品店为例，按照2009年数据模型进行比较，该店采用“流汗”式销售卖车1 881台和另外一家采用“流血”式销售2 100台，两店在此模块上毛利相差2 100万元，也就是说：卖不卖精品差距就是2 000万元！

2012年，该店卖的和送的，精品经营额加起来是3 700万元，他们是怎么把单车平均产值做到2.5万元，并且精装车的比例达到80%以上的呢？深入走访调研，总结如下：

1. 不是精装车不进店

在展厅上摆的全部都是精装车，不允许裸车进店，而且每一个月的主题是不一样的。为什么要摆精装车，就是因为我们要有一个很好的展示和体验，展示给消费者，让消费者充分体验才会引发购买兴趣。这是一个出发点。同时，走一条差异化的道路来和同城同品牌店进行差异化竞争。

在车型的选择上，主要从选择有加装空间的车型购进，着眼于最有加装空间的车型订购。中档的车，一般可以设计2万～3万元的套餐包，高档车一般是3万～5万元的套装包。当然这要看车型的强势还是弱势。车型确定后，就需要非常系统地来设计精装套餐方案。

首先就涉及产品的定价。比如说汉兰达有三个版本，有加2万元的，有加3万元的，有加4万元的，让消费者自己来做选择。10万元的车型大概要有1～2万元的套餐包，中高档20万元的车型要有2万～3万元的套餐包，像汉兰达这样30万元的车型，要有3万～5万元的套餐包。

套餐内容方面，用价格来设定产品，围绕价格设定产品；有的是通过主题定位产品。比如有的车是专门强调音响的，这时就可以说这是语音版的。

比如说在5万元的套餐包里，就有GPS导航、倒车影像、智能启动系统和天使眼等。另外，还可以为女性车主设计了女装版雅力士，围绕三八节创造香氛魅动感觉，让女同胞消费者看到会很动心，这是根据主题设计产品的。

这个模块里面，要传达的目的就是，要卖与众不同的车，挣该挣的钱。通过差异化，打造出一款女性独特定位的差异化的车型。

这里面有几个提示：我们要有新的卖点；强调新的卖点来满足消费者的新需求，引导消费者，从而和其他店面形成差异化，最终让价格不可比。因为是精装车，有套餐在里面，我们有较大的让利空间，所以可选择优惠促销。

4S店是卖精品的第一道关口，具备这个渠道优势，理所当然要把精品尽量地做到位，如果不做精品，放弃这个4S店的渠道优势的话，让位给美容精品摊档去做，实在太可惜了，那叫“捧着金饭碗讨饭吃”。

因此，如果卖精品要和卖车挣到同样多的钱，我们卖一台20万元的车能挣5 000元钱，那么我卖精品也要赚到5 000元钱，剩下的还要挣到衍生价值的2 000元钱，比如说按揭保险、挂牌等其他的衍生价值，这样合计起来一台车可以净赚12 000元钱。这就是盈利模型。

根据这个盈利模型，可以看到卖精品跟卖裸车利润相当，精品一定要培植成和新车销售创利相当的这样一个部门。这里面也会涉及同城二店的联合问题。同城兄弟店能够联合，这是最好的一个合作状态，大家卖的都是精装车是最好的；如果实在联合不了，就搞差异化。

2. 抓大放小

以某一年前五大项精品排序，分别为导航、智能启动系统、天使眼、真皮座椅、防爆膜。尽管精品项目很多，但作为经营者选择项目的时候还是要选择重点品牌重点项目，基本上是围绕这五大块来设计精装车型的，最好每个月有一个主题，每个月有一个新的卖点。

抓大放小里面，除了卖“大米”外，还要再卖一点“水果”，也就是说，除了卖套装车外，还要再卖一些套餐外的小项目，这就需要销售顾问自己再一次地推介。所有这些东西，都是基于消费者的个别需求展开的。

3. 营销组合拳

每一次的精品套餐设计，都是围绕以下几个环节（营销组合拳）来展开的。

第一个要有产品组合方案。由总经理牵头，销售部、精品部联合设计这个月的营销主题。根据产品组合方案把精品固化到展车上，摆入展厅。进入展厅之后，我们所有的车型的三角牌都要做出来，内部的战斗手册、卖点策划都要做出来。

再一个就是DM邮寄等。举例讲一个车顶三角牌，这个很直观，把原价多少，现价多少，产品带有什么样的加装项目，都罗列出来，很利于展示，消费者的感知也非常好。在展厅里面，除了车顶三角牌、车顶牌之外，还要有一些看板，能够把这个内容跟消费者做一个更精准的推介。

这个是战斗手册，就是销售顾问人手一册，整理出产品的卖点，包括价格体系，这样传达给消费者时就非常清晰。顾客要优惠就是要一个占便宜的感觉。如果展示给消费者的东西太多，消费者也无从选择，所以还是尽量聚焦。

这里举一个案例，如何通过售后服务来卖精品？

曾做过一个叫做“夏日四宝”专案，是针对夏天要解决消费者“热”这个主题来做的。第一“宝”是远程遥控起动系统，因为遥控起动车辆之后可以提前让空调制冷，这是解决夏天出行的一个好办法。第二“宝”是发动机无水冷却保养。第三“宝”是空调管道清洗、杀菌、除臭处理。第四“宝”是座椅凉垫。这四个产品价格由高到低，丰俭由人，如果购买力强一点，可以选择前面两种解决方案，购买力弱的，起码买一个凉垫没有问题。只要营销主题切合消费者的需求，还是能够诱导出一个不少的购买量。

作为经营者要不断地设计主题，不断地想一些新招数，从而多创造一些价值。

4. 销售激励制度的设计

精品卖得好不好，整个队伍爱不爱卖精品，激励制度的设计是重中之重。奖金提成是销售的原动力。围绕激励制度的设计，我们有这么几个认知：

第一个就是强势车型，卖车是没有提成的，只有卖精装才有提成。

第二个是套餐内低提成，套餐外高提成。比如我们汉兰达套餐包是4万元，这4万元里面的提成不会高的，大约是3%～5%的提成；4万元之外你还能再卖“水果”的，提成比例就高了，也许是5%～8%的提成。

对于每一个人的战斗能力，或者对于整个部门的战斗能力我们也有一定的逻辑推理，根据前三个月的数据，核定平均的加装值。如果指标恰当，只能逼他步步往高走。这个也要考虑淡季、旺季的差别。当你有4年以上的数据积累之后，可以非常精准地对每一个车型核定出平均值。平均值以上，我们的提成会很高；平均值以下的，提成就很低。这样的一个机制，其实也是在引导优胜劣汰。如果战斗力低的，你就是饿肚子，最后就是走人。这样一套制度也是想达到这个目的。

对销售员来说，有时候又想卖车，又想卖精品，两个都要兼顾的话，可能要选台阶奖励法：卖3～5台时精品提3%，卖6～10台时所有精品提5%，卖10台以上时所有精品提8%，这样就会逼着他卖到5台时会争取卖到6台才划算，同样，卖到10台时会争取卖到11台才划算，这样兼顾既卖车又卖精品。不能因为精品的提成太高，导致他卖精品赚了太多钱，再导致他不卖车了。怎么来核定经理的提成？经理是对整个部门的平均战斗力来负责的，所以销售经理的提成取决于整个部门单车平均精品销售值。

5. 精品走廊硬件支持

4S店销售和售后是盈利的两条腿，现在如果把精品认定为4S店的第三只脚，在硬件上面就要给它和销售、售后一样大的空间和布局。

但是现在很多店对精品的认知停留在精品摆在展柜里面的销售方法。对精品的认知只是在精品柜的话，这样的精品当然就会卖的很差。因为如果不固化在精装车上，消费者是体验不到的，那个东西你摆在精品柜里，摆得再漂亮也没用。

在4S店的布局上，可以专门划出一大块精品美容区，可以从精品柜到精品走廊的小格局，进行独立分区，给消费者感觉你做得比较专业。大的集团、4S店已经将概念提升为汽车产业园，这才是大格局的。

第三节 精品业务的组织架构

在前面一章里，抛出了汽车精品集团管理“战略规划”这个“砖头”，想必大家已经对精品管理有了一个初步的感受和认知。为了把这个砖头点石成金，下面我们就切换到实际操作频道。

在操作之前，需要明确：这项工作应该由哪个部门来负责？它在集团公司中占据一个什么样的高度？具体有哪些职责？如何保证它的良性运转，以期使之能够充分发挥作用，同时也应考虑对它的规范、引导和监督。

汽贸集团是一个综合体系，像人体的器官组织，庞大而繁杂。正因为如此，在战略的制订上，我们应该大而化之，但在战术的实施上，却必须精细到每一个部分，否则任何一个细节的腐蚀或感染，都可能引起整体系统的停滞或瘫痪。

一、筹建之前的思考

1）它成立、存在的意义和价值何在？集团公司有没有论证其存在的价值？

2）集团公司需要赋予其哪些职责，才能使其作用充分发挥？

3）在其内部需要怎么分工，才能保证它的良性运转？

4）是否需要建立内部监督机制？什么时候开始合适？

5）它在整个集团公司，应该居于什么样的一个高度？

6）这个部门的负责人，应该具备怎样的资历和素质？在技能上有没有具体的要求？

7）4S 店的精品主管，在店内是什么位置？是和销售经理平级，还是销售经理的下级？是由销售经理兼职，还是由店长兼职？

二、集团管理层：在精品业务架构上的不同设置

1. 集团管理层面存在的三种形态

1）集团公司——人事、品牌经理部、业务部和其他部门并列的精品部，同时成立汽车精品公司，负责采购和各店的销售推广、物流配送和运营。采购、运营体制合一，精品公司兼具管理、服务双重职能。精品企业员工构成如图 2-1 所示。有的集团公司，精品公司还兼具连锁店管理职能。

图 2-2 为精品管理公司与各 4S 精品店关系图。精品管理公司为各 4S 精品店提供产品及服务，提供销售及服务培训及业务方向引导，协助各店做好精品业务的疑难问题及纠纷解决，以满足 4S 店及车主需求为目标，共同为集团公司创造经济效益和品牌效应。

在集团公司财务中心的监督管理下，精品公司承担着各 4S 店与精品供应商结算纽带的作用，通过资源整合降低采购成本，统一进行精品供应商财务结算管理，同时对精品实施统一的结算模式，以合理的价格进行财务结算，开具票据。

上述模式，可以理解为在“战略规划”中所说的集权式管理。

2）集团公司——人事部、业务部、业务部下设后市场/衍生/增值业务部——精品部。精品部是业务部下面的一个二级部门，只负责采购，各店自行运营。

这种模式，可以简单理解为在“战略规划”中所说的分权式管理。

3）集团公司人事部，业务部，品牌经理部，同时并行设置一个采购部，办公行政采购、精品和配件采购、基建工程采购，都归结到这个大采购部来实施。这里没有完整的精品管理部门，精品只是采购部下的一个分支小组，而且只是负责精品采购。业务拓展，则交由运营部来实施。采购、运营二权分离，以期互相制约。

这种模式，可以理解为在“战略规划”中所说的统分结合的管理模式。

2. 几种模式的利弊分析

（1）采购和运营，真的能够独立分开吗？

采购和运营如果独立分开，会不会存在。采购只管采购，而不考虑运营的真正需求。运营部门从一已之利出发，反馈采购部门的行为和市场脱节，采购非其所需，双方互相扯皮、推诿、内斗，让人大伤脑筋。

这还只是良性的分析。

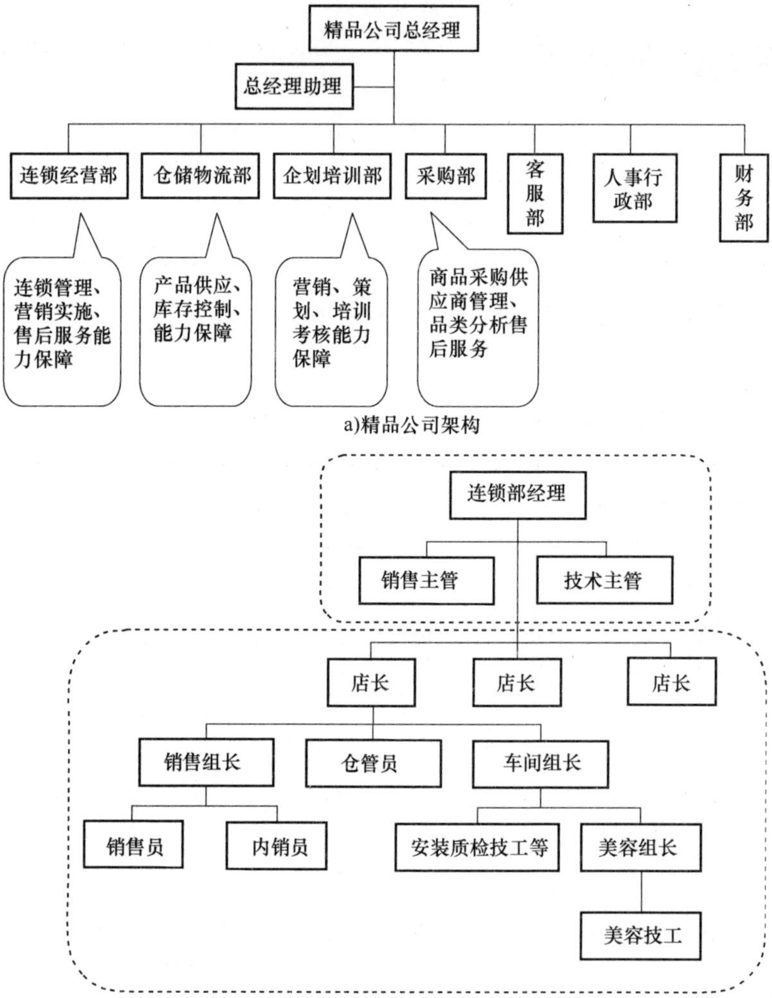

a)精品公司架构

b)连锁经营部架构

图 2-1　精品企业人员构成

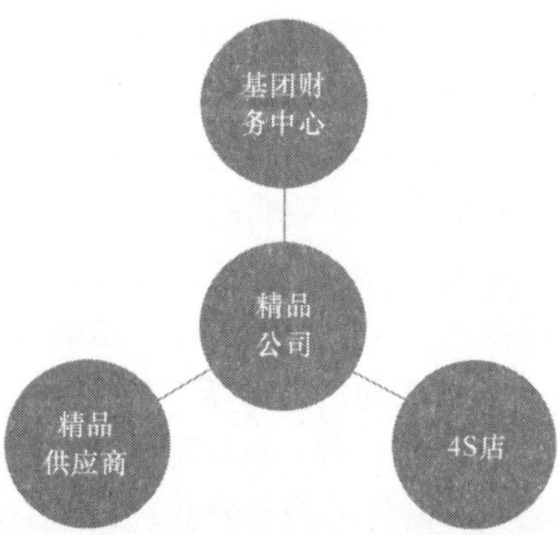

图 2-2　精品管理公司与各 4S 精品店关系图

从管理的角度，我们是不是可以假设双方各怀鬼胎：采购部门是否真正能采购到集团公司各4S店所需的产品？运营部门会不会从一已之利出发，只要不是他想用的产品，就借口顾客不认可，随意诋毁其他产品？

如果这般内耗，最后业绩没有提升，领导批评无力，又应埋怨谁？

（2）是否需要成立一个实体运营的公司，工商、税收、财务独立的企业法人？

如果不申请独立的营业执照和税收登记证，会在财务、税收等环节对集团公司造成很多干扰。任何一个环节的纰漏，都可能会对集团公司整体造成负面的影响或破坏。

因此，综合以上因素，建议采取以下做法：

一是成立精品公司成立独立的法人营业执照、税务登记证和企业法人代码，以便于财务方面的运作。

二是为避免采购、运营分离造成的双方互相扯皮现象的出现，最好是一个班子、两套人马。采购、运营独立分开，但归结到一个领导负责，以便于互相统筹、协调。

其实，在企业发展的不同阶段，可以实施不同的管理。如果领导想要权利分解，或是要强化监督，二者分离也不失为一种办法。关键点还在于合作和监督的“度”的掌握。

三、4S店执行层：在精品业务组织架构上的不同设置

1. 4S店内部管理层的设置

模式1：在4S店成立精品事业部，由销售部经理兼职。

模式2：在4S店成立精品事业部，独立于销售部之外，与之平级，直接向店总报告，并接受集团公司精品管理公司的业务指导，如图2-3所示。

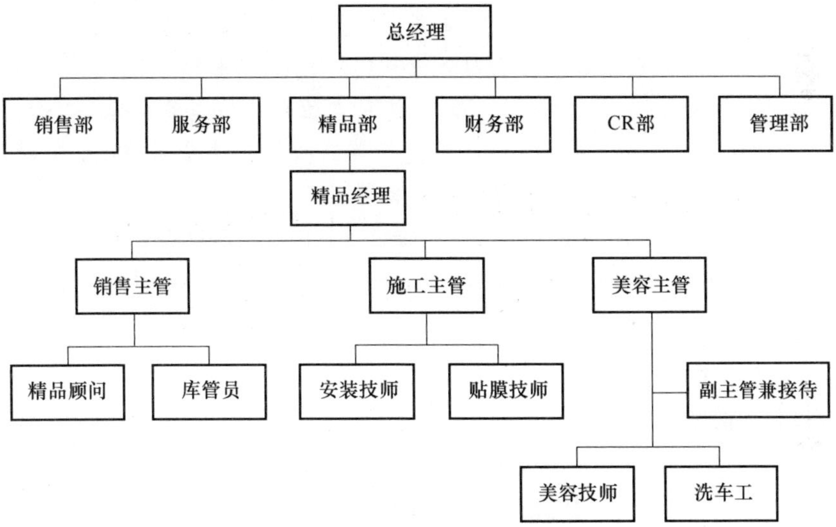

图2-3 精品企业组织架构

模式3：在4S店成立与销售部、售后部平行的增值事业部（又称“衍生事业部”），包括精品、保险、二手车、会员俱乐部等，每一个独立板块都由专人、专业的团队负责，统一由事业部领导。

各模式分析比较：

在模式1中，4S店的精品业务由销售部经理兼职，便于二者业务关系的协调。当集团公司领导重点突出精品业务时，可迅速整合销售资源。

不利之处：一是术业有专攻，不是专业的人干专业的事。如果说便于关系协调和资源整合，还不如由店长兼职。二是人都有趋利避害的心性，哪一项工作容易出成绩，他会重点抓哪一项，可能会有失偏颇。

相比较而言，模式2和模式3能较好地体现了专业人干专业事的管理理念。

2. 4S店内部执行层的设置

模式1：相信术业有专攻。每一个店，和整车销售员以3∶1的比例配备精品销售员，即每1个精品销售员，对应3个整车销售员，精品销售业绩提成以一定比例分配。

整车销售员可自由选择精品销售员，从而使亲和力强、业务素质高、精品达成率高的精品员有更多锻炼和展示的机会。同时，这也是精品员自我淘汰的过程。

模式2：发动群众战争，全员销售。每一名前台、客服、整车销售员、售后维修技师、精品施工技师，同时都是精品销售员，全员卖精品，形成气氛。

各模式分析比较：

模式1中，因是专职卖精品，所以更专业，对产品性能的掌握、知识的了解上显然要优于模式2中的其他人员。但即使如此，还是倾向模式2。为什么呢？

原因之一：销售不仅仅是推销产品专业知识的过程，更是销售员推销自己的过程。客户接受你所推荐的产品，更多原因是已经基本认同了你这个人。顾客刚认可、接受了整车销售员，这时再上一个精品销售员，其心理或多或少会有排斥情绪。而且，即使这个精品销售员业务素质很高、亲和力很强，在时间的占用上也是一大浪费，而客户不可能给我们太多时间，何况在后面还有保险、俱乐部会员等相应业务要跟上。

原因之二：介入的时机不好把握。整车销售员在推销、介绍整车时，可以为精品的介绍打下伏笔，可以“无意识”地让客户接触、了解到所推荐的精品的性能、功能和效果，整车销售和精品销售衔接紧密，一气呵成，更容易成交。

原因之三：在模式2中，其实是让销售部的销售顾问和售后服务部的其他人员冲在最前面，充当先锋队和主角，而精品部退居二线，主要是做好粮草供应和后勤服务保障。

建议4S店确定精品经理后，应该同时设置如下岗位：

（1）精品管理员。其职责如下：

1）负责订货、收货；

2）负责组织内部培训；

3）负责和集团精品管理部门的沟通、汇报和交流；

4）负责和精品供应商的沟通和交流；

5）负责业务数据的统计、汇总和上报；

6）负责本4S店内精品各类产品任务的下达和考核；

7）负责本店内员工精品任务的制订、下达和考核；

8）负责本店内精品绩效的奖惩办法的制订和实施；

9）负责精品与其他板块工作的协调和沟通；

10）精品的其他工作。

（2）精品库管员。其职责如下：

1）负责精品的入库、出库和盘存；

2）负责积压库存的整理和报备处理；

3）负责顾客退回的产品向精品厂家的回递和跟踪。

考虑到4S店的人力成本，精品库管员和配件库管员可合二为一，亦可由其他岗位员工兼职，但一定不得由精品管理员兼职。A集团的4S店精品部组织架构如图2-4所示。洗车美容质检员岗位说明如图 2-5 所示。A 集团各岗位职责见表 2-8。

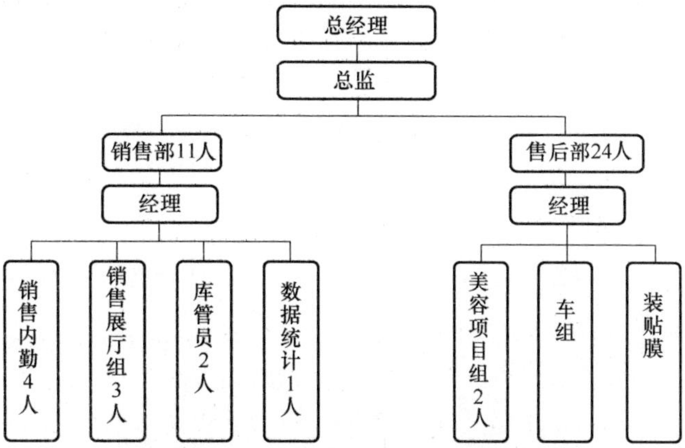

图 2-4 A 集团的 4S 店精品部组织架构图

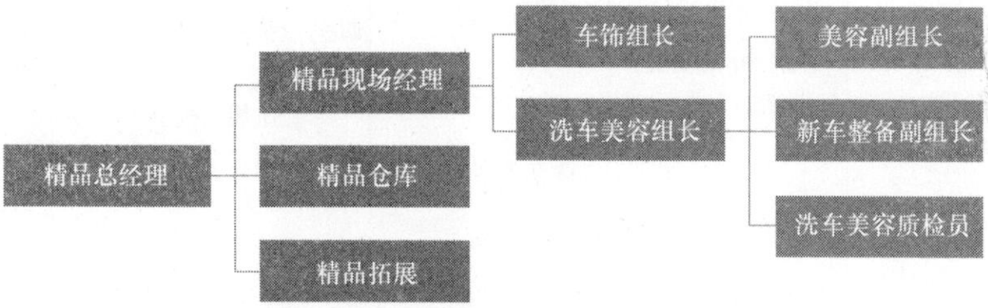

图 2-5 洗车美容质检员岗位说明

表 2-8 某集团的各岗位职责

所属部门职责				结果评定	违规核定	违规处理措施
项目	主要工作内容					
年度指标	质量	CSI 评定达标	客服部 3 日回访反馈报表	客户投诉<2%	一般违规：客户投诉连续3个月大于2%的；严重违规：3 个月以上仍大于2%的	一般违规：警告并责罚 300 元；严重违规：调岗或降级
			现场操作管理制度	客户投诉<2%，内返<5%		
			洗车美容工时标准	客户投诉<2%，内返<5%		
	安全	无重大安全事故100%	消防检查日报表	1）有人伤事件，医疗费在 5 000 元以上；2）因设备、车辆、消防原因造成公司损失在3000元以上；3）公司财产损失在3000元以上	一般违规：有严重违规项连续2个月未做整改的；严重违规：导致重大事故的	一般违规：警告并责罚 300 元；严重违规：承担法律责任，并承担相应经济赔偿，降职或除名
			设备保养检查日报表			
			设备维修保养登记表			
			工具管理规定			
			现场操作管理制度			

（续）

所属部门职责				结果评定	违规核定	违规处理措施
项目	主要工作内容					
年度指标	设备	设备工具完好率100%	设备保养检查日报表 设备维修保养登记表 工具管理规定 制订年度本班组费用预算方案（含设备、厂房新增、报废、维修、保养、校验计、低耗品等）	1）固定资产异动有登记档案 2）设备维修保养及校验方案有执行记录表 3）每月2次班组工具盘点有报表 4）专用工具养护有记录并保证无缺失及正常使用	一般违规： 1）登记不全小于2次 2）漏做保养或校验小于1次 3）漏做盘点或未补齐小于2次 4）设备工具完好率低于80% 严重违规：大于上述规定且设备工具完好率低于60%的	一般违规：警告并责罚300元 严重违规：调岗或降级，并责罚500元
日常工作	第1步	8:10－8:30参与调离现场过夜车辆，清除工位障碍	在8:30之前通知相关部门将过夜车辆	精品经理 洗车美容组长	一般违规：安排到本人调配车辆的，月统计有3次未完成 严重违规：安排到本人调配车辆的，2个月统计有6次未完成	一般违规：责罚100元（低于3次的按照20元/次执行） 严重违规：责罚200元并警告。有2次严重违规则降级或调岗
	第2步	8:10－8:30对本组设备进行维护保养，清洁工位整齐摆放和清理工作台、工具箱内物品	检查保养登记表对本组设备的保养、登记	精品经理 洗车美容组长	一般违规：安排到本人的设备保养，月统计有4次未完成 严重违规：安排到本人的设备保养，月统计有8次未完成	一般违规：责罚100元。低于4次的未保养记录按照公司设备保养处罚规定执行（20元/次/台） 严重违规：责罚200元并警告。有2次严重违规，责罚400元并记过，降级或调岗
	第3步	8:40参加现场早会	不得迟到缺席，并针对最近出现的问题着重要说明提示	精品经理 洗车美容组长	一般违规：超3次/月 严重违规：超7次/月	一般违规：第一月责罚150元并警告，低于3次的按照公司考勤制度执行（20元/人/次） 严重违规：责罚150元并记过。下月继续有违规现象，降级或调岗
	第4步	8:40－9:05检查各小组常用小工具是否在工具车上摆放整齐	5S点检表，小工具无损坏、无缺失	精品经理 洗车美容组长	一般违规：每周有2项次未完成或不合格 严重违规：小工具损坏、丢失率10%以上	一般违规：自费补齐丢失小工具，损坏工具在15天内报修更换完毕 严重违规：自费补齐，工具完好率低于90%的再扣罚200元

（续）

所属部门职责				结果评定	违规核定	违规处理措施
项目	主要工作内容					
日常工作	第5步	实时：对洗车美容现场操作进行监控及协调	现场操作流程及管理规定	精品经理 洗车美容组长	一般违规：监控不利造成流程滞缓超3次/月 严重违规：监控不利造成客户投诉或现场事故金额>3 000元	一般违规：第一月责罚200元并警告 严重违规：承担监管不利造成的损失及责罚500元并记过。下月继续有违规现象，降级或调岗
	第6步	实时：协助精品经理完成新品引进的测试	新品采购引进流程及填写新品采购登记表	精品经理 洗车美容组长	一般违规：不积极主动配合拓展进行新进产品测试超3次/月 严重违规：超5次/月	一般违规：第一月责罚150元并警告 严重违规：责罚150元并记过。下月继续有违规现象，降级或调岗
	第7步	实时：解决班组职责范围内客户的投诉及抱怨	客户的投诉及抱怨的及时解决	精品经理 洗车美容组长	一般违规：监控不利造成客户投诉2次/月 严重违规：监控不利造成客户投诉>4次/月	一般违规：第一月责罚150元并警告 严重违规：责罚150元并记过。下月继续有违规现象，降级或调岗
	第8步	实时：积极与相关部门协调各部门完成相关的客户服务	相关部门的投诉及抱怨的及时解决	精品经理 洗车美容组长	一般违规：相关部门投诉2次/月 严重违规：相关部门投诉>5次/月	一般违规：第一月责罚150元并警告 严重违规：责罚150元并记过。下月继续有违规现象，降级或调岗
	第9步	实时：安全驾车、安全行驶、安全停放、规范操作	现场操作流程及管理规定	行政部、精品所有管理人员查核： 1）员工驾驶车辆在厂区内行驶时，是否超速、是否无授权； 2）停放是否安全，灯光是否关闭，车辆门窗钥匙是否管理到位	一般违规：监控不利造成客户投诉2次/月 严重违规：监控不利造成客户投诉>2次/月或现场事故金额>3 000元	一般违规：第一月责罚500元并警告 严重违规：承担监管不利造成的损失及责罚500元并记过。下月继续有违规现象，调岗或开除
	第10步	实时：及时协助精品经理处理客服部4日回访反馈报表中的客户投诉	24h内完成客户投诉处理	客服部 精品经理 洗车美容组长	一般违规：客户投诉24h未解决1次/月 严重违规：客户投诉24h未解决3次/月	一般违规：责罚500元并警告 严重违规：责罚500元并记过。下月继续有违规现象，调岗或开除

（续）

所属部门职责				结果评定	违规核定	违规处理措施
项目	主要工作内容					
日常工作	第11步	实时：对现场车辆进行现场质检评分并跟踪改进	洗车美容现场检查评分表	精品经理 洗车美容组长	一般违规：审核次数<3次/月 严重违规：审核次数>5次/月	一般违规：审核次数<3次/月并处罚200元 严重违规：审核次数>5次/月处罚500元，>7次/月或连续2个月审核次数>5次/月给予降职或调岗处理
	第12步	实时：发挥积极向上的工作氛围，帮助组长协调人员关系并帮助表现后退员工进步	本部人员员工对其的工作肯定及没有合理的投诉	精品经理 洗车美容组长 行政部	一般违规：本部门员工对其的有效合理的投诉．其本身并积极改进的 严重违规：本部门员工对其的有效合理的投诉，其本身不积极改进的，或员工超过40%提出合理有效投诉的	一般违规：警告并处罚200元 严重违规：调岗或开除
	第13步	实时：积极参加人员培训	根据员工年度培训计划出勤率98%，合格率95%	精品经理 洗车美容组长	一般违规：考试成绩未达到晋级定级要求 严重违规：1年内连续2次测试成绩低于晋级、定级标准，且实操成绩在60分之内的	一般违规：降级、调低底薪 严重违规：调岗、降职、辞退
	第14步	实时：每天下班前对本部门现场服务的表格进行整理并审核上报精品经理	每天对新车项目装饰清单及新车装饰质检表进行审核并提出整改建议	精品经理 洗车美容组长	一般违规：审核次数<3次/月 严重违规：审核次数>5次/月	一般违规：审核次数<3次/月并处罚200元 严重违规：审核次数>5次/月，处罚500元；>7次/月或连续2个月审核次数>5次/月给予降职或调岗处理
	第15步	实时：每天下班前对本部门的安全进行检查	本部门无丢失物品及因为安全而产生的公司财产损失	精品经理 洗车美容组长	一般违规：下班没关电器设备及工作设备及工具丢失使公司财产损失<3 000元 严重违规：公司财产损失>3 000元以上	一般违规：警告并责罚2 000元，并承担全部的公司财产损失费用 严重违规：处罚5 000元及承担相关公司财产损失并降职或调岗，情节严重予以开除处理
	第16步	每月25日前协助精品经理完成本部门下月的销售目标制定了激励方案	下月目标的通过及实施	精品经理 洗车美容组长	一般违规：1次 严重违规：超2次以上	一般违规：第一月责罚500元并警告 严重违规：责罚1 000元并记过。下月继续有违规现象，调岗或开除
	第17步	每年10～12月协助精品经理制定本部门第二年度预算	年度预算的通过及实施	精品经理 洗车美容组长 行政部 集团总办	一般违规：未在规定时间完成年度预算 严重违规：年度预算未通过及不参与年度预算	一般违规：责罚500元并警告 严重违规：调岗或开除

案例：某集团精品业务各岗位职责

为了加强公司廉政建设，达到对人员管理、工作流程的有效约束，堵塞各环节廉政漏洞，营造公开、透明的工作环境，需制定各岗位职责。

本管理规定分环节，分层管理，主旨是在工作流程中管好人、做好事，形成以预防为主、惩戒为辅的管理模式。

1. 产品引进科

产品引进分为“业务科请购、各经营单位推荐、商家自荐和既定合作协议范围内的新品增项”四部分。其工作流程如图 2-6 所示。

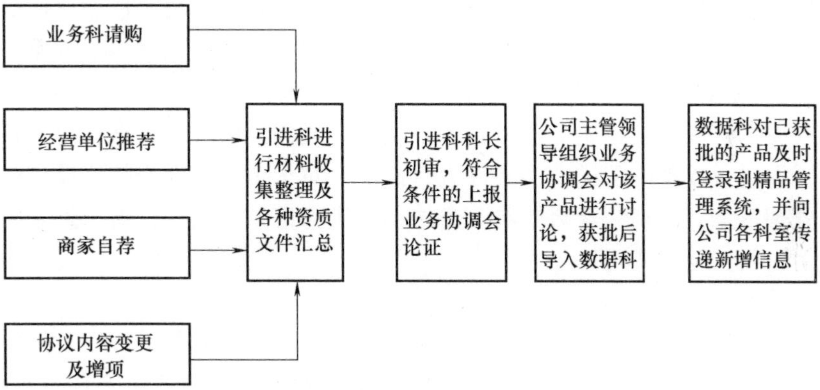

图 2-6　产品引进科工作流程图

（1）业务科请购

业务科在实际工作当中，根据各经营单位的需求（包括精品管理系统中未纳入的产品，同时各经营单位需求量较大）以产品请购表的形式传递给产品引进科。由引进科对该产品进行产品资质、供应商资质初审及进、销价格的协商，不符合条件的要对未达标的环节进行文字记录，由引进科主管经理签字后与其他文件一并存档；符合条件的提交公司业务协调会进行论证。业务科在填写产品请购表时，必须对标注各经营单位的外采审批量、产品在集团公司同等车系的认可程度等做详细说明，同时要求保留可查证的相关文字佐证。引进科如需对产品的生产环节进行考核，需有两人以上组成的考察小组进行实地考察，于考察结束后保留原始的图片资料和文字资料存档。

（2）经营单位推荐

各经营单位推荐的产品，由产品引进科进行初审。经营单位有推荐意向时，须填写具有该经营单位公司经理签字、加盖公司公章同时已取得该品牌大区经理签字同意的汽车精品推荐表。由引进科对该产品进行产品资质、供应商资质初审及进、销价格的议定，引进科如需对产品的生产环节进行考核，需有两人以上组成的考察小组进行实地考察，于考察结束后保留原始的图片资料和文字资料存档。不符合条件的要对未达标的环节进行文字记录，由引进科主管经理签字后与其他文件一并存档；符合条件的提交公司业务协调会进行论证。

（3）商家自荐

商家自荐产品的范围限定为除化工类的机修养护产品、电子类的 DVD 导航一体机及一键启动（智能钥匙）之外的产品，并以产品自荐表的形式进行登记记录。由引进科对该产品进行产品生产、销售资质、供应商资质初审及进、销价格的议定。对于该产品的销售适应性问题，引进科要协同业务科对于该产品销售的可行性进行讨论，并在产品自荐表上填写意见留存备查。引进科如需对产品的生产环节进行考核，需有两人以上组成的考察小组进行实地考察，于考察结束后保留原始的图片资料和文字资料存档。不符合条件的要对未达标的环节进行文字记录，由引进科主管经理签字后与其他文件一并存档；符合条件的提交公司业务协调会进行论证。

（4）协议内容的变更及增项

对于已签订合作协议的供应商，在合作过程中有权对公司资料、合作产品系列中的项目进行变更或增减。由供应商填写统一制式的合作协议变更表，填写完成后交产品引进科。引进科初审合格后报公司业务协调会进行最终审定，审定通过后转数据科录入系统。

（5）业务协调会对拟合作产品的论证

公司业务协调会属于公司精品业务管理最高权力机构，由公司经理和科室负责人共同组成，负责对于引进科提报的引进产品文件进行论证，对于市场科提报的违反供应商管理制度的问题给出处理意见，公司综合科要对业务协调会进行记录存档。公司一把手经理综合参会成员的意见最终给予通过或否决。

（6）终止合作

在实际业务过程中，业务科、市场科、账务科、数据科及财务科有权对供应商或服务商进行阶段性的综合评价。对于失去产品销售潜力、年度累计销售业绩不佳（DVD导航不足10万元、贴膜类不足5万元、机修养护类产品不足10万元）或严重违反供应商管理制度的品牌或合作单位给予终止合作的处理。引进科按合作协议生效时间进行统计，对符合终止条件的由业务科对合作过程中遗留的售后保障问题拿出处理意见后向公司业务协调会提报申请，通过后转数据科执行。需要滞留售后保证金的，由财务科予以实施。

2. 业务科

业务科几项主要的流程防范主要体现在以下三个方面，如图2-7所示。

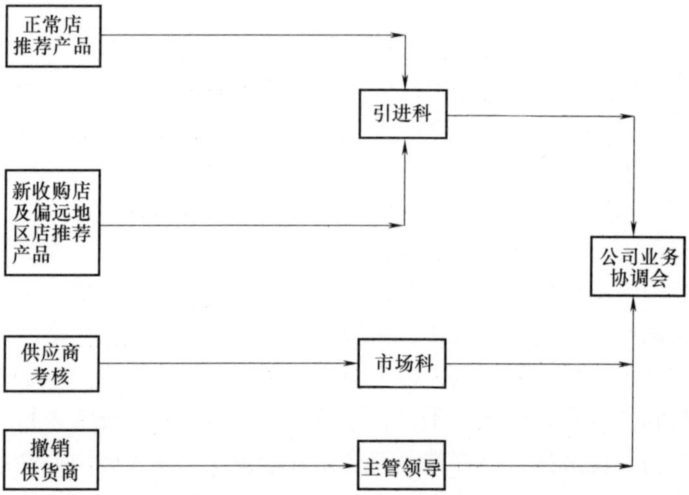

图2-7 业务科的主要流程

（1）产品引进方面（协助引进）

产品引进方面分两种形式：

1）正常店推荐产品，需要满足两个条件：一是利润率比较大的项目或产品；二是整个大区或是超过5家以上店使用的项目或产品，以上须由店内人员写申请，店长签字盖章，大区经理签字盖章，可向业务科提报，经业务科讨论决定后，上报产品引进科审核。

2）边远地区各店或是新收购店，可将成批量使用的产品或项目推荐给业务科，由业务科讨论上报引进科审核。

（2）供应商考核方面

1）严格按照供应商考核办法规定，将日常经营中的违规事项记录清楚，并扣减相应考核项目的考核分数，并上报市场科整理，执行考核结果。

2）在日常业务操作中，对于达不到要求的供应商，考核分值偏低的，业务科可填写撤销申请单，提交公司业务协调会审议，经审议同意后撤销其供货资格。

（3）其他方面

1）根据业务实际情况，将对所有产品进行合理分类，充分考虑区域性和其他特殊情况，对各店提供两个或以上供应商，由各店进行选择。

2）对供应商的考核方面，每一项减分的内容都必须有各店提供的售后问题提报单，且有业务科经手人的签字。

3）对于正常业务科的业务操作，包含订货、查账等项目，按正常业务流程来做，业务科人员只接触各店账目核对，还有账目科移交过来的账目，不直接针对各厂商结算。

4）正常的供应商回访交流，谢绝一切形式的吃请，经领导特批的除外。

3. 账务科

账务科也称账目核对科，由供应商往来账目核对及K3系统数据录入两部分组成。工作流程如图2-8所示。

（1）供应商往来账目核对

每个月的1～5日与各供应商核对发往各4S店商品的账目，收集供应商直接发给店里货物的对账汇总表（五联单）及厂家的对账单，6日统一送交业务科用于业务室与4S店核对账目。业务科将对完的4S店对账单根据业务分区分别发送给相关的核对人员，并送交财务开票，账目核对人员根据4S店的对账单核对厂家的往来账目，20日以前核对完毕并通知厂家开具发票，各供应商在25日以前将发票邮寄到本公司，由账目核对科科长对发票及对账单进行审批，无误后填写资金使用审批单，审批单由主管领导及总经理签字后送交财务审批及进行账目处理。每个月的月底配合市场科对各供应商本月的对账及到票情况进行评分，并将各供应商存在的问题报市场科进行处理。

账目核对人员原则上按照收到对账单的先后顺序核对各厂家的账目，但同时也要结合业务室4S店对账单是否对清。为了提高效率，根据4S店账单出来的早晚，偶尔中途会有调整，比如有的供应商发货的这些4S店的账先出来的，那么我们可能先核对这个供应商的账目并通知开票。厂家开具的发票按收到发票的时间先后填写资金审批单，并将审批单进行统一的编号，签字后送交财务审批汇款，财务也将按审批单编号给各个供应商汇款，如各供应商有特殊需要提前汇款的，报主管领导批准后通知财务调整汇票顺序。

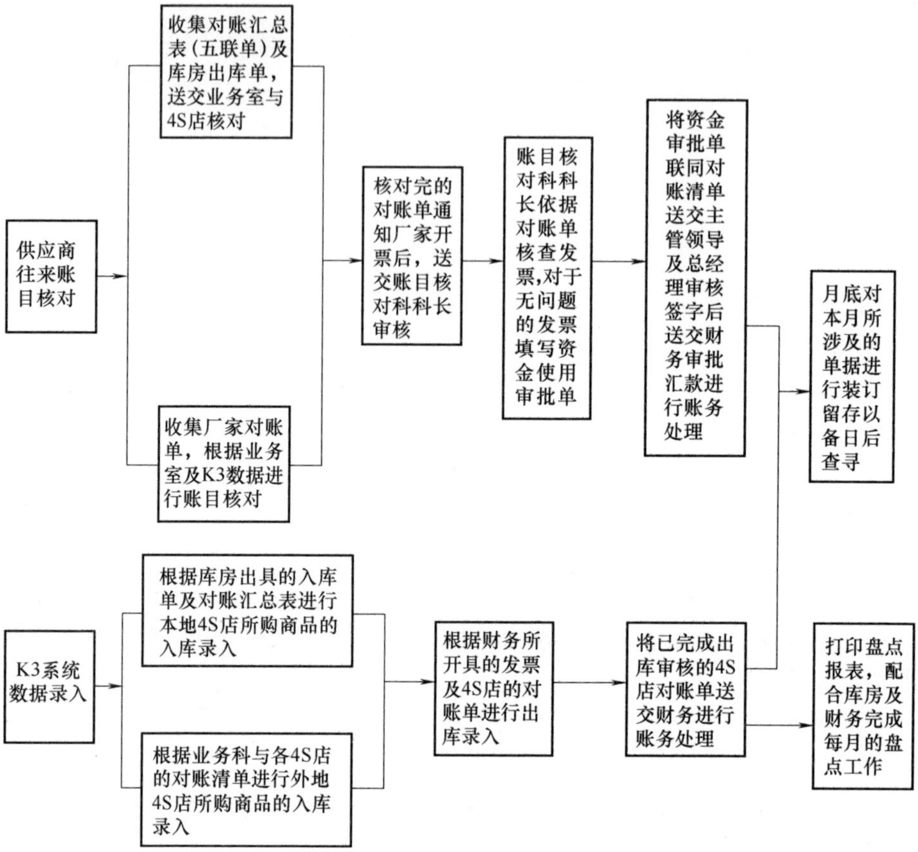

图2-8　账务科工作流程

（2）K3系统数据录入

每月的1～5日对上一个月的单据进行装订，配合财务和库房进行盘点工作，对收到的入库单进行录入，做商品入库及商品调拨。业务科从每月的1日开始对账，3日以后开始把对完的账单电子版发给K3录入人员，K3人员对收到的电子版对账单按供应商进行排序后在系统中进行录入。业务科将对完的4S店对账单发给账务科的同时也发给财务科进行开票，财务科开完票后交给K3录入人员进行出库录入，出库完成后再送交财务三级账，对发票进行钩对，并检查K3录入有无错误。钩对好的出库单再由财务转给账务科，在下个月的月初统一进行装订。

4. 市场科

市场科即市场督导科，其工作职能主要是专卖店/供应商考核管理以及专卖店精品业务培训。

（1）供应商业务考核管理流程

供应商业务考核管理具体流程如图2-9所示。

（2）供应商市场运作能力考核

对所有与精品管理公司有合作的供应商进行考核打分，分别由市场科、业务科、账务科、数据科、产品引进科、物流仓储科各科室成员进行考核打分，由市场专员汇总整理。

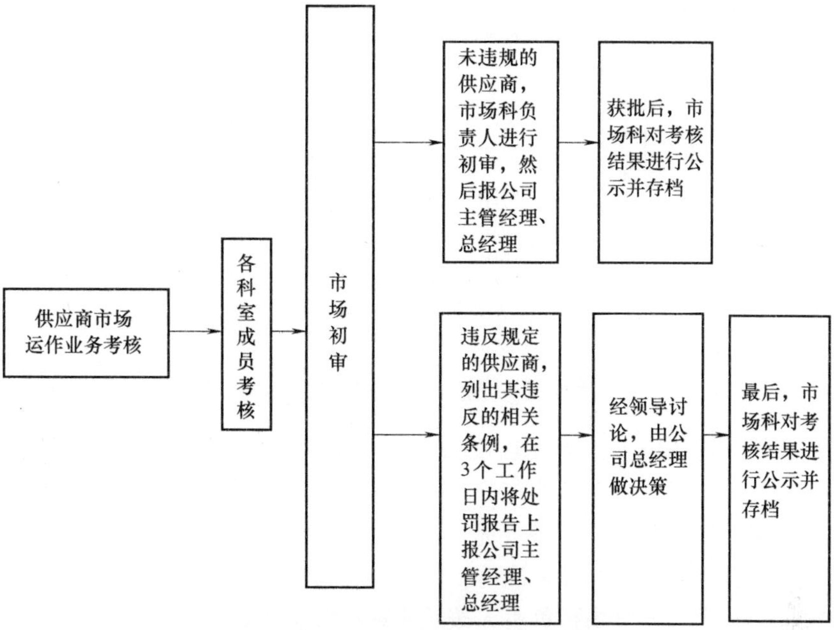

图2-9　供应商业务考核管理流程

未存在违规现象的供应商，报给市场科负责人进行初审、核实，最后上报公司主管经理、公司总经理。

存在违规现象的供应商，按照供应商考核管理办法进行处理，3个工作日内上报公司主管经理、总经理，经领导讨论、总经理做决策。市场科对考核结果进行公示并存档。

（3）专卖店精品业务培训流程

专卖店精品业务培训具体流程如图2-10所示。

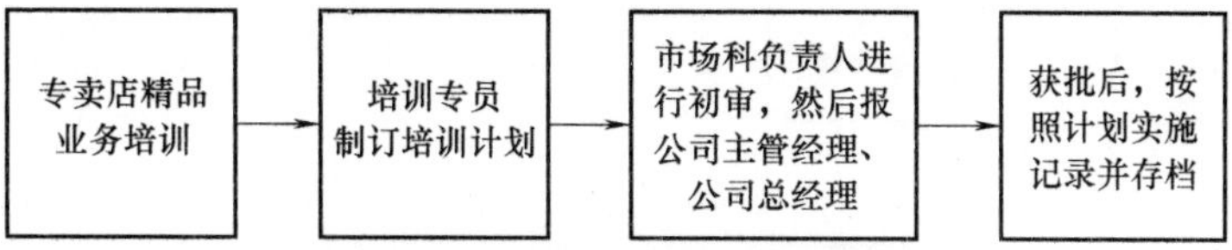

图2-10　专卖店精品业务培训流程

专卖店精品业务培训主要有四个方面：

1）专卖店提报申请。

2）依据各专卖店每月的精品销售报表，针对同品牌店精品销售较差的店进行走访指导。

3）针对区域性新建店进行精品业务交流。

4）新产品的推广介绍以及市场营销策略。

市场科培训专员每月中旬制订下月培训计划，结合专卖店实际情况制定相应的课件内容，然后提报给市场科负责人，并进行初步审核，审核后报公司主管经理、公司总经理，经总经理批准后按照培训计划实施、总结并存档。

（4）专卖店精品业务考核流程

专卖店精品业务考核具体流程如图2-11所示。

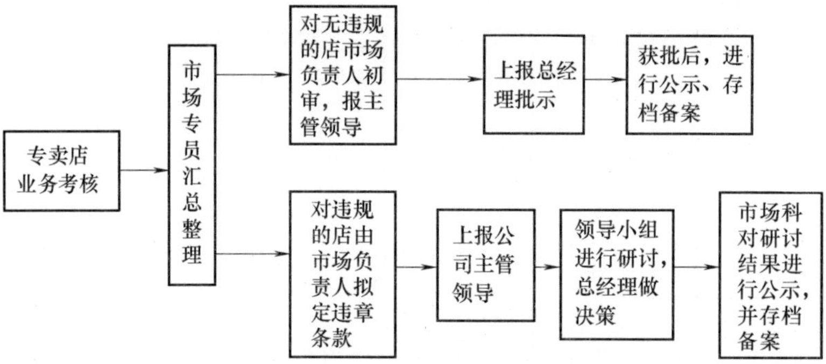

图 2-11　专卖店精品业务考核流程

对正式营业 3 个月的以上的专卖店实施精品业务考核，分别由市场科、业务科、网络科、物流仓储科各科室成员进行考核打分，由市场专员对各科室考核进行汇总整理。

对未违反规定的专卖店由市场科负责人进行初审、核实，最后上报公司主管经理、公司总经理；经公司主管经理、总经理批准后，由市场科对考核结果进行公示并存档。

对违反规定的专卖店由市场科负责人按照实际情况拟定处罚报告，并在 3 个工作日内上报公司主管领导、由领导小组进行讨论，总经理做决策，最后由市场科对其处罚，结果进行公示并存档、备案。

（5）售后问题的处理

售后问题的处理具体流程如图 2-12 所示。

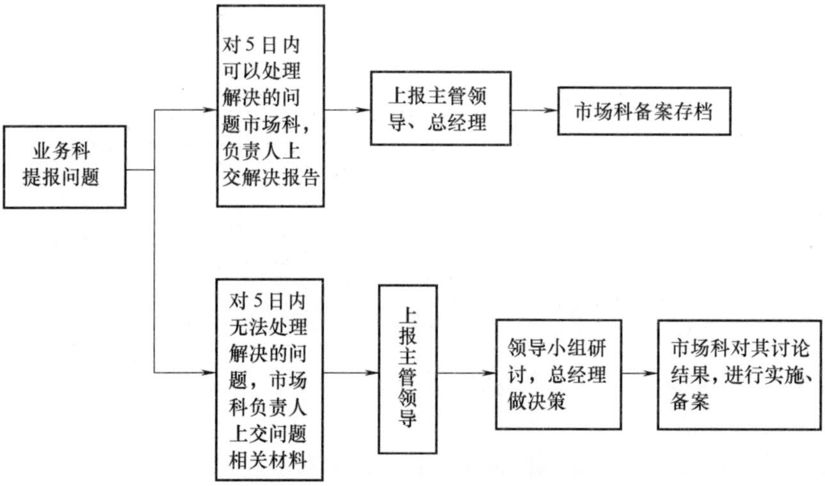

图 2-12　售后问题处理流程

针对业务科提报的售后问题：

市场科在 5 个工作日内进行调查、协调、处理，如在限期内能解决的问题，由市场科负责人整理材料，并将处理报告上交主管经理、总经理，由市场科存档、备案。市场科在 5 个工作日内未能协调一致的，由市场科负责人将问题材料上报主管经理、由领导小组进行讨论解决，最后总经理做决策，市场科对其讨论方案进行实施、备案。

（6）供应商走访推销管理

供应商走访推销管理具体流程如图2-13所示。

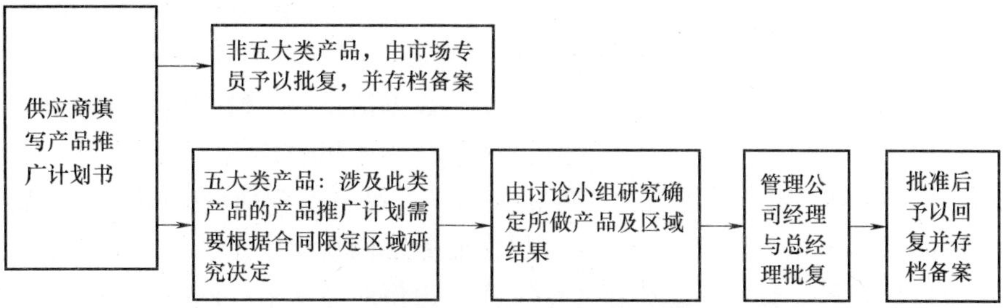

图2-13　供应商走访推销管理流程

供应商每月18～20日报下月计划。

对于非五大类产品，在5个工作日内由市场专员对其申报予以批复。

针对五大类产品，在5个工作日内依据合同限定区域进行批复，如合同内容中未限定区域，则由讨论小组讨论并划分区域。市场科负责人将讨论结果上报主管经理、公司总经理，经公司总经理批准后，予以回复并存档备案。

5. 数据信息科

产品引进环节数据信息科工作是产品数据添加、维护与更新。主要由“新签订协议、协议期内和协议终止”三部分组成。工作流程图如图2-14所示。

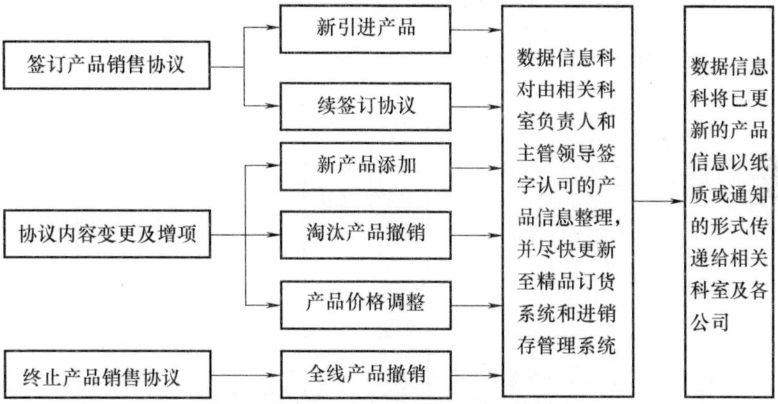

图2-14　产品引进流程

（1）新签订协议

1）新引进产品。产品引进科签订产品合作协议后，应在3日内将合同、报价单、供应商资料、引进产品审批表转交到数据信息科，数据信息科将接收到的产品销售合作协议备案至合同登记表，经交付人、收发人签名确认后，按照所属分类存档。数据信息科应根据工作安排按照协议签订时间先后顺序在5个工作日内将新产品相关信息录入进销存管理系统和精品网站订货系统，同时将新产品价格及供应商相关信息以复印件形式传递给相关科室负责人；数据信息科及时将新产品介绍资料以电子形式上传到精品网订货系统资料下载模块供专卖店学习。

2）续签订协议。数据信息科定期整理产品销售协议书，将到期的产品销售协议书在5

个工作日内反馈到产品引进科。

（2）协议期内的相关规定

1）新产品添加。供应商增加新产品，需按照新增产品申请表要求填写产品信息传真至产品引进科，由产品引进科初审，根据业务协调会审定结果，由主管领导及总经理批阅签字，产品引进科负责人将对已获批的申请表转交给数据信息科，数据信息科收到申请表后应在3个工作日内录入至进销存管理系统和精品网站并传递相关科室。

2）淘汰产品撤销。因产品更新换代停止合作的产品，供应商应按照协议产品调价表要求填写淘汰产品传真至相关科室，初审合格根据业务协调会初审定结果，待获主管领导签字认可转交至数据信息科，数据信息科在2个工作日内将产品从精品网站上撤销。

3）产品价格调整。数据信息科在收到带有相关科室负责人提报综合性评价报业务协调会审定，由主管领导批阅签字认可转交数据信息科，数据信息科应在2个工作日内将调整价格的产品更新至进销存管理系统和精品网订货系统并传递给相关科室。

（3）协议终止

在业务工作过程中，对于与集团业务合作终止的供应商，经业务协调会审定，主管领导批阅，总经理签字认可的产品撤销申请表后，数据信息科方可执行全线产品下架并以通知形式传递给各科室及集团各专卖店。

6. 财务科

财务科具体工作流程如图2-15所示。

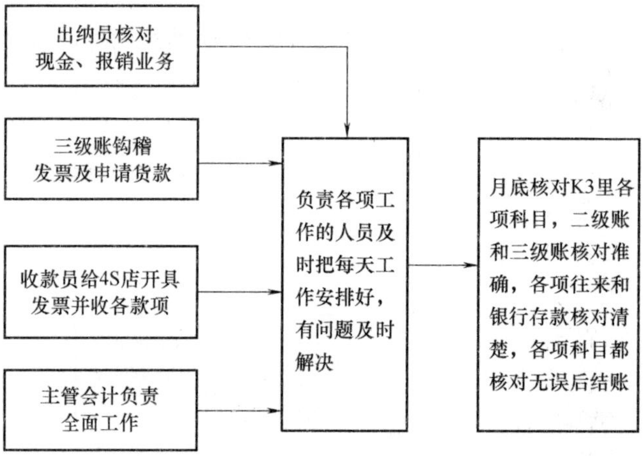

图2-15 财务工作流程图

（1）现金管理部分

1）收款员每天收到的现金要及时存入银行，备案卡资金通过网银及时转入公司账户。网银不能转款的，要在银行办公第一天存入公司账户。

2）收款员、出纳员的保险柜、抽屉不能放与公司正常经营无关的资金、存折等。

3）工资能批量发放的要通过银行转账批量发放，现金发放的工资表上要有支领人签字。工资要在3日之内发放完毕，未发放完的要转账发放。

（2）安全设施部分

1）收款室要有防盗门窗、保险柜，安装监控设施及报警器。

2）收付款行为要在有效监控内；保险柜要在监控范围内。

3）下班前要锁好保险柜并打乱密码带走钥匙。开启监控及报警装置并锁好防盗门窗。

（3）资金审批部分

1）每月账目核对科把已到发票的厂家填写资金申请单，按照资金申请单的时间先后顺序从网上资金审批，审批通过后方可汇款，如有特殊厂家急需汇款，必须报经理同意后方可先汇款。

2）工程款在未取得发票时不能先付款；要有相关的审批手续后申请资金再付款，收款人要与工程发票上的开票单位一致。

3）银行账户开立后，在三日内进行网上备案。

（4）日常账务处理部分

1）费用票据要真实、合法、规范，签字审批手续要齐全。没有履行签字手续，不能给予报销。

2）现金付款票据要加盖“现金付讫章”。银行转账的要加盖“转账付讫章”，收款票据是否加盖收款专用章。员工用票据还款的要开具收款收据。

3）记账凭证记载的金额要与附件内容金额一致，凭证上财务主管要认真审核并签字。附件要齐全（含内行收、付款单）。

4）记账凭证填制要及时，现金收付业务的记账凭证不能超三天填制。凭证要及时打印。

5）定期核对往来款项，检查是否存在长期未处理的往来，特别是大额个人借款。要及时催促还款。

6）每月结账后，记账凭证和附属凭证要及时装订。财务报表与上市报表、纳税申报表数据要一致。

（5）财务物流对账部分

1）现金要求从系统进行总账与明细核对。要在系统填制《现金盘点表》。银行存款每月引入对账单，与明细账核对。

2）固定资产总账和明细账核对，要从固定资产系统生成凭证。

3）“低值易耗品”明细账要同时结转数量和金额。

4）核对配件“库存商品”明细账和《商品收发汇总表》，检查数量和金额是否一致。

5）配件二、三级账收入和成本金额要一致。

6）财务每季度做成本调整，成本调整单要有签字手续。

7）财务每月参与配件盘点。要有纸版盘点记录，记录上财务与保管要签字。

（6）廉洁防范部分

1）严格按照总公司财务部的要求，严格自律。

2）拒收厂家礼品。实在难以拒绝的，上交办公室留存。

3）收到的配件款、会员费、团款要及时存到银行，不能公款私用。

第四节 采购管理

采购是精品业务开展的源头。如何选择品类放到下一章节去谈。这里重点讲，精品采购中的应知、须知事项，容易被忽视或普遍存在疑惑的问题。毕竟，采购是第一步。

一、采购的定义

采购是指通过交换获取物料和服务的购买行为，为企业经营在合适的时间、地点、价格获取质量、数量合适的资源。

一般意义上的采购，需要从时间绩效、品质绩效、数量绩效、效率绩效等方面，对毛利率、到货率、存销比、新品引进率、商品回转天数、应付款周转期间等指标进行考核。但对4S店的精品业务而言，相对没有那么复杂，原因是：

1）精品的产品类别虽多，但销量较高的基本就几个大项。新项目需要引进、开发，但并不是重点，常规项目、有潜力的新项目才是重点。

2）因4S店处于相对强势的一方，结账周期都由4S店掌控，商品回转天数也没有多大的考量价值。

3）因主动找4S店合作的商家比比皆是，所以想引进任何一款产品都相对容易，故而新品引进率也不应该作为主要考核指标。当然，货品奇缺，让4S店无货可卖的情况例外。一般而言，在精品业务开展的初期，这项指标可作为重点指标，但运行成熟后可以放弃。

4）4S店的精品毛利，至少在目前普遍较高，所以大家对毛利率的关注并不太高，没有将其作为一项重要的考量指标。

从实用的角度考虑，4S店最关注的，应该是产品或供应商的选择、价格和服务能力这3个因素。

二、采购流程和采购人员的选择

一套完整的采购流程应包括：①信息搜集；②询价，比价、议价；③评估；④索样；⑤决定；⑥请购，订购；⑦协调与沟通，催交；⑧进货检收，整理付款。

从上述流程中可以看到，采购员需具备一定的成本意识与价值分析能力、预测能力、表达能力、良好的人际沟通与协调能力，还要有专业知识。当然，还有更重要的一点——良好的职业道德。

采购员在日常工作中，需要制订并实施采购计划，选择供应商，控制采购数量，严控采购品质控和交货期限，做好成本控制，实施采购合同管理和采购记录管理。

由此可见，具有发散思维能力，有一定的财务基础知识，又有一定表达能力，心思缜密，并且有较高的职业道德，是对采购负责人的重要素质要求。

三、采购的基本原则

采购的基本原则：成本效益原则、质量原则、进度配合原则和公平竞争原则。

这四项原则容易理解，不用做过多解释。

对4S店而言，公平竞争是对它们自己的要求。能不能公平地给每一个厂家或供应商进入的机会，并不容易实现。对某一项竞标指标的倾斜，都可能影响竞标的结果。知易，行难。

进度配合对大多数产品、大多数供应商来说，一般都不成问题，除非是个性化的小众产品。因为4S店在选择供应商的时候，一般都能选择有规模、有实力的厂家，及时供货并不算很难实现的问题。

成本原则和质量原则是 4S 店最看重的、最需遵循的原则，也是较难掌握的原则。

四、采购成本

对很多汽贸集团的投资人而言，可能最初想到的都是集中采购，以降低成本。至于销量提升、管理水平提高，自身品牌打造，都是在集中采购的运行前提下的衍生物，或是在运行过程中发生的思想和战略转移。

有一句话说得好：对利润而言，成本降低 1 元钱，相当于销售额提升了 11 元。也难怪各个老板、董事长、投资人都对成本高度重视。

那么，什么是成本呢？怎么算合适的成本，或是合适的价格，怎么降低成本，就成为我们在这个环节关注的重点。下面列清几项要素，抽丝剥茧，或许会看得更清楚、明白。

1. 产品成本构成

产品成本由直接和间接的材料成本，直接和间接人工成本，制造费用或外包费用，管理费用、税费、利润构成。

2. 采购价格构成

产品成本的高低（或供应商成本的高低）取决于营销费用、交货的方式和条件、付款的方式和条件，还有采购量的大小。

很多 4S 店都要求自己是全国最低价，这样的愿望没有错。问题是我们有没有资格这样要求生产厂家或供应商？

我们是它的最大渠道商或最大的购买者吗？在它的全国性的销售盘子里，我们占多大的份额？

如果不是，那么我们和对方合作，能够给对方带来多大的潜在收益？是有助于其品牌影响力的提升，还是有助于其打开其他的渠道？

让不让对方压款？多长时间给结一次账？是现金还是银行承兑？

配送货的方式？退货换的方式？

还有，对方进入这个汽贸集团的采购体系后，在各个 4S 店的销量提升，容易不？顺畅不？

这样想下来，初步可以预估：我们可以争取到什么样的一个价格占位。即给我们的价格，在生产厂家全国性的市场价格体系中，是高还是低，是靠前还是靠后。

理智地分析之后，我们或许应该明白：我们要的，应该是一个合适的价格。

3. 什么是合适的价格

百度词条解释是：采购价格应以达到适当价格为最高目标，采购员必须以采购要求，根据市场行情，分析物料的质量状况和价格变动情况，选择物美价廉的物料进行购买。

这基本上是一句废话，尤其是对 4S 店的精品而言，因为没有操作性。

综合考虑供应商资质、业绩、产品质量、交货期限、付款方式、售后服务等，再选择合适的价格，是实情，但也不具备操作性。因为没有最低，只有更低。何况品牌的因素没法计量。

简单地说，在你公正、全面地汇报完你对行业的理解和认识后，你的老板认可的价格，就是合适的价格。

这里面涉及老板对精品的定位。

如果老板要做大品牌、知名的品牌，反而容易操作，因为价格相对透明，有可比性。

如果老板以采购价最低为目标，就可以不找大的品牌厂或品牌商，因为品牌越好，公司规模越大，其市场主控权越强，产品价格通常越高。只要质量达到我们的要求，生产规模能满足我们的订货需求，又有保险条款抵御质量风险，基本就可以。

最简单易行的方法就是，列出我们的产品需求，包括配置需求、服务需求等，通过多厂家报价的方式，吸收他们的意见和建议，然后进行成本分析和市场调研，从而了解第一手价格，掌控价格谈判的主动权。

4. 要求降价的时机

当销量有大幅度的提升时；当有更具竞争力的同类产品上市时；当同类产品纷纷降价时；当产品的主要或大量零部件降价达到一定幅度时；当年终或年初续签合同时等。

5. 怎样合理降低采购成本

前期需查询市场行情，了解同行业的采购价格区间，同类产品的大致价格；掌握影响成本的因素和事件。然后寻找多家厂商报价，让其互相揭短，从而了解产品优劣和价格底线。注意运用议价技巧。

五、汽贸集团采购部管理制度

1. 集团采购部管理纲要

（1）目的

目的：为了规范集团采购环节，明确各项职责关系，使采购供应过程处于有效的控制和管理状态，满足各公司的经营需要，最大可能地控制采购成本，提高效率，防止腐败。

（2）范围

1）采购部的职责范围

① 负责集团各店销售的装饰类、精品类、养护类产品的集采集供。

② 负责集团内行政采购定点管理（含设备、家具、员工服装、劳保精品、耐精品、办公耗材及主要的办公精品等）。

③ 配合新建店的配套设施、设备的采购。

④ 各供应商资质的评定与选择，集团采购供应商的控制和管理。

2）本文所介绍的制度适用于集团公司及集团内各企业。

3）岗位设置有采购部经理、商务主管、供应商主管、资产采购主管、产品主管、订单员。

4）具体组织机构设置如图2-16所示。

5）职责

① 采购部经理：负责监管所有的集采集供决定；组织本部门开展各项工作，带领本部门完成任务指标；负责年度、季度、月度营销计划的制订和落实；负责行政采购管理，新建店采购配合；行政采购供应商定点管理。

② 商务主管：负责各项数据的搜集、整理，制作相关报表并进行分析，并上报；负责提供各店经营数据，以协助经理制定月度任务；负责对各店管理规定执行情况的监控及情况反馈的搜集；负责对各店进行业务管理方面的指导及沟通；完成领导交给的各项工作。

③ 供应商主管：负责初步编制与供应商相关的各类合同，并对合同的律师审定进行跟

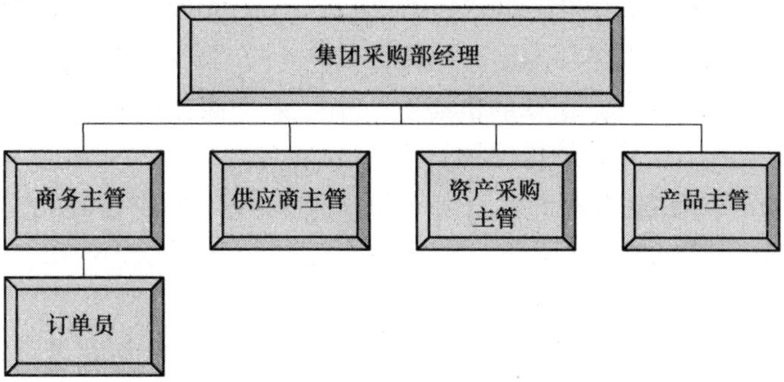

图2-16　组织机构设置

进；负责各类供应商合同的搜集与管理，并存档；负责定期对各供应商情况进行评价，并上报；负责对现有供应商同类产品的对比分析，并反馈完成领导交给的各项工作。

④ 资产采购主管：设备类采购定点管理、资产类采购定点管理、供应商考察、合同管理，协助部门经理开展相关工作。

⑤ 产品主管：负责新产品信息及供应商信息采集、市场调研、资料整理、档案建立及管理；负责新产品（电子类、改装类）安装工艺与质量情况的跟进；负责集团在用电子类产品质量稳定性的跟进及情况汇总上报；负责供应商提供的产品售后服务的跟进及情况汇总上报。

⑥ 订单管理员：负责订单搜集和制作；与供应商的各业务往来对账管理；协助本部门完成商品报价、推广、售后服务等信息的反馈；库存管理系统的使用与维护。

2. 集团汽车精品管理办法

目的：根据集团总部对集团各4S店所销售的汽车精品实行统一采购的要求，对集采集供工作进行详细描述，准确地对各店工作做出指导及要求。

（1）采购科目分类管理

1）汽车精品分类

① 一级汽车精品科目，即可以通过集团进行统一采购，并可取得优势价格的汽车精品。

a. 电子类：DVD导航、车载电脑、氙灯及氙灯总成、智能起动系统、防盗系统、倒车雷达、自动升窗器、远程起动系统、电子狗。

b. 装饰类：太阳膜、真皮座椅、下护板、地毯、挡泥板。

c. 美容养护类：抛光打蜡、封釉镀膜、底盘封塑。

d. 汽车养护品（含汽车匹配器）。

② 二级汽车精品科目，即受到地域、品种、安装等影响，不利于集团统一采购，且集采后价格优势不明显的汽车精品。

a. 精品类：汽车小精品。

b. 装饰类：地胶、后行李箱垫、后护板、门槛、排档锁、方向盘锁、防滑链、粘贴饰件等产品。

c. 改装类：动力、外观、操控改装件。

2）汽车精品供应商分类

① 一级采购供应商　提供的产品在一级汽车精品科目内，具备相应资质，由集团采购

公司与其签订《采购合同》，集团采购部集中采购、结算的供应商。

② 二级采购供应商　提供的产品在二级汽车精品科目内，具备相应资质，由各店与其签订《代销合同》，4S 店采购、结算的供应商。集团采购部负责合同备案审查，付款审批。

（2）产品采购管理

1）合同的签订。集团采购部负责与所有供应商签订《采购合同》，各店与供应商签订《代销合同》。

2）汽车精品的定价管理（即对店供货价格管理）。

① 一级汽车精品，根据产品的进货价、市场销售价，以及年度最终指标，由采购部和零件精品部共同对一级汽车精品的对店供货价格进行确定。

② 二级汽车精品，各 4S 店根据进货价、市场销售价及店内自身需要，自行对二级汽车精品价格进行确定，并报采购部和零件精品部备案。

3）汽车精品订货管理

① 一级汽车精品，各 4S 店依据集团采购部下发的一级采购供应商及产品供货价的目录，根据自身采购需求制作订单，向集团采购部下达订货通知，集团采购部对订货产品分类进行订单集成，向供应商下达订货通知；供应商完成对 4S 店配货、发货、送货、到货确认等采购需求。

② 二级汽车精品，各 4S 店依据集团采购部下发的二级采购供应商及产品供货价的目录，根据自身采购需求制作订单，向供应商下达订货通知，供应商完成配货、发货、送货、到货确认等采购需求。同时将产品订单传至集团采购部备份。具体操作方法，见附件一、流程图。

4）汽车精品销售管理

① 采购部有义务协助，集团零件精品部对各 4S 店汽车精品的销售定价及销售进度的管控；

② 生产厂家对其汽车精品未提出强制要求的，各 4S 店不得拒绝销售非原厂汽车精品。

5）汽车精品退货、换货管理

① 一级汽车精品：

a. 各 4S 店制作退换货单据，向集团采购部下退货单，集团采购部针对产品情况向供应商下达退换货通知，供应商完成换货、退货等需求。月底，集团采购部统计各 4S 店月退换货记录并汇总。

b. 集团采购部接收各 4S 店一级汽车精品的退换货周期为自采购之日起 3 个月内，如遇产品停产、退市等原因造成的退换货，退换货截止日期将以发文的形式另行通知。

② 二级汽车精品：各 4S 店制作退换货单据，向供应商下达通知，供应商针对产品情况完成换货、退货等需求，同时将退换货记录传至集团采购部备份。月底，各 4S 店提交月退换货记录汇总表至集团采购部。

6）产品的质量管理：

① 各 4S 店在日常工作中，如遇到批量的产品质量问题，需及时向采购部反馈，并填写《退换及保修记录》，对各供应商产品质量进行记录，每月月末上报采购部和零件精品部备案。

② 采购部有义务对因集采汽车精品质量问题，给各 4S 店造成的损失，在合同规定范围内，向供应商进行追溯及协调，保证各 4S 店的利益。

③ 如遇到 4S 店、采购部、供应商均不能判断汽车精品质量责任方时，以“专项支持组”的评判结果为依据。

④ 采购部根据各 4S 店反馈的各供应商产品质量，调整产品供应结构、数量，并采取相应措施，以保证在用各 4S 店的利益。

7）汽车精品付款管理

① 一级汽车精品，根据 4S 店与集团采购部确认的对账单，4S 店向集团采购部支付货款，集团采购部依据供应商提供的结算单，与供应商结算货款。

② 二级汽车精品，根据 4S 店与二级采购供应商双方确认的对账单，4S 店向集团采购部上报审批，4S 店与供应商结算货款。

③ 如遇非集采情况，需上报集团采购部专项特批。

④ 对账无误后，各 4S 店需按规定于对账当月 25 日前，完成对集团采购公司的付款，不得以任何理由拒绝付款，如遇资金问题，可暂向财务中心借款进行支付。

（3）产品的引进和退市等管理

1）汽车精品的新品上市

① 新品推荐：各 4S 店在实际工作中接触的汽车精品新品，可随时填写《供应商推荐信息表》，对采购部进行供应商推荐。

② 新品试用

a. 4S 店建议的新品，由各店上报给集团采购部，经集团采购部评定审核后，由集团采购部与新品供应商签订《试用合同》，各店方可试用新品，并做好《试用期评估报告》。

b. 集团采购部开发的新品，经集团采购部评定审核后，由集团采购部与新品供应商签订《试用合同》，各店方可试用新品，并做好《试用期评估报告》。

c. 新品引进试用期满后，根据各店上报的《试用期评估报告》，由采购部和零件精品部共同决定是否引进新品，并填写《汽车精品引进及退市报告》。

2）产品退市。所有需退市的汽车精品由集团采购部汇总各店负责人意见后，由集团采购部宣布退市，并填写《汽车精品引进及退市报告》。

3）二级产品科目及二级采购供应商升级

① 二级产品科目中具备以下条件的，集团采购部可考虑纳入一级汽车精品科目中，并将产品所属的供应商升级为一级采购供应商。

② 产品可覆盖集团大多数品牌店的需求，利润额达到一定规模。

③ 在销售期间质量稳定，价格有竞争力，售后服务良好。

④ 由集团采购部向其他特约店推荐，试用 3 个月，质量、价格及服务方面反映良好的。

3. 定点供应商管理制度

为加强集团采购公司采购管理工作，减少采购环节，降低采购成本，规范定点供应商履约行为，保证采购效益，现依据集团汽车精品管理制度的规定，制定本管理制度。

本办法所称定点供应商是指经集团采购公司考评认证，并最终确定为提供货物及服务的定点单位。

供应商进入定点及资格认证办法：

（1）供应商资格认证的要素

本行业的地位（是否为知名企业）、适合的品质、准时的交货、合理的价格、优质的服务。

（2）资格认证过程

首先根据4S店的产品需求搜集供应商信息及相关资质证明；其次成立由采购部门、技术部门、4S店相关业务部门的成员组成的评审小组，评审小组成员对各类供应商进行初审，淘汰资质相对较弱的供应商。对于初审通过的供应商，评审小组在进一步进行全面的考察和产品性能测试阶段。根据考察结果，评审小组对供应商进行最终的审核确认，由集团采购公司与供应商签订采购合同、开展业务。淘汰的供应商作为备选纳入供应商信息管理中。

（3）资格认证

资格认证内容分为企业认证和产品认证。

1）企业认证内容

a. 一般经营状况：公司成立的历史、负责人情况、注册资本额、员工人数、公司业绩、主要客户名单。

b. 制造能力：生产设备的使用年限、状况，生产能力是否已充分利用，厂房空间是否够，操作人员是否充足、工作经验。

c. 技术开发能力：有无与知名机构合作、现有产品或样品技术评估、技术人员人数及技术水平、技术流程与控制。

d. 品质能力：是否有可控的质量体系、有无通过权威部门的质量认定。

e. 管理制度：生产效率如何、订单处理流程和进度的关键人员责任、频繁配送小规模订单的能力、保持原材料库存的情况、电子订货和开具发票的信息系统是否完善。

2）产品认证内容

a. 技术：成熟的技术和工艺、有雄厚的研发和技术力量、能提供完善的售前售后服务。

b. 质量：缺陷/不合格率符合要求、产品一致性好、质量控制流程完善有效。

c. 响应速度：24小时订单确认、当天内响应紧急请求、3天内响应正常请求、24小时内提出问题的解决方案、维持适当的库存水平。

d. 交期：按时发货、包装符合要求。

（4）供应商应承担的义务

1）认真遵守国家法律、法规，遵守职业道德和行业规范，严格遵守各项财经纪律，坚决杜绝送礼、回扣、报销费用等一切不正当行为。

2）为采购单位提供的产品必须符合国家有关规定及采购单位要求。

3）严格按合同要求执行，主动接受集团采购公司监督管理。

4）及时准确地向集团采购公司提供货物和服务信息。价格变动时，应及时以书面形式向集团采购公司说明价格变动原因。

5）按时交付商品。对于通用性货物，应在三个工作日内到货完毕；特殊货物不能按时提供的，应向4S店和集团采购公司说明情况及供货日期。

6）兑现合同中承诺的售后服务。在承诺的保修期内，如产品发生质量问题，应及时解决，不得影响消费者正常使用。

7）对无集团采购公司采购订单自行发货或私自先给4S店提供商品后补报产品订单的行为所产生的后果，由定点供应商自行承担。

8）定点供应商商品价格下调而故意隐瞒不报的，一经发现除双倍扣除差价外，并将给予暂停采购定点资格处理；拒不接受处理的供应商，将取消其定点资格。

（5）供应商的年审考核

集团采购公司在合同期限内，组织人员采用年审的方式对所定点供应商进行检查和考评，对于达标的供应商，将继续为集团采购公司提供货物和服务。相反，不达标的供应商将终止采购合作。下面是具体考评内容。

1）供应商的企业背景

① 该企业的运作是否合法、规范。

② 该企业的领导人是否优秀。

③ 该企业的管理层是否高效能干。

④ 该企业的管理是否规范。

2）供应商所提供的价格。

① 是否是市场最低价。

② 是否在大批量销售的前提下能够让利。

3）付款条件：是否能接受我方提出的付款条件并能积极配合。

4）送货能力：

① 是否能准时送货。

② 是否能按量送货。

③ 是否有足够的运输条件送货。

5）合作性

① 长期合作是否融洽。

② 突发事件的处理是否配合。

③ 临时顾客的大量订单是否能够满足。

④顾客投诉的及时处理。

6）可靠性和质量保证

① 供应商是否为该商品长期稳定的供应商。

② 供应商的产品质量是否有长期保证。

③ 供应商是否有具体的售后服务措施。

7）供应商的历史表现和成长性

① 供应商过去的表现如何，名声好坏。

② 供应商的市场增长率如何。

③ 供应商是否一直在不断成长。

④ 供应商的新品开发能力如何。

⑤ 供应商的市场推广能力如何。

集团汽车精品采购流程可以参考图 2-17 所示。定点供应商管理可以参考图 2-18 所示。

六、采购管理常见问题分析

1. 怎样去开发新的供应商?

1）搜集信息。网络、展览会、朋友介绍、专业报刊杂志、供应商自荐、4S 店推荐等。

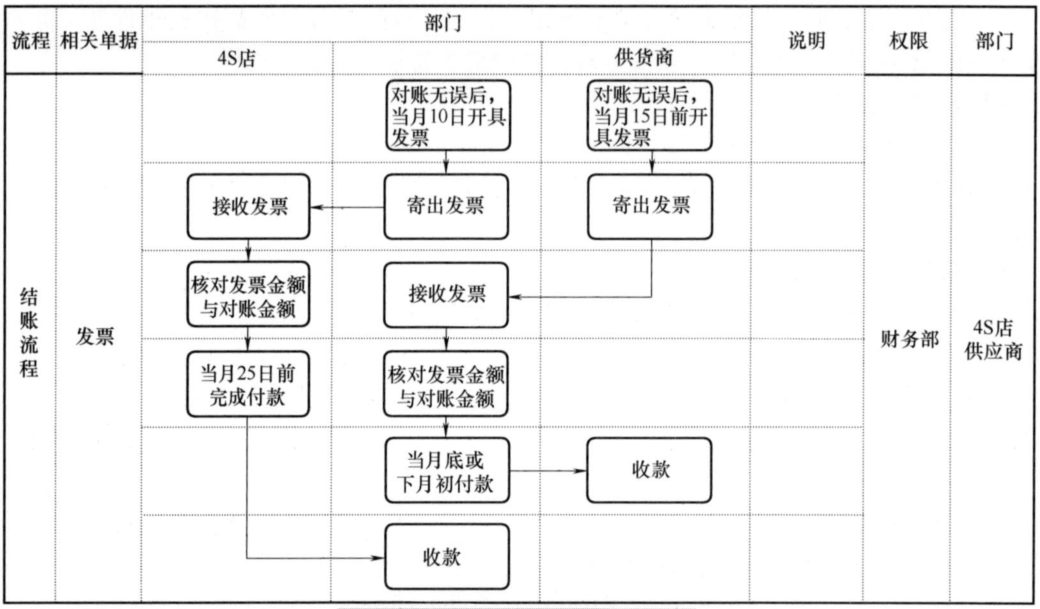

图 2-17　集团汽车精品采购流程

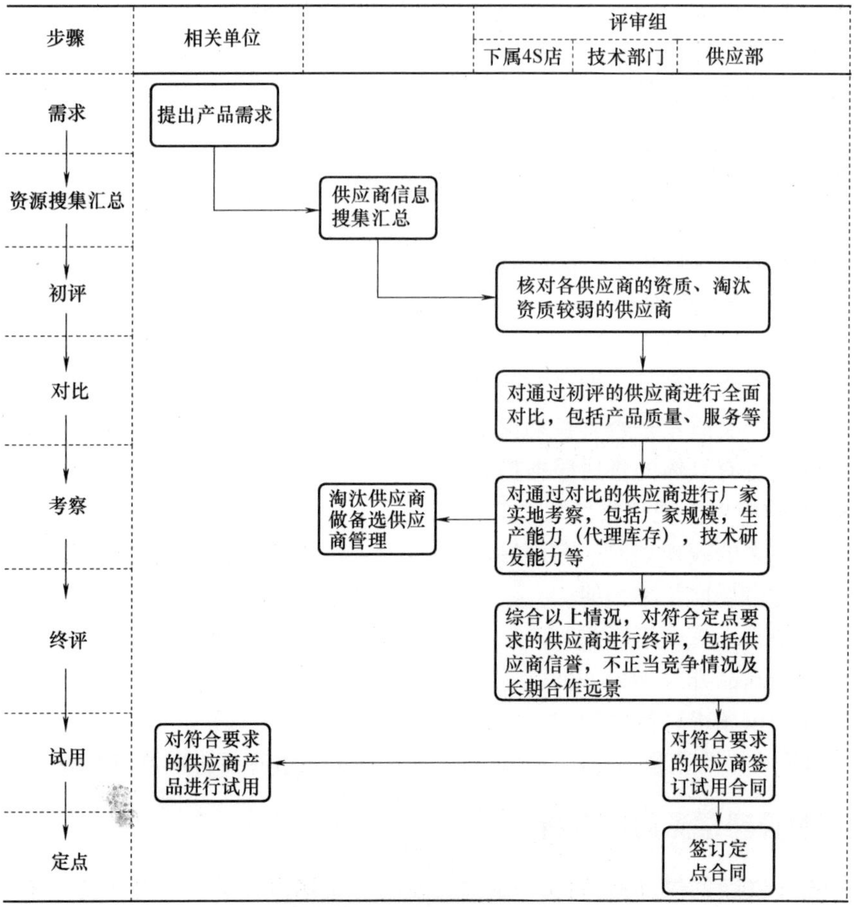

图 2-18　定点供应商管理

2）调查了解。通过实地走访、消费者调查、兄弟单位咨询等方式实施调查。

3）综合评估。

4）供应商送样。

5）如果确认合格，列入合作名录。

2. 老供应商每次报价都略高于新供应商，但沟通后又同意适当降低，对这种情况应如何处理？

1）这种情况比较普遍。同类产品只有一家供应商存在，这不是好事情。只有竞争，才能及时掌握市场信息，才能使供应商主动提供优质服务。

2）新老供应商应该有一个范围划分，避免无谓的竞争，徒然增加其服务成本。

一般来说，合作成熟的供应商应占更大的市场份额，或分配更多、更重要的店面。新供应商应有一个试用期，既是对其引进产品的试用，也是对其服务能力和市场开发能力的试用。

3）需要提醒的是，有的供应商为了前期进入4S店，可能会以损失暂时利益的方式进入，特别是有多种产品可组合搭配销售的时候。

4）如果价格一致，会对老供应商有所偏重。如果老供应商价格比新的供应商价格高，那么可以大部分从新的供应商那里采购，但仍然会维持与老供应商的供求关系。一个长期合作的供应商是一笔财富。保留两个供应商的供货资格，保留双方竞争局面的存在。

3. 采购合同的主要因素是什么？

1）数量、单价和付款方式；

2）交货地点和运输方式；

3）交货期、验货标准；

4）故障责任、赔偿方式、纠纷解决方式；

5）有效期限、签章审核。

4. 什么是采购5R管理？

合适的供应商、合适的品质、合适的时间、合适的价格、合适的数量。

需要提醒的是，这里面只有“合适”，而没有出现“最”字。

七、供应商及供应商调查样表

1. 什么是合格的供应商？

合格的供应商，一般应具备如下条件：优秀的企业领导人、高素质的管理人员、稳定的员工群体、良好的机器设备、良好的技术、良好的管理制度。

上述情况不易量化。可通过以下几方面因素进行分析：

1）公司或品牌在同业中的知名度和美誉度，以及市场占有率。

2）员工的收入待遇和团队稳定情况。

3）工厂的管理状况，固定资产中必需设备的数量和使用情况。

4）投入研发的金额和比例；集团公司或工厂高层的重视程度。

5）研发人员和销售人员的比例和文化结构。

6）合作、服务的汽贸集团的业绩：销售额度、市场占有率、各4S店的评价。

具体执行中，可通过如下两个方面进行评价：一方面是品质和价格。产品品质如何，故障率高不高，有没有卖点，有无优势，价格有无竞争力。如果定位是高端产品，品牌策划、运作能力如何，在消费者心目中的占位如何；另一方面是服务和市场开发能力。有多少人的团队，服务了多少家 4S 店，经营业绩如何，4S 店对其评价如何。

这方面因素是 4S 店最看重的。

4S 店也许不要求品牌多大，因为从某种程度上说 4S 店是淡化汽车精品产品品牌，而强调主机厂品牌的。但 4S 店最看重客户满意度，最想省心省事地挣钱，所以产品质量稳定是第一要素。

4S 店都希望有业绩，而业绩最直接的体现就是销售额。所以，有没有市场开发能力，能不能在本 4S 店和本汽贸集团打开销售障碍拼出业绩，是汽车精品采购人最看重的。因此，供应商的服务和市场运作能力是很重要的一个要素。

2. 供应商调查样表

具体调查样表见表 2-9。

表 2-9　供应商调查样表

企业名称： （盖章）					
企业地址：					
填写日期：　　年　　月　　日			企业网址：		
联系人：	联系电话：		传真：	Email 地址：	
一、企业基本情况					
总经理/电话/Email					
销售经理/电话/Email					
质量代表/电话/Email					
公司成立日期：　　年		从本行业年数：　　年		公司类别：□国有　□台资　□外资 □合资　□民营	
职工总数：	技术人员百分比：		上年度销售额：　　万元		上年度产值：
公司组织机构图（提供附件包括投资方）			公司整体运营图（提供附件）		
主要产品及产量：（请提供产品技术说明和配套主机厂说明的附件）					
序号	产品名称	上年度产量	上年度销量	配套价格	主要配套厂家
贵公司业内的竞争对手（至少 3 个）：					
二、公司研发、技术工程情况					
技术部门的功能框架图：（请提供附件）					
新产品开发周期（天）：（请针对每一类产品具体说明） 前装新产品开发 后装新产品开发					
每年的研发投入占销售收入的百分比是多少？					
内部设计软件：	□	□	□	其他：	
研发人员数量以及文化程度：		本科以上			

（续）

您是否使用 Barcode（条形码）追踪系统？ □ 否 □ 是
设备、工装情况（各类精尖、专用设备的数量、工装模具保管、配备以及试验设备情况） （请提供附件）
设备利用率：( ) 设备故障率：
三、质量体系
质量方针/政策是：
质量管理体系结构图如何？（请提供附件）
质量体系认证情况：□QS9000 □ISO9001 □VDA □TS16949
如还没有通过 TS16949，计划何时：
贵公司来料按什么标准执行： 主要指标是：
是否有质量实验室？□无 □有， 主要检验设备是（有必要请提供附件）：
是否有产品出厂检验标准（有请附件）：□无 □有
四、采购
企划部、生产部、采购部、销售部、财务部等的关系框架图（请提供附件）
所有地点的采购人员总数： 所有地点的生产供应商总数：
列出您最大的 3 家生产供应商：
您主要的生产模具来源（如非自制，请列出主要的模具生产商）：
国内采购的材料占全部材料采购的百分比是多少？
您的采购部门是否有对供应商的选择评估流程？ □否 □有
如果有，请描述一下该方案的细节：如果没有，请描述一下怎么选择供应商：（有必要请提供附件） 按 评估供应商
审计或评估供应商多久进行一次？
成本削减目标是全部采购金额的百分之多少？
五、销售（针对非 OEM 企业）
销售人员数量以及占总员工比例：
是否有出口？□否 □有 如有：出口地区占总销售比例是多少？
是否市场上有自己的品牌？□否 □有 （如有请写出品牌名称）
是否通过代理商销售？□否 □有 （如有则列出销售最大的三个地区并写出所占公司的销售比例）： 1. 2. 3. 4.

第五节 精品引进

有了管理架构，就有了人员的具体管理工作。管理什么呢？一是集中采购；二是销售业绩；三是规范运作。巧妇难为无米之炊，产品的导入，是展开汽车精品工作的第一步。

假设自己开一家街边的汽车美容或装具店，首先需要确定：我的主营项目是什么？是主打太阳膜还是主打汽车精洗美容？如果主打太阳膜这个项目，应该如何选择产品？是找高端的产品还是中低端的产品？我如果没有技术工人，这个太阳膜厂家是否提供技术培训？我以前没有从事过相关行业，这个厂家提供解决问题的思路和方案吗；他们会用心地扶持我这个店直至运行正常甚至良好吗？

这个思考的过程，其实就是我们如何选择产品的过程。

一、如何选择产品

4S店需要的产品种类繁多，有调研机构统计结果表明，说有成百上千种、几万件产品。单说太阳膜品牌而言，除了威固、优玛、雷朋、量子等知名品牌外，市面上销售的良莠不齐的品牌仍有近千个，面临这种现状，我们应该具备怎样的慧眼和心智，才能选择到自己中意的、能够使自己集团公司效益最大化的产品呢？

1. 遵循二八原理

在管理界有一个著名的二八原理。就是说，我们将80%的时间、精力、财力，应该用在20%的产品、项目或客户身上，并由这20%的产品、项目或客户，给我们带来80%的收益。在我们的精品采购和精品推动上，完全可以借鉴此理论，将自已从浩大的产品世界中解放出来，轻装上阵，并速有成效。

2. 确定主营项目

表2-10是一份调查表格，体现了4S店精品主要赢利项目。

表2-10 4S店精品主要赢利项目

赢利项目排序	产品	4S店选择比例
第1位	汽车影音导航	91%
第2位	防爆太阳膜	86%
第3位	防盗装置	54%
第4位	一键启动系统	54%
第5位	汽车真皮座椅	53%
第6位	倒车雷达	47%
第7位	氙气大灯系统	33%
第8位	汽车座套	33%
第9位	GPS系统	32%
第10位	底盘装甲	29%

上述表格中的项目排序靠前的，就是我们应该优先选择的产品项目。

那么选择率的高低代表什么？选择率越高，说明这类产品越畅销；反之，就越不畅销。

选择比例在 50% 以上的，就是传说中的热销产品；选择比例在 50% ~ 40% 之间的，是畅销产品，还比较好卖的产品；选择比例在 40% ~ 20% 之间的，是常规性产品；选择比例在 20% 以下的，是冷门产品，没有多少 4S 店想去卖它们。那么 4S 店应该去思考的是，我们选择这一类产品来卖，而不选择另一类产品的根本依据是什么？答案肯定是高销售额或是高利润。当然也有借助一些大品牌入驻，提升人气或档次的，但不是主要考虑因素。

上述表格中的项目，不一定真正能代表中国的市场上真正的产品排序，因为任何一次调查都不可能完全囊括全部，更不可能代表每一个集团公司。

具体到某一个集团公司，可以让自己旗下的各 4S 店，把上一季度、前二季度的业绩分类、分项上报，汇总后根据销售额排序，即可得出自己的真实情况。

经营的项目基本确定了，产品又该怎么选择呢？

二、产品选择的原则

1）产品应少而精。所谓精品，就是因其少才能称之为精，不是多多益善。多与少的界定，一般是根据展厅面积、销售额大小而定，避免给顾客产品稀缺的感觉。

2）应大多是包含施工服务的产品。

3）既有品牌价值，又能和其传统渠道的产品有区别的品牌产品，此所谓差异化。

4）与所经销的车型档次、级别相匹配。

如奥迪车的 4S 店里常常看见低档、非常便宜的香水，在一些奇瑞和捷达的 4S 店里看见 2 000 ~ 3 000 元的冰丝凉垫和毛垫等，与整车的定位不符合，这样会使高定位的汽车精品在 4S 店很难实现销售，定位过低的汽车精品又会损伤 4S 店的整体形象和档次。

三、选择产品的渠道、途径和方式

1）集团公司旗下的各 4S 店正在使用或试用的“4S 店精品主要赢利项目表”推荐的产品。如果有一定数量，而且质量、品牌不错，应优先择之而用。因为这样可减少各 4S 店的抵触情绪，有利于业绩的迅速提升。

2）已经树立起消费者品牌，或是行业品牌的产品。这些产品因其有一定的知名度和美誉度，便于 4S 店的使用和销售推广。

3）其他集团公司集中反映不错的产品，应纳入考虑范畴；

4）精品生产厂家或当地代理商、服务商自荐上门推荐的产品。

四、对哪类产品实行集中采购

1）表格中所列的几大项产品，都应该纳入到集中管理，并且随着管理的逐步纳入正轨，和管理水平的逐步成熟，其范围应该继续扩大。

其原则是，只要是销售金额比较大、有共性的产品，都应该纳入到集中采购管理的范畴。所以，那些机修养护精品、机油、油漆及辅料等，均应纳入其中。

2）销售额比较小、采购量不大的产品，可由各 4S 店以审批单的形式上报，集团公司精品部门原则上在 24h 内答复，经批准后方可予以采购。

五、产品导入的基本考量

1）该类产品在中国市场上的销售状况如何？在4S店集团所占的比重高低？

2）该类产品的前三个品牌是什么？在整个产业中所占的比重大小？

3）计划导入引进的产品是不是行业前三甲？其优缺点在哪里？

4）其他兄弟集团公司有没有开展这项业务？他们如何评价这项业务？

5）其他兄弟集团是否知道该产品，评价如何？有没有负面的评价或影响？

6）该产品生产厂家去年的销售额如何？如果是生产企业，有没有自我研发能力？

7）该产品是否需要售后服务？售后服务团队配置如何？

8）该产品生产厂家，是否有相应的生产资质，或相关认证？

9）该产品生产厂家合作的集团公司分别有哪几个？择其要者，了解其4S店集团化公司的运作、服务能力。

六、做好4S店的精品定位

定位，是任何一项工作开始之前，或在工作进行中随时思考、以便调整的一件大事，它事关工作的方向和走向，影响我们对工作的措施和方法，直至影响工作结果。

我们做精品也是一样，需要定位清晰，以便方向明确，使行动围绕目的而服务，以免做无用功，甚至南辕北辙。

1）对象定位：我们服务的群体——车主，是高端消费群体，还是低端消费群体？

2）高度定位：我们是卖奢侈品，卖高端货，还是卖低价货？我们是在相当于北京的燕莎、赛特，还是家乐福超市，还是街边店？

3）业务模式定位1：精品业务是独立的重点业务，还是整车销售的附属？

4）业务模式定位2：我们是以赠送为主还是销售为主？所售产品要不要提供安装、售后服务？

如果定位清晰、上下取得共识，一些矛盾或许将不会发生。我们如果定位低端，就不会和高端产品比利润率；如果定位高端，就不会和低端比销量，不会和低端比价格。

无论怎么定位，都应该围绕自己的车型而定，和车型级别相符；都应该以利润为现实目标，以打造自己的汽贸集团公司的品牌美誉度为最终目标。

七、精品定位常见问题分析

1）4S店在产品选择上最大的错误：不怕价格最低，只要更低，一味地向低价看齐；不看和自己车型是否相匹配，甚至是只要不掏现钱，让其代卖，随便什么产品都可以进。

① 分析：

a. 4S店是和所售的汽车品牌联系在一起的，所以所售精品应和车的档次相对应。

b. 如果一味地比低价，我们比得过街边的夫妻店吗？我们高昂的运营成本使自己永远不可能在价格上占优势，只能从品牌、从服务、从技术上找优势。

c. 引进一个低廉的产品，会降低和它摆放在一起的所有产品的档次。

我们追求的应该是利润额，而不是利润率。10块钱的香水，100%的利润也只是赚了10块钱；3000元的太阳膜，即使只是30%的利润，也有900元。

② 建议：

a. 引进产品，应遵循品牌、质量、价格的顺序。

b. 考查一个项目或产品，应考虑到其运作的可续性。

2）不愿意引进需要施工的产品，担心没技师，担心技师技术不佳，担心售后客户找麻烦。

① 分析：

a. 虽然我们一直在说“差异化产品”，但在产品同质化的年代，去哪里找差异化？产品基本上都是大同小异，所以难卖高价，而不卖高价又因4S店运营成本高而难以维持。

b. 在网店盛行的年代，价格已近透明，年轻的一代动手能力又强，更愿意寻根问底，愿意DIY，所以只有需要服务的产品，才能使其不得不到店里施工。

c. 服务无价。即使是简单的男人理发，在同一家店里由不同的人操作其要价也是大不相同：技师要价10元，高级技师要价30元，最优秀的一级可能要价100元。这是服务的价值，个人品牌的价值。

d. 做什么没有麻烦？我们售车、修车，就不担心车辆出现问题引起客户投诉吗？我们喝水，不是也有呛着的时候嘛，那为什么还要喝？因为喝水呛着的概率太小了，而喝水的益处又让我们值得去这么做。

② 建议：

a. 施工服务，其实是最大的差异化。

b. 可以将店里的技师按照水平的高低，人为地分类从而定出不同的收费标准，既提高了收费，又培养了技师的积极性和荣誉感。

c. 是否值得去做，根据风险概率的大小和利弊得失的轻重去判断。

3）想一下子找到产品的源头，直接从国外进口，或是自己建立工厂。

① 分析：

a. 独立做，我们是否具备这个能力？品牌打造的能力，团队服务的能力。

b. 我们这个汽贸集团公司，到底有多大的品牌价值和美誉度？

c. 我们自己做的产品，和现在已经做的市场上成熟的品牌产品，有多大的差距？这个差距是否可以跨越？我们有没有预估过客户对我们的产品的认可度？

d. 在做决定之前，我们是否充分考虑了机会、风险、资金和管理的成本？比如说：自己需要承担的占款的压力，自己服务团队的培养和建立，其时间、人工和机会成本，以及由此带来的无处可转嫁的风险成本？还有库房、运输费等等。

e. 国美和沃尔玛，比我们这个汽贸集团在各自行业的影响力和话语权如何？为什么看不到“国美”牌、“沃尔玛”电器呢？

② 建议：

a. 术业有专攻。专业人做专业的事。

b. 钱是赚不完的，做好生意链上我们这个环节的事，将其做精做细，已经足够骄傲。

c. 如果将这些产品，以市场化的方式运作，即集团公司不保护它，不指定4S店使用它，或许可打造出真正的品牌。

d. 如果坚持要做，应从不涉及安全性能的、没有太大技术含量的产品做起。

e. 有品牌运作能力，又有一定的知名度和美誉度的汽贸集团，可以试行独立品牌运作。

4）总想让产品琳琅满目，多多益善。

① 分析：

a. 客户有多大的接受度？对一个车主而言，其车上加装的金额是有限度的。比如海马H2车型，加到1万元之后，再加到1.5万元可能就很困难。

b. 我们有多少推销的时间？新车推销，40min；导航，20min；太阳膜，30min……保险、延保、会员卡等业务，还上不上前向客户推销？

c. 太多的产品，占压货款。

d. 占用展示空间，占用库房空间。

e. 4S店的销售员很难掌握太多的精品知识，增加其销售时的心理压力和工作难度。

f. 增加4S店对产品和供应商的管理难度。

② 建议：

a. 产品可以适当丰富，毕竟多一个产品，就会让客户多一份选择。只是说，不建议让产品极大丰富，尤其是同类产品，不宜引进更多品牌。

b. 每季度整理数据，看新引进的品类的销售额的增长情况，或许可以得到启发。

c. 重申：所谓精品，就是少而精。多，则泛滥成俗品。

八、集团精品自采审批单

集团精品自采审批单见表2-11。

表2-11 ×××集团精品自采审批单

单位： 经办人： 联系电话： 传真号码： 报审时间：

产品审核								供应商资质审核				
序列	产品名称	规格型号	数量	单位	单价	金额	本次报审原因	供应商	纳税资格	结算方式	联系人	联系电话
1												
2												
3												
4												
合计金额	大写： 万 千 百 拾 圆 角；¥：											
申请单位意见： 经理意见： 单位公章：			业务科意见：						管理部批复： 年 月 日			

（续）

审批之前请仔细阅读下述须知	
审批须知	1. “单位”栏只需填写“区域+品牌”式的简写，例如“北京××店”； 2. “纳税资格”指是否能够开具17%税率的增值税发票； 3. 只限小精品类产品审批，其价格质量和售后均由店内自行审核； 4. 审批单金额按月汇总，审批金额不超过精品采购总额的8%； 5. 各专卖店须如实填写本次审批原因，以便精品部核实； 6. 申请单位意见须由店长签字并加盖公章方可有效； 7. 请严格按照审批单所列商品采购，并将发票附后，以便核查； 8. 先审批后采购，严禁先采后批（四大类产品严禁审批）。

九、精品合作协议书范本

下面介绍的是集团精品具体的合作协议范本，可供参考借鉴。

合作协议书

协议编号：×××××

签订地：×××××

甲方：A集团精品管理公司

乙方：××××××××××

甲乙双方本着“公平、自愿”的原则，经友好协商，甲方同意乙方就×××××品牌的×××产品，在甲方指定区域内的乘用车经营单位开展推广、销售及售后服务工作。乙方作为本协议指定销售区域内的销售商，与甲方达成如下一致意见，双方共同遵守履行。

一、本协议所指产品的名称

产品品牌：×××××

产品名称：×××××

二、本协议所指销售区域

甲方授权乙方产品的销售区域为：甲方所属经营单位。

三、本协议所指产品的价格

详见本协议附件五：产品价格表。

1. 乙方向甲方承诺，附件五所列示的产品价格，为该等产品在中国区域内所有购销渠道中的最低供货价。

（1）如甲方有证据证明乙方的全部或部分产品的最低供货价低于附件五所列示的产品价格，则乙方应向甲方支付赔偿金，同时甲方有权无条件立即终止本协议。该等证明的取得方式可为互联网查询、同行业咨询、明查暗访等各种渠道。

（2）前述赔偿金的计算方法为：附件五所列示的产品价格减去甲方证明的该等产品的最低供货价后的差额，乘以乙方向甲方及其相关经营单位供应该等产品的全部供货量，结果再乘以3倍。

（3）就前述赔偿金，甲方有权在应付乙方的货款和产品质量保证金中直接扣除。

2. 本协议附件五中经双方确定后的产品专卖店价格，其定义为协议期限内乙方向甲方指定区域推广、销售的终端价格。

3. 乙方的任何价格变动必须以书面的形式通知甲方，并加盖公章。

4. 若由于乙方产品主要原材料、人工成本市场价格降低20%以上，乙方应于市场价格降低后一周内（7个工作日）内调低价格。如果成本价属于降价的调整，乙方应当以甲方的当日库存（包括价格调整前的在途送货量）为基础补偿。调价库存若乙方尚未开具发票，补偿金额在开具发票时调低单价来补偿；若已开具发票，甲方提供折让申请单，乙方开具红字发票，甲方据红字发票冲应付账款。

5. 如果乙方要求涨价性的调整应向甲方提供相关调价依据，经双方确认后价格于确认时间的次月执行。供应商在价格变动之前不得限制甲方的订货数量。

四、订供货流程

1. 双方以××精品网（www. ****. com）为订供货平台，乙方以书面形式向甲方申请用户账号，甲方为乙方提供技术指导。

2. 乙方对订货单有异议，应在一日内告知甲方，否则视为可以供货，因供货延迟造成的损失全部由乙方负责。

3. 乙方在未接到甲方的订货单之前，不得随意向甲方所属经营单位铺货。对于乙方擅自发往甲方所属单位的货物甲方不予认可，由此而导致的不能及时结算货款的责任与甲方无关。

4. 甲方发现到货产品因乙方发货错误、运输损坏、质量残次，乙方应予以调换，产生的运输费用由乙方承担。

五、运输及验收

1. 乙方确保在收到甲方订货单后7个工作日内将产品发货至甲方指定接货地点；乙方承担因不能按时到货或因乙方原因发错货给甲方造成的损失（不可抗拒因素导致的货物延迟，不在此范围内）。

2. 交货方法：所有产品运费都由乙方承担。乙方须送货到店，甲方（4S店或网点）验收合格并签收后方视为交货成功。

3. 乙方应在发货当日，按照×××精品网操作流程点击发货。

4. 产品包装按厂家出厂标准包装，包装物不计价，不回收。

5. 如甲方发现并有证据证明乙方发货产品以次充好、假冒伪劣或与协议规定产品的材质、价格、品牌、包装等情况不符，甲方有权罚没乙方全部货款及产品质量保证金，同时乙方应向甲方交纳产品赔偿金，且甲方有权无条件立即终止本协议。

6. 赔偿金的计算方法为：乙方向甲方及其相关经营单位供应该等产品的全部供货量乘以协议产品供货结算单价后，结果再乘以5倍。

六、结算流程

1. 双方从供货起始日的次月7～15日对账，对账范围为上月1～31日甲方确认收到的无异议的产品，双方核对账目无误后，乙方以本协议所附报价单中的结算单价为开票单价开具增值税发票。甲方按结算总金额给乙方结算，结算总金额与进店总金额的差额留作甲方的管理费用，由甲方享有。

2. 乙方必须每月按时与甲方核对账目，并在核对完毕之日起5个工作日内将发票送达甲方，如乙方不按时限开具发票并无合理解释，甲方有权从当月乙方结算款项中扣除17%的税点弥补进项差额。供货后超过12个月乙方未对账或未开具增值税发票，甲方有权酌情扣减该笔货款。

3. 甲方在收到乙方按实际结算金额开具的增值税发票之日起5个工作日内向乙方在本协议中指定的银行账户汇兑。

4. 甲方北京地区增值税开票信息为：（略）

乙方按以上账户信息开具增值税发票，如有变更，甲方应提前10天通知乙方。

七、三包维修及产品售后问题的纠纷处理

1. 乙方严格按产品三包规定承担售后服务工作。

2. 因产品质量和产品安装等原因给甲方各经营单位的终端客户造成的损失及连带损失由乙方负全部责任。

3. 乙方须自行完善服务热线解决售后问题，积极主动地处理客户投诉，不得给甲方所属经营单位造成不良影响。

4. 如发生售后问题，属于产品问题，乙方未积极处理，甲方有权先滞留当月货款解决问题，多退少补。

5. 甲、乙双方约定，双方停止合作后甲方滞留乙方上月款项的50%作为产品质量保证金，于最后一批采购货物结算始计（以订单日期为准）三包期满后根据产品返修率、售后服务投诉等情况开始退还乙方。乙方在退保证金时需持有甲方开具的保证金收据原件。

八、双方的权利和义务

1. 甲方权利

（1）有审核乙方产品协议价格的权利，对乙方出现的虚报价格的行为有追索的权利；

（2）甲方有对乙方超范围、跨区域经营等违规行为进行处置的权利；

（3）有搜集乙方市场调查、广告宣传材料、销售工作总结的权力；

（4）享有对乙方产品的质量问题反馈权和新品开发进度的知情权；

（5）甲方享有免费样品展示的权利，即合作期内，甲方所属精品展厅可要求乙方提供1~5套产品样品，展示期满或协议终止，样品退回乙方，甲方不承担任何费用；

（6）对于乙方在市场推广过程中向各级负责人及业务员行贿、各种形式的返利等的行为严厉制止，经检查发现违规当即解除本协议。情节恶劣的追究相关人员的法律责任。

2. 甲方义务

（1）为维护乙方区域销售权益，甲方不得通过其他渠道向乙方销售区域内的任何单位或个人销售产品；

（2）负责提供乙方正常销售所需的相关文件；

（3）协助乙方对终端销售网络进行包装和维护；

（4）指导促销活动方案和召集必要的工作会议。

3. 乙方权利

（1）享有本协议规定区域内的产品销售权利及要求甲方对此权利进行保护的权利；

（2）保障向甲方提供合格产品及包装，并按时发货；

（3）本协议签署之前，乙方须向甲方提供营业执照副本复印件一份、企业组织机构代码证复印件一份、税务登记证书复印件一份、企业认证资料复印件及本协议所指产品的相关质量检测报告复印件等资料。

4. 乙方义务

(1) 维护甲方及甲方指定销售区域内的营销政策等其他资料的保密规定；

(2) 负责本区域内产品销售业务的调查和上报，阶段性地总结销售方案报送甲方，在甲方指导下，做好销售区域内的促销活动和市场推广工作；

(3) 乙方在各种促销活动实施之前，应提前向甲方报备，得到批准后方可执行；

(4) 不得在本协议指定销售范围之外推广产品，不得用其他厂商的产品换上本协议约定的商标或包装进行出售；

(5) 乙方积极主动配合甲方精品展厅的样品展示工作；

(6) 乙方联系电话、地址变更，应及时通知甲方，如2个月内甲方无法按原联系方式联系到乙方，而乙方又未通知甲方新的联系方式，本协议自行作废。

九、协议有效期

本协议一式二份，甲乙双方各执一份，自双方签字盖章后生效，有效期壹年，即××××年××月××日至××××年××月××日，双方在合同期满后需继续合作的，可另行续签。协议期内，若甲方对本协议所指同类产品定量采购进行招标，乙方竞标失败，本协议自行作废。若协议一方未履行协议条款，另一方有权随时终止本协议。

十、未尽事宜

凡因执行本协议而引起的一切争议，应由双方协商解决，如制定补充协议，其与本协议具有同等的法律效力。协商不成可向本协议签订地人民法院诉讼裁决。

附件一：法定代表人授权书

附件二：甲乙双方联络表

附件三：专利、商标责任承诺书

附件四：售后服务承诺

附件五：产品价格表

甲方：（盖章）	乙方：（盖章）
甲方代表签名： 签定日期：××××年××月××日 开户行：××××× 账号：×××××××××× 地址：×××××××××× 电话：××××××××××	甲方代表签名： 签定日期：××××年××月××日 开户行：××××× 账号：×××××××××× 地址：×××××××××× 电话：××××××××××

附件一：法定代表人授权书

（法人代表直接签署协议的，需将职务、联系方式等信息填写完整）

××××××××××××公司：

兹______________（投标单位全称）法人代表________授权我公司________（全权代表姓名），身份证号：________________，代表我公司签署合作协议。代理人在合同谈判及签订过程中所签署的一切文件和处理与之有关的一切事务，我均予以承认。代理人无转委权。

特此委托。

代理人身份证复印件正反面

乙方（盖章）：
法定代表人（签字、盖章）：
日期：

附：全权代表姓名（签字）：
职　　务：
地　　址：
电　　话：
传　　真：
手　　机：

附件二：乙方联络表

总经理		电话		
业务人员		电话		
固定电话		公司传真		
财务人员		电话		

乙方签章：
乙方代表人签字：

甲方联络表：（略）

附件三：专利、商标责任承诺书

××××××××××××××××公司：

我方承诺本协议所有产品均取得合法的专利、商标等资质，因产品专利、商标等问题造成的纠纷与贵公司无关，一切后果由我公司承担。

特此证明

乙方签章：
乙方代表人签字：
日期：

附件四：售后服务承诺

××××××××××××××××××公司：

我方对本公司产品售后服务做出以下承诺：

一、产品三包期

不低于国家对于该类产品规定的最低三包期限；质保期内有关于产品质量引发的费用，由我公司承担。超出保修期的产品，或者是自然环境造成的我方免费提供维修，维修所用的材料和配件均只收成本价。但却因该类产品存在自身质量缺陷的原因除外，在该等情形下，无论是否超出三包期限，我公司将无偿提供退换服务。

二、质量保证承诺

我公司承诺对所销售的产品均已经过国家对于该类产品的质量合格检验认证，符合国家、行业及产品说明书上的合格标准和使用标准。

如因产品质量问题和产品安装问题等原因给贵公司各经营单位的终端客户造成的损失（包括产品自身损失以及由此导致的产品以外的客户或第三方财产及人身损害）及连带损失由我公司负全部责任。

如因产品质量问题和产品安装问题等原因给贵公司所售车辆造成损害，导致汽车生产厂家对车辆不能办理三包索赔，由此导致的客户退换车以及主张的其他经济损失的，由我公司承担赔偿责任。如由此给贵公司造成经济损失，我公司负责赔偿贵公司。

三、服务响应：我公司承诺所有维修人员随叫随到，更好地为客户排忧解难。所有有关产品质量投诉，在1h内给予答复，24h内赶到现场，并根据投诉的情况确定处理措施，对出现的任何问题必须在最短的时间内赶到现场，进行维修和更换。超时或处理不当将按每次200元罚款处理（从货款扣除）。

四、供货及时性、保障性、如出现规定期间不到货（无当理由的）每次将按1 000元罚款（从货款扣除）。所有货物7个工作日内免费运送到专卖店，对于个别偏远地区的销售单位（无物流公司或距离物流公司较远的）协调最近的物流公司发放货物。

乙方签章：

乙方代表人签字：

日期：

附件五：产品价格表

（略）

十、招标文件范本

下面介绍集团精品具体的招标文件范本，可供参考借鉴。

第一部分　招 标 邀 请

________________________公司：

A汽贸集团股份有限公司遵循公开、公平、公正的原则，现对2013年度汽车养护精品采购项目进行公开邀请招标。请参加投标的公司仔细阅读招标文件，并按要求提供有关信息。

1. 招标编号：________________
2. 项目名称：汽车清洗养护产品
3. 合作时间：一年整（每年12月份招标）
4. 项目种类

（1）燃油进气系统清洗保养
（2）润滑系统清洗保养
（3）冷却系统清洗保养
（4）制动系统清洗保养
（5）传动系统清洗保养
（6）动力转向系统清洗保养
（7）排气系统清洗保养
（8）空调系统清洗保养
（9）柴油发动机清洗保养
（10）其他部件清洗保养

5. 招标文件发放时间、地点

招标文件将于2012年11月25日上午9时在精品管理公司产品引进科发放。邀标函收到并确认后，请于11月26日上午9时前回传竞标函（格式见附件一），并确认产品销售网点。对于同时竞争两个及以上规格档次的公司，请分别提报相关系列的销售网点。我公司将不定时、不定点购买、封存竞标公司产品作为样品进行第三方检测或实地评比。不同竞标项目，第三方检测或实地评比分别进行。

6. 投标截止日期

请于____________时前将投标文件（报价除外）递交到精品管理公司。地址：____________联系人：__________联系电话：__________。

报价报送时间：____________报送地址：在现场评标的当天或提前一天，送至会场监察部或相关监督人手中。逾期递交或不符合规定的投标文件恕不接受。

7. 开标日期、地点

2012年12月1日10时在X楼Y层会议室。

8. 联系地址、人员

招标单位：A汽贸集团股份有限公司精品管理公司

办公地址：________________________

联系人：__________　　电话：__________

传真：__________　　邮箱：__________

第二部分 投标方须知

1. 投标方资质范围

1.1 投标人必须为汽车清洗养护产品的生产厂、进口分装厂家或国外原装进口中国总代理。

1.2 上述系列种类产品齐全。

1.3 具备一般纳税人资质，可开具增值税专用发票。

1.4 生产厂或进口分装厂必须通过ISO9001质量管理体系认证。

1.5 生产厂或进口分装厂具备危险品生产许可证。

1.6 国外原装进口中国总代理，具备授权证明和产品原产地证明，全系产品2012年进口报关单。

2. 投标委托

如投标人代表不是法定代表人，须持《法定代表人授权书》（投标格式附件二[1]）

3. 投标种类

本次招标分高端、中端、低端车型三个规格系列分别竞标。竞标方可根据自身实力，选择适合的规格系列进行投标。

投标种类		来源渠道	注册资本	
			生产厂	中国总代理
高端	A、B类车型	国外原装进口		800万元以上
中端	C类车型	国外进口分装或国产	1 000万元以上	
低端	D类车型、微面车型	国产	300万元以上	

注：来源渠道申请参加项目可以向下申报，即高端产品可参报低端车型，低端产品不可参报高端车型。

车型分类明细：（略）

4. 投标种类提报

如竞标方旗下多个产品系列满足投标种类，请明确参加竞标的系列种类。同时提报产品来源证明或检测证明，区分两者高低性能，如无明确证明，我方仅选择价格较低的产品种类参加竞标。

5. 投标保证金及投标费用

5.1　为保证投标方对整个投标过程负责，投标方需缴纳竞标保证金人民币__________。交款方式：__________，联系人：__________，联系电话：__________。

5.2　本公司财务部收取竞标人保证金后当场开具收据给投标人，投标人获得收据后须将收据复印件按竞标文件要求粘贴在竞标文件中（格式见附件三[2]）。

5.3　对未按本招标文件要求交纳竞标保证金的投标文件，本公司将拒绝接收。

5.4　投标费用

投标人自行承担所有与参加投标活动有关的全部费用，对于招标样品进行第三方检测的，检测费用由招标方暂替支付，竞标结束后，将实际检测费用扣除，且投标方未违反其他投标规定，将剩余的竞标保证金退回各投标方。多退少补。

5.5　未成交投标人投标保证金，将在中标结果公布后5个工作日内予以退还，不计利息，且扣除第三方检测费用。多退少补。（未成交投标人请妥善保管本公司财务部开具的收款收据，并及时将收款收据交回本公司财务部，以便办理退款）。

5.6　履约保证金

5.6.1　履约保证金由成交投标方所提交的竞标保证金自动转成。否则，不予签订合同。

5.6.2　履约保证金在成交投标方完成履约责任后（即交货验收合格，手续齐全且合同期满后），该款由本公司如数退还（不计利息）。如成交投标方不按双方签订的合同规定全面履约，则对其全部履约保证金不予退还，履约保证金不足以赔偿损失的，从未结账款中抵补，仍有不足部分再行追偿。

[1] 本书未附。

[2] 本书未附。

5.6.3　在履约保证金退还日期前，若成交投标方的开户名称、开户银行、账号有变动的，应以书面形式通知本公司，否则由此产生的后果由成交供应商自负。

6. 投标文件的填写

6.1　竞标人应认真阅读招标文件，按照招标文件的要求编制竞标文件。竞标文件应对招标文件提出的要求和条件作出实质性响应。

6.2　对招标文件提出的实质性要求和条件作出响应是指竞标人必须对招标文件中涉及项目的价格、数量、售后服务及其他要求、合同主要条款等内容作出响应。

6.3　竞标人的竞标文件以及竞标人与本公司的所有来往的函件统一使用中文（另有规定的除外）。

6.4　竞标文件中使用的计量单位除招标文件中有特殊规定外，一律使用法定计量单位。

6.5　竞标文件书写及签名、盖章要求：

6.5.1　竞标文件正本必须用不褪色的墨水书写或打印，否则其竞标无效。

6.5.2　字迹潦草、表达不清或未按要求填写的竞标文件可能将被认定为无效的竞标。

6.5.3　竞标文件应由法定代表人或委托代理人在凡规定签章处逐一签名和盖公章。

6.5.4　竞标文件的份数：正本1份，副本10份，共11份。并在每份文件右上角注明“正本”、“副本”字样，一旦正本和副本不符，以正本为准。

7. 投标文件的目录，按照顺序装订，不包含报价表

7.1　竞标函。

7.2　投标企业销售网点。

7.3　投标保证金收据。

7.4　法定代表人授权书。

7.5　生产厂家或全国总代实力介绍：

7.5.1　产品产地，生产或进入中国时间；

7.5.2　生产、研发、服务能力；

7.5.3　合作汽贸集团名单或与整车厂合作名录；

7.5.4　去年和今年销量等体现公司或产品实力的介绍。

7.6　今年1～10月份的资产负债报表和损益表（盖单位财务章和国税局章）。

7.7　营业执照副本（副本复印件）。

7.8　税务登记证明（副本复印件）。

7.9　组织机构代码证（副本复印件）。

7.10　生产厂或进口分装厂必须通过ISO9001质量管理体系认证。

7.11　国内生产厂或分装厂的危险品生产许可证（复印件）或原装进口产品代理授权证明。

7.12　进口分装和原装进口的产品原产地证明、全系列产品2012年进口报关单。

7.13　产品注册商标。

7.14　市级以上单位出具产品检测认证书或产品理化指标检测证明。

7.15　购买产品责任保险的提供保险合同文本。

7.16　如有合作车厂，提供合同或相关证明。

7.17　售后服务承诺（格式见附件四[⊖]）。

8. 投标报价表（格式见附件五[⊖]）

8.1　报价单打印一份签字盖章，同时提供电子版，存放在U盘中，提前对U盘格式化，保证无病毒，与盖章报价单一致，单独密封。在现场评标的当天或提前一天，送至会场监察部或相关监督人手中。

8.2　报价表请严格按照招标方提供的格式填写。

8.3　所有投标均以人民币报价。

8.4　投标报价应是产品包括增值税票、送货上门的最终报价。

8.5　未经考验的新产品、试制品不能参加投标。

8.6　投标报价为一次性报价，最低报价不能作为中标的保证。

8.7　产品配套设备为中标方免费提供（价格包含在产品报价之内），满足各店使用需要为准。

8.8　投标价格必须是投标单位能够供给招标单位的实际供货价格，不得恶意投标，若中标后不能按中标价、中标规格、中标样品供货，招标单位有权取消其所有中标产品的中标资格。

9. 投标有效期

9.1　投标文件从开标之日起，投标有效期为30天。

9.2　特殊情况下，本公司可与竞标人协商延长竞标文件的有效期。

10. 投标文件的密封与标记

10.1　投标方应将投标文件正本和副本分别用信封密封，并标明招标编号、投标项目名称、投标单位及正本或副本。并在密封处注明“于__________之前（指投标邀请中规定的评标日期及时间）不准启封”的字样。

开启时，由相关评标人、监督人在场，统一开启。

10.2　如果未按上述规定进行密封和标记，招标方对投标文件的提前启封概不负责。

11. 投标文件的截止时间

11.1　投标文件必须在投标邀请中规定的投标截止时间之前送达或邮寄到达指定的投标地点。

11.2　招标方对在邮寄过程中遗失或损坏的投标文件概不负责。拒绝接收在投标截止时间后送达的投标文件。

12. 投标文件的修改和撤销

12.1　投标方在提交投标文件后可对其投标文件进行修改或撤销，但招标方须在投标截止时间之前收到该修改或撤销的书面通知，该通知须有经正式授权的投标方代表签字。

12.2　投标方对投标文件修改的书面材料或撤销的通知应按第8条规定进行编写、密封、标注和递送，并注明“修改投标文件”或“撤销投标”字样。

12.3　投标截止时间以后不得修改投票文件。

⊖　本书未附。

12.4 开标后投标人不得撤回投标，否则投标保证金将被没收。

13. 评标委员会

13.1 招标方将根据招标采购货物的特点组建评标委员会，评标委员会对投标文件进行审查、质疑、评估和比较。

13.2 评标期间招标方有权向投标方提出质疑并电话通知投标方，接到通知，请投标方按时到达指定地点进行答疑。没有接到通知的投标方恕不接待。

14. 样品检测

14.1 招标方根据各投标单位提供的庞大经销网点或全国区域各经销网点，不定时、不定点购买或封存投标目录中产品，作为样品进行权威第三方检测或使用方实地测试。

14.2 投标方准确提供产品销售网点，如对招标方采样或检测方法存在质疑，投标方可提前放弃参与竞标。如招标方提供销售网点及投标函，即认可同意招标方采样及检测方式。

14.3 同一厂家不同系列竞争两个以上规格档次的，需分别提报相关系列的销售网点，招标方取得样品后，分别进行第三方检测或使用方实地测试。

同一厂家同一系列产品分别竞争两个以上规格档次的，仅提供同一产品系列销售网点，招标方取得样品后，分别进行第三方检测或使用方实地测试。

14.4 招标方对样品测试过程保密，如有异议，招标协议签订后可申请查看样品购买、封样、测试等过程的视频录像。

15. 评标

15.1 招标方及其组织的评标委员会将对具备实质性响应的投标文件进行评估和比较，并对投标报价进行校核、确认，核准后的投标价作为评标的基础。

15.2 评标原则

评标严格按照招标文件的要求和条件进行。除比较价格外，还将考虑以下因素：

（1）供货方的供货能力和技术支持能力；

（2）交货时间、地点、付款条件；

（3）竞标样品权威第三方检测或使用方实车测试结果；

（4）售后服务承诺。

15.3 评标委员会根据上述评标原则和程序确定对投标方排名。

16. 评标分值

序号	项目	分值区间	最后得分	汇总得分	抄录人	审核人
1	综合实力	10分				
2	产品测试	40分				
3	产品价格	50分				
合计						

17. 评标过程保密

17.1 评标后，直到授予投标方合同止，凡是有关投标文件的审查、澄清、评估和比较的有关资料，以及有关授予意向的一切情况，均不得透露给任何投标方或其他无关的人员。

17.2 投标方不得干扰招标方的评标活动，否则将导致其投标被拒绝，并承担相应的法律责任。

18. 资格最终审查

18.1 最终审查的对象是招标项目的预中标方，最终审查方式是对预中标方进行实地考察（招标方认为有必要的话）。

18.2 最终审查的内容是对预中标方的信誉、质量、价格、供货能力、投标人资格及招标方认为有必要了解的其他问题作进一步考察。

18.3 如果确定该投标方不能圆满履行合同，招标方将对下一个预中标方资格做出类似的审查。

19. 接受和拒绝任何或所有投标的权力

19.1 招标方在授予合同之前仍有选择和拒绝任何或全部投标的权力，并对所采取的行为不作任何解释。

19.2 中标方签订合同后，在执行合同期内，不能履行相应的义务或招标方认为中标方与投标承诺相差甚远，招标方有权取消中标方续签合同的资格。招标方在其他预中标方中重新选择新的中标方。

20. 签订合作协议

20.1 招标方根据实际得分，排出优先合作名次，并当场确定签订合作协议时间、地点。

20.2 招标文件、投标文件和评标中有关澄清文件均应作为签订协议的依据。

第三部分　附件——投标文件格式

附件一：投标函（格式）

致：A汽贸集团股份有限公司精品管理公司

根据贵方__________采购项目招标文件，正式授权下述签字人__________（姓名和职务）代表竞标人____（竞标单位名称），提交下述文件正本1份，副本10份，产品报价单一份，存报价U盘一个。

我方将竞标贵公司如下项目，

投标种类		来源渠道	参加项目（打√）
高端	A、B类车型	国外原装进口	
中端	C类车型	国外进口分装或国产	
低端	D类车型、微面车型	国产	

据此函，签字人兹宣布同意如下：

1. 我方同意在竞标人须知规定的开标日期起遵循本竞标文件，并在竞标人须知规定的竞标有效期满之前均具有约束力。

2. 我方承诺已经具备本次招标项目竞标人应当具备的条件：

（1）具有独立承担民事责任的能力；

（2）具有良好的商业信誉和健全的财务会计制度；

（3）具有履行合同所必需的设备和专业技术能力；

（4）有依法缴纳税收的良好记录；

（5）参加此项采购活动前三年内，在经营活动中没有重大违法记录。

3. 我方根据招标文件的规定，承担完成合同的责任和义务。

4. 我方已详细审核招标文件，我方知道必须放弃提出含糊不清或误解问题的权利。

5. 如果在竞标截止时间后的竞标有效期内撤回竞标或者有其他违约行为，贵方可对我方的竞标保证金不予退还。

6. 同意向贵方提供贵方可能要求的与本竞标有关的数据或资料。

7. 我方完全理解贵方不一定要接受最低报价的竞标人为成交供应商。

8. 若贵方需要，我方愿意提供我方做出的一切承诺的证明材料。

9. 我方将严格遵守法律有关规定，知悉作为供应商应负的法律责任。

与本竞标有关的正式通信地址为：

投标人名称：

地址：

邮政编码：

电话、电报、传真或电传：

开户名称：

开户银行：

账号：

法定代表人或委托代理人签名：

竞标人盖公章：

竞标日期：

第六节　市场调查

百度词条中这样解释市场调查：指运用科学的方法，有目的地、系统地搜集、记录、整理有关市场营销信息和资料，分析市场情况，了解市场的现状及其发展趋势，为市场预测和营销决策提供客观的、正确的信息的市场活动。

汽车 4S 店集团进行市场调查的目的，是为了提高市场应变能力，及时掌握产品和供应商的相关信息，以及旗下各 4S 店的运营情况，同时了解竞争对手的当前状况，从中发现可资借鉴或规避之处，避免或减少工作损失，提升工作绩效，为工作决策提供真实、准确、及时的信息。

从供应商/生产商角度而言，因为精品产品纷繁复杂，包罗万象，而市场又处于野蛮生产期向理性过渡期转变，变化太多太快，掌握的信息很可能已经滞后；从 4S 店角度而言，项目的选择和品牌的选择都处于不成熟期，在项目与品牌确立上存在一定的风险性。所以，进行科学的市场调查很有必要。以下是进行市场调查的相关注意事项：

一、调查人

1）市场调研员。可由精品公司的检查工作人员兼职，或两项工作合并同时进行，以节省时间和调研成本。

2）精品总经理或副总经理。在参加精品展会、行业大会、协会大会时，有针对性地与其他汽贸集团的同行交流，是最直接、有效的方式。

3）其他人员。精品公司的所有人员，在工作和生活中作为有心人，可随时随地搜集、整理信息。

问题调研原则上应不少于2人。

二、调查方式

1）各4S店精品报表审核。看各类产品的销量，看某家供应商的销量，看某家4S店的经营业绩，掌握第一手真实的数据。

2）集团公司会议。在会上征求、听取各方意见和建议。

3）发放调查表。有针对性地，发放专题或综合调查问卷。关键是设计好调查问卷。

4）专业期刊学习。

5）实地走访。

三、调查对象/范围

1）集团公司的各4S店。征求意见和建议，提供服务和寻求支持。对已引进产品的质量、性能和客户的接受程度进行了解，并对供应商的服务能力进行调研，同时搜集各店的需求，并注意发现先进经验和做法。

2）集团公司所在地，或集团公司4S店密集地的大型汽配城、大型或有特色的街边店、连锁店，或其他集团公司业绩较好的4S店。

3）全国性的精品生产基地、集散地。

4）已经合作的主要的、大型的供应商。

5）已经合作的主要的、大型的生产厂家，参观、走访其工厂和销售团队。

6）全国性的或区域性的，精品业绩较好的同行。

7）终端客户。聆听其对旗下各4S店精品业务的看法，报怨和建议都虚心以待。

四、调研内容

1. 集团公司内部

1）哪些是4S店的主营项目，有没有新的项目或赢利点，有没有新的经营方式，其利弊何在？

2）同行的先进经验，或失败教训。

3）重点关注经营较好的店和较差的店。

4）对经营业绩长期一般的4S店，找有针对性的店面予以解剖，找出症结和整改措施，分析阻力和困难在哪里。

2. 供应商

1）近期有没有新的产品？卖点在哪里？有没有必要引进？什么时候引进合适？

2）供应商的口碑如何？产品品质、市场开发能力和服务能力需重点关注。

3）发货周期是否满意？客户出现纠纷解决能力如何？

4）价格是否合理？降价是否能及时告知？有没有人为拖延降价情况？

5）市场控制力度如何？该供应商在零售渠道的网络分布是否广泛？是否有良好的价格控制？市场价格是否具备良好的稳定性？

3. 市场

1）谁将是4S店最大的竞争对手？有没有应对之策？

2）精品的趋势、走向如何？哪一类产品需要提前关注，并提前规划？

3）哪一类产品已渐成气候？其售价如何？有无发展后劲？有无隐患？

五、调查报告

每一次调查结束或每隔一段时间，需要整理出调研报告。整理报告的过程，也是梳理思路的过程。报告应包括以下内容：

1）调研的目的。

2）调研的方式和方法。

3）调研对象或调研对象的分组情况。

4）调研项目和结果。

5）调研用表。

6）调研结论。

7）整改方向和方法。

六、调查结果运用

调查只是过程，不是目的。调查结果应拿来指导当前的工作，必要时应借此规划未来的工作。其直接运用：

1）确定是否引进某一项目，或是否主营某一方面，或在某一项目上投入多少。

2）确定是否做某一品牌的产品，下一步是否继续合作，进价是否应该调整，服务方面有什么新的要求。

3）有无先进经验值得推广，如何推广。

4）有无失败教训值得借鉴警示，如何贯彻传达。

5）下一步工作重点是否转移，如何实现工作重心转移。

七、精品集团对供应商的调查

精品集团对供应商的调查见表2-12，可供参考借鉴。

表2-12 供应商调查表

调查区域/单位： 时间：

调 查 人		调查项目/品牌	
调查主题			
常规性内容	质量方面		
	价格方面		

（续）

<table>
<tr><td>调 查 人</td><td colspan="2"></td><td>调查项目/品牌</td><td></td></tr>
<tr><td>调查主题</td><td colspan="4"></td></tr>
<tr><td rowspan="3">常
规
性
内
容</td><td>市场
前景</td><td colspan="3"></td></tr>
<tr><td>市场开发
能力</td><td colspan="3"></td></tr>
<tr><td>服务
能力</td><td colspan="3"></td></tr>
<tr><td rowspan="3">此
行
收
获</td><td>可推广的
经验</td><td colspan="3"></td></tr>
<tr><td>需注意解决
的问题</td><td colspan="3"></td></tr>
<tr><td>引发的思考</td><td colspan="3"></td></tr>
</table>

第七节 汽车精品的供应商管理

首先，我们要弄清楚一个概念：什么是供应商？

顾其名，思其义，都可以得出简单的结论和认识：与汽贸集团建立合作关系的、为汽贸集团提供产品、技术或服务的商家或个人，统称之为“供应商”。它可以是生产企业，也可以是流通企业，甚至特殊产品可以放大为个人。

一、供应商的存在形态

1. 从业务性质或级别定位上分

1）与汽贸集团及其旗下的各4S店建立合作关系的精品生产厂家。

2）与汽贸集团及其旗下的各4S店建立合作关系的、国外生产厂家的中国分公司，或中国总代理。

3）上述生产厂家或中国总代理的各省市分支机构，或各省市级代理。

4）上述生产厂家或中国总代理的各地的服务商。

5）从各精品生产厂家或各级网点购买、汇集各种零碎的小精品，然后再集中交付给汽贸集团各4S店的商家。

6）与汽贸集团或其旗下各4S店，在精品业务上有往来的公司或个人。

由此可见，供应商包括精品生产厂家、各地代理商、各级销售或服务商。

2. 从是否纳入汽贸集团的精品采购系统分

1）纳入精品采购系统的供应商。这是我们在这里主要探讨的存在形式。

2）暂时还没有纳入精品采购系统，计划纳入或临时试用其产品或服务的供应商。

一般情况下，汽贸集团最好直接和精品生产厂家或中国总机构，或中国总代理签订合同，发生业务往来，再由其总机构分配职责给各下级或分支机构配合实施，因为这样“距离最短”，可能价格最低、服务最优。但实际情况却并不尽然，这也是多种形式存在的必要性和价值所在。

二、多种形式存在的必要性

1）一些外资企业，从自身风险管控的角度考虑，无论是多大的客户，均不直接与之签署合同，而是转由其与其代理商签署。

2）大部分的精品厂家，为了控制风险，同时也减轻财务压力，是先由其代理商现金或预付金、或授信额度订货，再由代理商配送给各4S店。这样的模式，也是由代理商直接与4S店发生业务往来。

3）大部分的精品生产厂家，从管理成本的角度考虑，并不配备大规模的销售团队和服务团队，并不直接与各个4S店的对接、沟通、服务，也只能交由代理商/服务商运作完成。

从4S店的角度看，对一些零碎的小精品，如果从一个个厂家单独采购，因采购量分散可能并不能拿到合适的政策，而如果将琐碎的小东西交由一家同时也做其他产品的供应商集中采购，在价格、账期、服务等方面，可能“性价比”会更高。

三、对供应商的要求

1）提供所需的产品。

2）产品质优、价廉。

3）提供培训：本行业的知识，本产品的卖点和话术。

4）最好还能提供卖场的设计和装修、制作。

5）出现问题，能第一时间帮4S店解决，即不问责任先赔付，然后再细分责任。

6）能将与自己同时有业务往来的其他汽贸集团的好经验拿来分享。

7）能及时反馈自己服务的各4S店在精品方面以及其他方面的需求和问题，是编外的精品工作的参谋。

四、供应商进入的考量因素

供应商不仅仅是提供产品，同时还需具备服务功能。因为4S店特殊的性质，从某种程度上说，还需具备在本汽贸集团开发此项业务的功能。可以说，供应商既是产品提供商，还是运营商，同时又是服务商，三商合一。所以说，对供应商的选择，不仅仅是产品的选择，而是一种综合因素的考量。

1. 从行业的角度分析

1）此类产品，是不是现在的热销产品？如果不是，未来有没有发展空间？

不要考虑：反正我们也不先付款，不妨让它进来试试。因为它占用了我们精品展厅有限的空间；增加了我们销售人员的工作量：至少他们还得多了解一个产品；增加了我们的管理难度：库房，进货、出货，财务记账、调账等。

2）此类产品在中国市场上，其行业整体销售额度有多大？近几年的增长幅度如何？

2. 从这家公司的角度分析

1）该行业中，有没有出现领袖型或标杆型企业？其主要竞争对手是谁？其“假想敌”是谁？

该公司近几年的业绩如何？看其增长潜力和在行业内的排名、地位。

2）看其网站：版面设计是否专业；更新是否及时，介绍是否新颖有个性，等等。从中也许看不出真实的东西，但至少能看出：这家公司的主要经营范围或产品类别，公司的文化氛围，内部的管理是精细还是粗放。

3）本产品的管理团队。有多少人，如何分配人员：产品开发人员、技术支持人员、售前人员、售后人员等。

4）服务的其他汽贸集团，目前已经合作了多少家？业绩额度如何？在该集团的主要竞争对手是谁？

5）是不是一般纳税人？这应该是最基本的一个前提。

3. 从产品的角度分析

1）和竞争对手的产品相比，有何优劣？

2）产品是否需要技术安装？汽贸集团的各4S店的技师是否普遍具备这项施工技术？厂家是否能提供技术支持？有多少人力支持？

3）该项产品有没有国家或行业标准，是否达到相关标准，有没有相关认证？

4）产品故障率是多少？是优于还是低于行业平均水平？

5）其他。

五、供应商的考核

为了激发供应商的积极性，使之有稳定感，从而投入更多的时间、精力和技术支持，供应商在一定时间内应是固定的。供应商的月度考核见表2-13。

表2-13　A集团公司精品供应商月度考核表

被考核单位：××××				考核月份：2012年××月	
序号	考核细则	分值	考评人	当月得分	备注
1. 产品项（计30分）					
1.1	产品价格5分（供货商根据市场情况调整价格）				
	当月产品有降价的或者产品有升级未调价的	5	延伸服务部		
	当月产品未降价或产品未升级的	0			
1.2	产品质量与投诉问题10分（产品不能正常使用或影响车辆使用的）				
	当月无产品质量及投诉问题	10	店面		
	当月发生一次产品质量及投诉问题	5			
	当月发生两次及以上质量及投诉问题	0			

（续）

序号	考核细则	分值	考评人	当月得分	备注
1.3	产品投诉处理 15 分（因产品质量问题或售后服务等被客户投诉的）				
	8h 以内处理完成	15	店面		
	24h 以内处理完成	10			
	72h 以内处理完成	5			
	当月未处理完成	0			
2. 供货项（计 30 分）					
2.1	供货及时率 10 分（在规定时间内将货物送达的）				
	当月供货及时（7 天之内到货）	10	店面		
	当月延误一次	5			
	当月延误两次	0			
2.2	供货准确性 5 分				
	当月准确送货	5	店面		
	当月因货物送错，且被投诉的	0			
2.3	产品质量管理（抽查供应商）10 分				
	当月店面抽查无产品质量问题	10	延伸服务部		
	当月店面抽查有产品质量问题	0			
2.4	票据送达及时率 5 分				
	当月税票能及时送达	5	延伸服务部		
	当月税票未能及时送达，影响本公司报税的	0			
3. 供应商运营管理（小计 40 分）					
3.1	定期为店内相关人员提供培训 5 分				
	有	5	店面		
	无	0			
3.2	产品店面销售支持（展示、物料、人员、样品提供等）5 分				
	实施到位的	5	店面		
	实施不到位的	0			
3.3	信息提供及时准确性 5 分				
	及时	5	延伸服务部		
	不及时	0			
3.4	主动对供应的产品进行营销活动 10 分				
	有	10	店面		
	无	0			
3.5	集团规定店面业绩指标完成情况 15 分				
	100% 完成	15	延伸服务部		
	60% 完成	10			
	60% 以下完成	0			

（续）

序号	考核细则	分值	考评人	当月得分	备注
4. 供应商管理扣分项					
4.1	企业组织机构发生调整或名称变更时而未当月正式通知的	-5			
4.2	服务人员不胜任，又不能在约定时间内置换到位的	-5			
4.3	当月与指定联系人超过3次联系不上的	-10			
4.4	出现质量问题时，不积极配合解决的	-10			
4.5	未经正常招标程序，私自引进其他产品	-20			
4.6	因供应商单方面问题严重影响专营店销售的例如：突然终止店面运营	-20	延伸服务部		
4.7	未通知集采中心的情况下擅自更改产品品牌、特性等	-20			
4.8	私自将产品提供给店内员工销售谋取私利（俗称：飞单）	直接取消合作			
4.9	产品以次充好、假冒伪劣				
4.1	价格欺诈：供货价格高于市场渠道批发价格10%以上				
4.11	贿赂店面业务人员				
最终得分					

供应商：

但固定并不是一成不变，不是其一旦准入就永远合作，应存在一个优胜劣汰的过程。本着注重质量、价格、服务、综合性价比等因素，对供应商实施动态管理，优胜劣汰。

一般而言，评价和选择供应商的依据，主要是审核其资质，检验其产品，考察其服务和推广能力。一般包括如下内容：

1）资质证明和生产能力：有合法的经营许可证和必要的运作资金；看其生产设备和往年销售额度，判断其资金实力和生产能力，从而确定其供货能力。

2）样品确认：所提供产品的样品得到行业内或精品部的确认，并能保证样品与实际产品相符。样品留存备查。

3）质量保证：质量管理体系正常运作，必要时要符合相关认证标准，比如3C、CE、FCC、TS16949、ISO9001:2000等。

4）价格合理：比同类产品有价格优势，且能及时主动告知价格调整。

5）准时交货：按约定及时提供所需的服务或产品。

6）服务满意：有良好的售后服务体制，并得到公司满意评价。

7）应变能力：反应及时，且能满足某些紧急和特别的要求和变化。

具体到实际执行、操作层面，应从如下几个方面进行重点考核：

① 供货速度的考核：从订货到发货，再到验收入库的时间。

② 产品质量和故障率的考核：各4S店真实记录产品使用情况，每月汇总各产品的故障率。

③ 营销服务人员的综合素质的考核：有没有标准的销售、施工、售后等服务流程。最直接的是不是让4S店员工和客户心生不爽。

④ 产品市场开发及培养能力的考核：看该品牌产品，在集团公司各4S店的销量和增长量。

⑤ 提供产品相关知识培训的考核：月、季、年的培训次数，以及受欢迎程度和效果。

⑥ 价格体系的考核。和其他集团的同品牌产品相比的价格是高还是低，在传统流通渠道的产品和价格有没有对4S店造成冲击；

六、A集团精品供应商管理考核办法

A集团精品供应商管理考核办法

A集团为了规范供应商管理，优化精品管理部对供应商的服务，杜绝各项人为因素的干扰，真正实现4S店、精品经营企业与终端客户三方共赢的最终目标，本着优胜劣汰的原则，对各生产商、服务商实施按月考核、动态管理。具体考核管理办法如下。

1. 原则

为了激发供应商的积极性，使之有稳定感，从而对A集团公司精品业务投入更多的时间、精力和技术支持，供应商在一定时间内应是固定的。但也有优胜劣汰。根据质量、价格、服务、综合性价比等因素，对供应商实施动态管理，优胜劣汰，特制定本办法。

2. 量化考核细则

A集团公司精品管理部各相关科室、集团所属各汽车专卖店及专卖店所服务的终端客户均有权对相关产品的销售潜力及售后服务水平进行综合考评，由精品管理部市场监督科设立专门的服务监督电话进行回访、投诉记录。

管理部对下列内容制表记录各合作单位的运营状况，并对违规现象以记分形式进行记录，每月进行汇总。

具体内容有下列条款：

（1）供货速度

要求各合作单位对河北区域、京津区域的专卖店发货时间最长不超过5天，其他地区不得超过10天。每超过1天扣1分。

（2）产品质量反馈

各生产商、服务商要积极、妥善地处理各种销售事故，出现4S店或客户对于产品的质量投诉或服务投诉每例扣1分；电子产品返修率不得高于3%，每超过1个百分点增扣2分；返修率超过5%时终止合作。

（3）营销服务人员的综合素质

生产商、服务商应对派驻A集团的业务人员进行严格管理，提倡规范化服务和规范化销售，对于涉及整车性能、整车线路的产品，要求施工技术人员必须经过培训并取得资格证书后方可上岗；销售业务员应穿职业装，并佩戴明显的产品相关企业标志；安装技师必须着工装，不得衣冠不整；倡导文明用语、微笑服务。每发现违反本项规定一例/次扣2分。

（4）产品市场开发及培养

各服务商要在经过管理部认可的服务区域内不断加强产品推广力度，以引导、扶持专卖店增值业务的提升为工作目标，管理部每月对各供应商的回款记录进行分析评比，连续三个月销售业绩得不到提升的，在当月记扣5分。

各产品品牌推出的促销政策、销售激励活动必须事先将计划书上报A集团精品管理部，待审核批准后方可执行。严格禁止合作单位向A集团涉及汽车精品业务的人员行贿或直接提供变相奖励。本条款出现违规即刻取消产品品牌的合作资格，同时A集团有权对情节严重行为的追究法律责任

(5) 提供产品相关知识培训

各合作单位对于A集团4S店提供的相关培训应事先向管理部市场科报备，将拟定的培训时间、地点、授课讲师、课件或提纲以传真的形式向管理部报备，待管理部批准后方可实施。

本项内容只加分不减分。每培训一次加1分；培训效果得到受训单位肯定的，加2分。当月加分不超过5分。

(6) 协议产品和协议区域管理

各生产商、服务商必须严格按照合作协议限定的产品及销售范围开展业务，不得擅自超范围经营，扰乱A集团集团汽车精品业务的有序发展和统一管理制度。合作单位出现上述违规行为，每出现一例/次，扣5分；年度内累计出现两次违规取消合作资格。

各生产商新开发的产品在投放A集团销售之前，必须首先报请精品管理部审核通过，并重新签订合作协议。未取得本部认可的产品销售视为无效销售行为，A集团有权拒绝付款。

(7) 价格体系

对于合作协议所约定的产品销售价格，A集团精品管理部市场科有权进行监督调查。对于虚报合作价格的行为出现一次扣10分，情节严重取消合作资格。

A集团与各合作单位签署的协议中已明确约定："乙方向甲方所提报的产品供货价格，必须保证本产品在中国区域内、本产品购销渠道及其他同等条件下为市场最低价。如经甲方查实乙方报价不符合上述条件，甲方有权立即终止与乙方的合作。在取得确凿证据后，甲方有权在应付乙方的货款中扣留进货差价，并追讨因此所造成的相应损失。"因此，要求各合作单位必须严格恪守诚信经营的行业准则，禁止价格欺诈，禁止套牌销售的违规行为。

(8) 企业资格

为适合A集团的飞速发展，要求汽车精品业务的各合作单位必须具备一般纳税人资格。因此要求现阶段的小规模纳税人单位在三个月之内必须完成一般纳税人企业资格，否则停止合作。

对于为微型车、经济型轿车配送产品的零散业务合作单位，在每月合作金额不超一万元的临时合作情况下，每月扣减2分。

(9) 结算

各合作单位按约定账期每月及时对账，在取得本部开票通知后于每月25日前必须开票，每晚一天扣2分、影响月度结账的扣5分，并在本部应付货款中扣留相应税点。

(10) 沟通与交流

A集团精品管理部每季度召集一次针对于合作单位的协调会议，会议由本部市场科负责通知召集。会议主要内容为通报并解决业务运行中存在的各种问题，处理合作单位在市场运作中遇到的困难及业务发展计划。少参加一次扣5分，非指定人员参加扣2分。

（11）其他

对于其他违反合作协议的行为扣10分。

3. 结果运用

1）A集团精品管理部各相关科室负责对上述内容针对各合作单位进行考核记录。

2）本考核每月实施，次月15日前公布，年底汇总。

3）考核结果作为优胜劣汰的依据。在本类产品供应商中考核分值最低的，限制其在A集团内的区域发展或品牌扩张，直至取消其合作资格。

汽车精品业务是一个需要长期稳步发展的过程，因此各合作单位的规范化管理和积极配合起着重要的作用。A集团有着广阔的汽车精品销售市场和销售潜力，只有打造一种真诚严谨的营销氛围，才能真正实现企业不断创利、服务客户、感动客户的发展目标。要求各合作单位、管理部各相关科室严格落实本规定的各项条款，共同维护A集团汽车精品业务的健康发展。

本规定自公布之日起执行。

各合作单位收件后请尽快转交合作协议签署人阅后签字，于××年××月××日前回传至精品管理部。

七、B集团供应商评审流程

1. 原则

坚持公开、公平、公正原则，鼓励优秀供货商，淘汰落后供货商，督促供货商提升产品及服务质量。

2. 适用范围

本流程适用于中国B集团汽车精品集采供货商的管理。

3. 评审流程

供货商月度考核可以参考图2-19所示。

4. 评审组织

1）集团延伸服务部组织定期评定工作，并且汇总及公示。

2）专营店对业务指标进行评价，延伸服务部对管理指标进行评价。

5. 流程说明与约定

（1）供货商月度考核

1）由集团延伸服务部拟定“供货商月度考核表”，考核表包括产品、供货、运营、管理4大项目，满分100分。

2）每月1日延伸服务部通过邮件下发考核表至各专营店和品牌管理部。

（2）专营店评价

1）专营店根据月度考核表，对专营店评价项目进行评价打分。

2）每月5日前，各店将考核表直接发送至延伸服务部，由延伸服务部汇总并平均各店对各供货商的评价得分。

（3）延伸服务部评价

每月5日前，延伸服务部对各供货商进行评价打分。

（4）供货商考核评分

每月10日前，延伸服务部汇总专营店和延伸服务部评价分后得出各供货商月度考核分。

（5）供货商评定

1）评定标准：得分90分以上的为“优秀供应商”；得分75分以上，90分以下的，为“合格供应商”；得分60分以上，75分以下的，为“一般供应商”；得分60分以下的，为“不合格供应商”。

2）限时整改：单月得分在60分以下的供应商，由延伸服务部组织供应商负责人，会同专营店相关人员，一起讨论如何避免后果的进一步恶化，针对问题和风险认真制定纠正和预防措施，并限时整改。

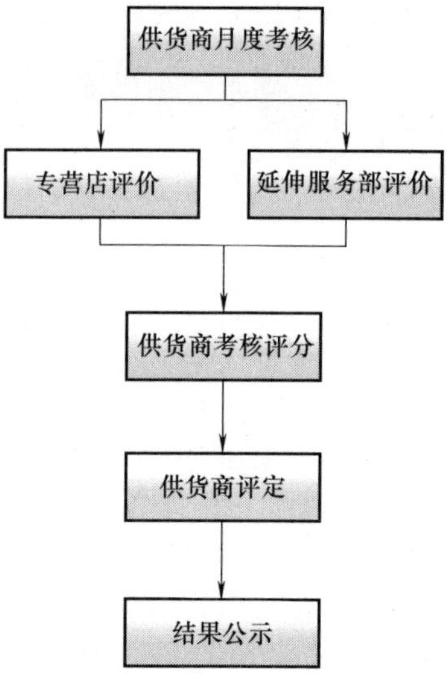

图2-19　供货商评审流程

3）暂停供货：连续两个月得分在60分以下的供应商，将做“暂停供货”处理；或供应产品出现较大质量问题时，对该产品采取暂时停止使用的办法。问题查明或整改措施落实后，可取消暂停的状态。

4）产品停用：当供货商发生严重问题或连续三个月得分在60分以下的，将停止对供应商的相应产品进行采购和使用。

5）降低份额：连续三个月被评为“一般”的供应商，降低其产品供货份额。

6）优先考虑：连续三个月被评为“优秀”的供应商，扩大其产品供货份额，同时在引进新产品或合作期满时，优先考虑。

（6）结果公示

1）评审结果制作成PPT。

2）每月10日，延伸服务部发送邮件至专营店和供货商，对供货商上一月度的评定结果进行公示。

6. 审批权限。

评审结果公示由延伸服务部总监、COO审批。

7. 本流程由延伸服务部负责解释及修改完善

八、供应商退出机制

合作是基础，每一个人都希望能合作长久，但无情的市场告诉我们：优胜劣汰是竞争的必然结果，不淘汰跟不上前进步伐的合作伙伴，我们就可能被市场淘汰。所以，竞争和淘汰，每一个人都无从逃避。而且，只有具备淘汰机制，才会促进新鲜血液的进入，才会保有活力。

那么，如何优胜劣汰呢？

1）确定每类产品保留几家。

2）制订供应商考核百分制。

3）结合百分制，根据考核得分的高低排序。注意：是同类产品间对比。

4）涉及售后问题的产品，要考虑到淘汰的产品售后谁来负责。

5）考虑质保金的数量、金额和退还机制，保证供应商退出之后，服务标准不降低。

6）做好新引进产品和退出产品之间的对接，主要是指销售、服务和售后的对接。

第八节 精品管理部门的考核

有一句话说得好：工作不检查等于零。精品工作更是如此，因为它不像配件那样是必须消费品，而是一种被动的、可有可无的消费。所以，这就需要我们付出更多的时间和精力，特别是考核。无论是对集团公司的精品管理部门，还是对各 4S 店，概莫能外。

从考核的对象上分，精品的考核可分为两大类：集团公司对精品管理部门的考核，精品管理部门对各 4S 店的考核。

集团公司对精品管理部门的考核是前提，因为对它的考核，直接决定、影响着它对各店的考核，并引导着 4S 店精品的经营重点和发展方向。

那么，对集团公司的精品管理部门的考核，应该侧重哪些方面呢？

一、考核的原则

1）确定发展方向。考核方案，从某种程度上说会起到指引、导向的作用。对集团公司精品管理部门的考核指标，应首先确定当年的赢利目标和中长期的规划，以及集团公司对精品及配件等后市场部门的整体运作方向，并进行阶段性考核。

2）确定精品定位。确定精品管理部门的权责，是以管理为主，还是以经营为重。两种不同的侧重方式，应建立不同的考核机制。应以管理为主，同时兼具服务功能。

3）指标明确。不应单独考核精品管理部门的采购额，而应和各 4S 店、各经营单位的业绩绑定考核。以集团公司旗下各店汇总的精品经营业绩，作为对该部门的主要考核指标。

二、对精品管理部门自身的考核

1. 考核组织架构的设置

1）部门的设置是否合理，能否相互配合，并有一定的制约和监督性能？

2）如有监管运营部门，应怎样定位，是否会对管理造成一定的制约，是否会影响业务的进展速度？

2. 考核人员管理

1）工作流程设计上，是否严密、科学？有没有漏管的死角？各岗位是否能发挥既互相配合，又互相监督的作用？

2）精品管理团队中，有没有不廉洁行为的发生？

3）在对供应商、4S 店双方的管理和服务中，得到什么样的评价？

3. 考核业务管理

1）在产品供给、引进上，是否满足各 4S 店的基本需求？

2）引进的产品，是否综合考核各项因素？如品牌、质量、价格、服务、故障率等。

3）今年的精品业绩是否优于往年？是否优于其他的集团公司？

4）成本的降低率，和去年相比如何？和其他的集团公司相比如何？

5）精品的利润率，控制在什么样的一个水平？

6）其他。

三、对各4S店精品运行质量和结果的考核

这项考核是指汇总之后，审视各4S店的精品经营业绩，因为精品管理部门存在的价值，就是推动各4S店业绩的提升。各4S店精品的业绩，也是反映精品管理部门的管理水平的一项重要参考数据。

1）各项细化的业绩指标，是否顺利达成？

2）各4S店有没有出现较大的违规、违纪等行为？

3）各4S店的整体销售水平和配合度，是否符合基本要求？

在这项考核中应重点关注以下方面：

① 产品：是否丰富，是否满足各店所需，价格是否公正。

② 供应商：是否有实力，注册资金、一般纳税人、服务团队，有无服务汽贸集团的经历和能力，各店对供应商的综合评价。

③ 精品团队的支持：有没有对各店进行相应的培训？供应商产品出现问题，协调得是否及时、主动？是不是能主动倾听各店的需求呼声，搜集各店的意见和建议能否认真落实？

④ 精品团队的职场操守：在工作中有无不廉洁行为，是否能站在工作的角度思考、解决问题？

四、几项常用的考核指标

1）精品销售额。

2）精品毛利。

3）精品毛利率。

4）单车精品平均额 = 当期精品销售汇总数/当期售车数量。

5）精品销售额在整车销售额中占比：精品销售额/整车销售额 ×100%。

此项指标，可以淡化掉车辆售价太高或太低的因素，便于不同品牌，特别是高端和中低端车型在精品业绩上的对比。

6）任务完成百分比：实际完成任务数/任务指标数值 ×100%。

7）成本下降率。应盯紧几个大的项目，尤其是同类、同品牌、同功能、同型号的项目产品。

8）各店对精品管理部门的满意率。

9）重点项目促成率：比如太阳膜、养护产品、导航等。重点项目重点跟进。

第三章　4S 店精品销售经营方案

第一节　4S 店的精品架构

前面我们说过，4S 店的实力体现在三个方面：一是品牌实力；二是资金实力；三是技术实力。这里的技术实力，除了车辆维修能力之外，还包括精品的施工能力。

4S 店的精品施工主要包括三类：一是一般精品的施工，如太阳膜、电子产品的安装施工；二是美容产品的施工，如漆面护理、内饰清洁等；三是改装类的施工，初级改装如改装前后保险杠、加装尾翼、改装行李架，高难度的改装如动力的改装、音响的改装等。

由此可见，技工也主要分为以上三类，其中第三类项目因对技术要求极高，难以复制，加之消费群体比较小众，在 4S 店暂时难成规模，可以姑且先合并到第一类项目。因此，精品施工技工则可以简单分为两类：精品类和美容类。

一、机构设置与分工方法

很多人都喜欢武侠小说或电影，大家有没有发现，这些武侠小说或电影中高手们在练功之前，都有一个热身，名曰“起式”。做精品也同样，在正式运营之前，需要做好一项基础工作，这就是机构设置。只有机构设置好了，才能真正地“施功”——开展精品业务。

对集团公司而言，机构设置包括两方面的内容：集团公司精品管理层的机构设置和 4S 店的精品机构设置。

1. 集团公司精品管理层的设置

集团公司精品管理层至少应设置三个机构：

1）产品引进科。因为集团公司需要对各品牌 4S 店的精品进行整合，需要为其提供适销对路的产品，而产品种类繁多，且更新换代较快，因此需要由专项机构/人员负责。产品引进科可以按品牌车型分类，比如某小组负责丰田、广本品牌店，某小组负责现代、起亚品牌店等等。这种方式的好处是比较容易掌握 4S 店和客户的需求，但不利于发现和挖掘不同品牌车型客户的共性需求和对比。也可以按产品类别分组，某小组负责影音导航产品和安全防盗等电子类产品，某小组负责外饰改装和内饰件等等，这样做讲究的是术业专攻，容易做精做细。该科室根据 4S 店或市场调研科提供的信息，对产品进行初择—接洽—谈判，然后交由领导层开会讨论是否引进。

2）市场调研科。其职责主要有三个方面：一是负责对已引进和计划引进的产品进行调研，包括价格高低、售后服务水平、市场认知度等；二是对集团公司内各品牌4S店进行理念、技巧和新产品推广的培训；三是对供应商进行管理，采用系统的考核评价体系，最大程度地避免人情因素干扰。

3）订货对账科。该科室负责在4S店和生产/供应商之间进行数据的对接与核对。其中一组负责搜集4S店的订单需求并提交生产/供应商，一组负责对订单的追踪和核对。

在不同科室的职责设置上，应做到既互相配合，又互相监督，从而最大程度地避免灰色地带的产生。

2. 4S店精品机构的设置

在这里需要提醒大家注意的是精品经理的级别。很多单位都把精品经理设为销售经理的下级，这将为其职能的发挥带来障碍。为什么这么说呢？因为精品销售贯穿了整车销售、维修保养、客户维系的各个环节。精品卖场的设置，离不开销售经理的支持，因为你占了销售经理的新车销售卖场，又需要新车销售员为你销售精品。如果采用新车加装、提升配置的方式销售，更离不开销售经理的认可。底盘养护、升级换代产品等业务，让售后做相对更容易成功，这又离不开和售后经理的沟通。精品经理需要协调的部门太多，如果级别上不去，人微言轻，他的话语权能有多重？有多少人认可？当业务上难免有分歧时，他又会有多少底气、威望？如果单靠个人魅力树立，这个过程太慢，而且永远有一部分威信是需要级别提升带来的。

精品销售人员的构成有两种方式：一是前台的每一名新车销售员和售后的维修人员，同时又都是精品销售员；二是按照和新车销售员1∶3的比例，成立专业的精品销售团队，让其之间自由结对子，哪一个精品销售员的亲和力强，达成率高，大家找他的几率就多，销售实现后在二者之间按一定的比例提成。从我个人来说，更认可第一种方式，因为卖精品需要前期铺垫，需要打伏笔，这种方式介入的时机可灵活掌握。

精品专员的职责很清楚，主要是购、销、存的管理，但因为产品种类多，又需要统计到每一名人员和每一款车型，工作量并不小。至于内部人员精品知识的培训和集团公司精品制度的传达，可视精品经理和精品专员二人的特长而定。但有一点需要注意，他们的另一条职责：内部氛围的营造，包括卖场氛围的营造，但并不仅限于此。这种氛围大家能看得到，能感觉得到，但说不清。那么，怎么算内部氛围营造得好呢？其标准主要有二：一是全员都重视精品，每一名工作人员都崩紧精品销售这根弦；二是客户一走进4S店，就能产生出对精品的信赖感和购买欲。

在这里有两个问题提给大家：

1）本店晨会/夕会上，大概多少天能讲到一次精品？能不能每天至少讲一次，哪怕每次只有2分钟？

2）本店总经理，能亲自做精品的绩效方案吗？

如果以上两个问题回答得好，那么，该店想不做好精品也难。

在人员职责的划分上，施工、销售人员，俗称执行层，可以兼职。他们可以卖车，做维修，同时也销售精品，推销保险。但是管理层一定要专职，只有这样他们才能真正地沉下心来，认真、长远地做事，从而避免急功近利、损害长远发展情况的发生。

通过“起式——机构设置”，设立的专职人员一般会长远考虑本单位的可持续性发展，通过人才引进、培养和培训，应该能逐步解决人才匮乏的问题。

当机构设立之后，人员的问题解决了，就需要给这些岗位上的人员设定目标。所以，接下来的第一招，就是给机构设目标，给人员定任务。

二、A集团精品管理各岗位廉洁操作流程范本

为了让廉洁工作真正落到实处，杜绝不廉洁行为发生，在业务操作环节实施各岗位互相制约监督机制，特制定本规定。

1. 产品引进环节

指导原则：多环节参与，分权监督。其目的是任何人无权自行决定产品的引进与否。

1）根据市场科、业务科和客户提供的意见和信息，对拟定引进的产品，由引进科了解本产品和相关同类产品的知识，同时负责搜集、整理市场科、业务科和各4S店的意见，形成完整的内容。

2）上报产品引进小组（由领导层、中层管理层和引进科共同组成）会议，集思广益。其中每个人的表态和最终决议，以会议记录方式备案。

3）对生产商/供应商主动上门推荐的产品，或各品牌大区/4S店推荐的产品，引进科必须记录在案，并在产品引进小组专题会议上汇报。

上报时间原则上不得超过两周。不得私自隐瞒产品推荐或推销信息，否则视作违规。

2. 网上上传产品环节

1）对签订合同的产品，一般情况下7天内登陆上传完整。特殊情况，报领导审批。

2）以产品分类排序，不得人为调节某产品的先后顺序。

3）不得出现已纳进供货系统但产品不显示的情况。

4）产品从网上撤销时，应报领导审批。

3. 市场监督管理环节

指导原则：排除人为因素干扰，在市场科、引进科和业务科之间形成互相监督制约机制。

1）在市场价格调查时：

① 应充分考虑一般纳税人的增值税票因素、结算账期因素、免费施工和技术培训因素，以及有无附加赠送产品和网络服务等因素，即放在同等条件下综合考虑上述各因素。

② 在全面掌握相关信息的情况下，以北京几大批发市场及北京其他集团的4S店同类产品作参考，必要时通过其他方式，获取其他汽车营销集团的同类、同品牌、同型号产品的发票/合同价格。

③ 对各品牌大区或4S店提出的质疑，应在保证不影响调查结果的情况下，尽可能地请意见建议单位派人共同参与调查，最后共同完成调查报告。

2）在产品推广、培训或下店走访时：不得凭个人好恶决定生产厂家/代理服务商的取舍。如果是地区或品牌大区培训，培训之前，应充分了解、掌握该大区或该品牌的现状，包括月均销售额、车均精品额、主要的精品经营项目、主推的产品等。在此基础上决定哪一家参与，并提前上报培训走访计划。

在组织视频会议时，应根据效益最大化的原则，从新项目、新产品，或主要项目等方面入手，决定会议内容和参与的厂商。

3）在对各4S店考核时，每一项扣减分都应留有记录，以备4S店咨询。不得人为变通分值，否则视作违规。

4. 财务对账、结账环节

结账付款时，一般情况下，应在对方开具票据15天内全部付款。特殊情况，应从压款的资金额度大小、时间长短、对方的资金承受能力、是否有利于进一步合作等方面综合考虑，不得凭感情亲疏人为地先付或后付款。

三、技工定级方法

根据技工人员岗位职责范围的要求，按照全面考核、综合评定、客观公正、民主公开、注重实绩的原则，对施工人员进行全面考核。

考核内容包括德、能、勤、绩四个方面，重点考核技工履行岗位职责和完成工作任务的情况。以评分的形式进行计算，不同的分数段位获得不同的等级认证，提取不同的提成比例或收取不同的工时费，或给不同档次的车型进行施工。

考核除了“能”中的实操项目外，均一季度进行一次，共分四项：

1. 德（20分）

主要考核思想政治表现和道德品质。

1）职业道德：有良好的职业道德，有团结协作意识。

2）工作态度：对所承担的工作认真负责，不敷衍应对。

3）服务理念：有为客户服务的意识、态度。

扣分项目：

1）提供虚假的产品信息，或根据与供应商的亲疏远近对信息进行人为的过滤或增减。

2）不能客观、真实地反映产品在店内施工和销售的情况，有收受礼品甚至吃、拿、卡、要现象。

3）向外“飞单”，将项目移交其他竞争对手或街边店。

上述现象，发现一例，此项考核为零。

考核方式：员工评议。

2. 能（30分）

主要考核业务能力，笔试和实操相结合。

1）技术水平：指专业知识的广度、深度及知识的更新程度与技术精湛程度。

2）工作能力：指工作应变能力、表达能力、独立工作能力以及处理疑难问题的能力、发现问题并解决问题的能力。

3）工作创新能力：指在工作中善于总结、有见解，能提出合理、有效的新办法、新措施。

书面考试和实际操作各50分，合计100分，在整个考核中占30分。

实际操作：

① 参加集团公司的岗位大比武，在集团公司所有该项选手比赛中获得前5名的，加5分。

② 连续三个月所施工的项目中，没有客户反馈负面信息的，加3分。

③ 技工小组成员评议，评出本4S店技术第一名的，加3分。

加分最多不超过10分。

考核方式：考试+实操大比武+员工评议。

3. 勤（10分）

主要考核工作责任心与工作纪律。

1）工作责任心：有高度的责任心与集体荣誉感，积极维护公司的良好形象与声誉。

2）遵纪守规：自觉执行各项规章制度，工作精力集中，不擅自脱离工作岗位。

3）工作任务是否饱满：指承担满工作职责任务。

4）出勤率：按时上下班，坚守工作岗位。

原则上，本项目不加分，只根据岗位表现扣减分。

考核方式：岗位表现＋员工评议。

4. 绩（40分）

主要考核工作业绩，以实操考试为主。

1）完成任务程度：指能否保质保量地完成工作任务。

2）工作质量：指工作科学、规范程度，工作效率高低，以及出现差错、失误情况。

加分项目：在考核当季，为本店施工量最大，或收取营业额最高者，或为施工量最大、收取营业额最高所在小组（如果同类施工人员分成三组以上的）成员，加10分。

考核方式：岗位表现。

根据上述四项合计得分，确定技术岗位人员的级别。具体明细及要求见表3-1。

表3-1　技术岗位人员的级别划分明细及要求

所属部门		岗位	称谓	级别	考核分值	月度绩效系数
一级	二级				M	
精品中心技术部	精品施工工段	加装/美容	高级技师	三级	96≤M≤100	1.10
				二级	93≤M<96	0.97
				一级	90≤M<93	0.94
			技师	三级	86≤M<90	0.90
				二级	83≤M<86	0.85
				一级	80≤M<83	0.80
			技工	三级	75≤M<80	0.75
				二级	73≤M<75	0.70
				一级	70≤M<73	0.65
			学徒	三级	66≤M<70	0.60
				二级	63≤M<66	0.55
				一级	60≤M<63	0.50
再转入见习期三个月，仍无提升则辞退			无岗位级别		M<60	0.40

四、考核结果的运用

1）定级考核结果作为聘任、培训、晋级、解聘的依据，同时存入个人档案。

2）根据公司的实际情况，可在适当情况下，对不同级别的技工施工项目，向客户收取不同的项目费用，并给予不同的工时费补助。

3）根据公司的实际情况，在情况允许时，将车型分成高、中、低档，不同级别的人员对不同档次的车型施工。

不知道大家有没有注意过五星级宾馆的房间，管理者人为地将其分成好多个级别，有阳面房、阴面房，有海景房、山景房，有高层房、远景房，有大套房、小套房，还有总统套房，有的宾馆竟有高达30多种分类。分了这么多类，大家可以算一下，在提升管理水平的同时，公司是不是也有了更多的收益呢？

第二节 展厅展示

合理地陈列商品可以起到展示商品、刺激销售、方便购买、节约空间、美化购物环境等各种重要作用。据统计，店面如能正确运用商品的配置和陈列技术，销售额可以在原有基础上提高10%。

那么精品的陈列呢？在4S店以整车销售为主的环境和氛围里，如何使之不喧宾夺主，而又给顾客创造不经意的“惊喜”和“眼前一亮”，促成精品销售，无疑是一个“大学问”。

一、精品展示的作用

精品陈列的目的，是为了体现公司的产品风格、档次和形象，便于客户了解精品的款式、质量、搭配，营造卖场氛围，激发客户购买欲望，从而提升业绩。

1）让客户对产品有直观的感受和认识。

2）提高顾客的认知度，营造卖场氛围，激发顾客的购买欲望。

3）实物摆放，现场示范，有助于帮助销售人员提高达成率。

4）提高4S店的高品质形象，有助于4S店整体品牌形象的形成。

二、精品展示的误区

虽然很多人已经认识到展示的重要性，但因为精品进入4S店的时间毕竟太短，一切都还处于摸索阶段，因此，在4S店的精品展示上有很多误区。

1）展厅设计之前，没有考虑到精品展示，致使精品只能挤在阴暗的角落。

如果是老店，还可以理解。如果是新开业的店，应该有前瞻性，提前规划精品展示区域，为精品展示设置合理的位置和空间。

2）效仿商场、超市的摆放展示，却难有理想效果。

商场、超市、高级卖场，大都是在室内，可利用灯光、背景营造气氛，从视觉上提升产品档次。但4S店大都是在光亮的展厅，与商场、超市环境迥异，效果自然不可同日而语。

3）精品展架、展台制作和卖场氛围分离，不能和整个展厅融为一体，不能和所售车辆的档次接近、风格融合。

4）产品分类不清，致使展示混乱，客户选择困难，员工介绍有难度。

内饰、外饰应分开，电子产品要分开。电子产品又分为导航、一键起动、后座娱乐系统等。各小项目也应集中，分开展示。

5）和配件混合展示。

6）产品稀少、零乱，布满灰尘，这样的4S店比比皆是，客户仅有的购买欲也会在这里被现实摧毁。

7）商品不贴标识、不贴价格。

8）没有海报、宣传画等宣传品营造气氛。

9）其他不专业的表现。

三、精品摆放的原则

知道了哪些方面做得不对，我们才好改进，才好确定什么是对的，如何走到对的方向，这就要求我们掌握精品摆放的原则。

1）分区陈列。

➢ 按类别分区。

➢ 按价位分区：即按特价产品、大众产品、高档产品分区。

➢ 按重点项目和非重点项目的产品分区。重点项目产品陈列以1.2～1.76m高为宜。

2）主题陈列。

创造一个主题，如“越野＋改装”“淑女＋内饰”，放在促销或醒目的位置，重点推出，每月甚至每周更换主题。

促销产品陈列，应集中在一个区域。

相关产品陈列，如导航＋倒车影像。

3）展柜利用充分。让客户感觉货物、产品充足，从而激发信任感和购买欲。

4）确保所有款式的产品得以展示，尽可能多的厂家产品集中展示。

5）重点产品重点位置。

重点产品：畅销品、高利润产品、新产品、促销产品。

重点位置：店头区、主要道路两侧、进门区、收银台附近、茶饮区。

6）及时更换。滞销产品、过期产品应及时更换。

7）动态展示。

8）视觉展示。

9）听觉展示。

10）体验式展示。

上述7）～10）项主要是指能够现场演示，并能让客户现场直观感受和体检的产品，比如音响，可将改装后的效果以音乐的形式播放；比如导航，可打开播放电影和音乐，让客户有走近的欲望并产生兴趣；比如太阳膜，可以将不同太阳膜性能参数、隔热效果通过不同的设备进行实况感受。

11）POP的运用。重在烘托、营造气氛，并能让客户对产品有基本的了解和认识。

四、展区的选定

1. 根据店内实际情况，合理选择展区位置

如果可以，精品展区最好设置在醒目的位置，提高顾客与精品接触的几率。

➢ 设置在新车展区与客户服务区之间：来往客流量最大。

➢ 设置在展车附近：便于整车销售时，自然过渡到精品推销上，使介入更自然，提高精品推介的成功率。

➢ 将茶艺、按摩椅融入到精品展示区，使顾客融入其中，放松身心，利于成交。

➢ 展厅内的墙壁、令人讨厌的柱子，其实都可以充分利用，只要善于灵活运用，从某种程度上说它们反而有利于展区的设计和布置。

➢ 如果没有醒目的位置，也不必抱怨，在犄角偏僻的角落因地制宜，设置得漂亮、上档次，相当于闹中取静，做好引导和形象宣传，一样能达到理想的效果。毕竟，4S 店再大也不是空旷无边，处处可用。

2. 根据店内实际情况，合理选择展区规模

大与小是相对的。如果展厅大，如果客流量大、成交量大，当然精品展示区还是大一些好。因为只有达到一定的规模，才好营造卖场气氛，才能激发客户的购买欲。只有产品相当丰富，才能减少客户出去与其他卖场比较价格的机会，更利于其在 4S 店成交。

如果展厅面积不大，客流量小，成交率不高，一是没有必要强撑着做大展区面积，二是没有必要让货物、产品琳琅满目。只要常规的项目好，营业额也不会低到哪儿去，如果能做到精致、温馨，或许是另一番吸引人的意境——就像达不到五星级酒店的标准，索性就定位做农家菜，为普通大众服务一样。

五、展柜的摆放

当同一汽车品牌的销售展厅全国都是千人一面的时候，能够区别开的，可能就是精品的展示区了。所以，精品不仅是赢利的机会，还是区分竞争对手、提升自我形象、打造自我品牌的机会。

1）展柜应与所经营的汽车品牌档次接近、形象统一，不违背当地风土人情。

2）展柜着色最好统一，至少风格统一。

3）在展柜指定的地方，统一打上本集团的标识，视觉形象统一化。

4）注意展柜的光线，考虑是否用灯光，这是大问题。

5）注意展柜的清洁，这是细节问题。

6）展柜之间不相互遮挡，易于观看。

7）将品牌产品用专柜集中摆放，凸显品牌定位。

六、产品的陈列方法

展厅的设计、展柜的制作，最好都要落实到产品的陈列上来，所以，如果说前面几项是基础，那产品陈列就是决定胜负的重要一战：能否吸引眼球，能否激发客户购买欲。

上面我们提到常见的几种陈列误区，其实是换一种角度说应该如何做。

1）关注展柜的摆放，考虑是否引入光线。产品分类，从大的分类，到小的分类，尽可能同类产品归放到一起。

2）一些电子产品，如导航、音响、后座娱乐系统，应动态展示。大家逛大型商场，看哪个电视机品牌是静态展示的？每一台电视机都是打开的，甚至显示的播放画面都是精心选择的，有的是鲜花，有的是海洋，有的是沙滩、泳装、女郎，有的是动感的运动场景，因为这一款电视播放这种画面效果最好。

3）太阳膜产品，最好有辅助的销售仪器，帮助顾客一目了然地鉴别产品的优劣，提升客户购买的信心，让客户通过仪器与道具感受产品的优劣。

4）一些有视觉冲击力、有助于营造场地气氛的产品，如座套、野外精品，最好借助其烘托卖场气氛。

5）一些高档产品，应该和汽车一起，摆放到专业的展台上去展示，其身价会瞬间提升。

七、4S 店精品台设置有效展示方法

作为 4S 店集团值得重视的后装精品项目，将 4S 店的基本理念和特征用店面设计的方式表现出来，通过店面外装来吸引顾客非常重要，而 SI（店铺形象设计与管理系统）最大的目的就是把 4S 店的理念——用人们可以直接感受到的方式“露在脸上”，而不是单纯的统一设计或者色彩。

日本的 SI 典型事例——轮胎馆的卖场：

➢ 一眼就可以知道是轮胎的零售店（而且谁都可以买）。

➢ 店铺入口容易辩认，汽车容易开进，容易停车。

➢ 营造无论是女性还是没有经验的人，都能很安心轻松地进店的气氛。

➢ 营造即使是不买东西只是看一看也没有关系的气氛。只要是轮胎，任何车种从低档品到高档品应有尽有，品种丰富。

➢ 标价明确，货架布置可以使顾客想寻找的商品一目了然。

商品陈列（店内装修）的原则：在考虑成本的同时，创造使顾客能够轻松愉快地来店的气氛是大前提。

➢ 印象：明亮、宽敞、令人愉快、容易产生亲近感。

➢ 色彩：明快、轻淡的颜色。

➢ 照明：明亮，结合展示内容有效地使用聚光灯等手段。

> 货位安排要注意大众化的商品安排在店面和店内的入口处，而高附加价值的商品和高价商品则主要安排在店内靠里面的位置。
>
> 促销广告和标语也要以一般消费层选择商品作参考为主体来进行考虑，各个角落都要通过明确、清楚（包括商品供应计划）的表示，自然地把顾客引导到商品的位置。

1. 柜台设置——店面

所谓柜台，是商品和顾客相会的场所，是展示商品，使顾客至少对一种商品感兴趣的舞台。如何设计和设置柜台是一个非常重要的问题。

（1）柜台的设计制作和原则

1）环境的再确认。虽说 4S 店的基本形式、标准都已做规定，但也要根据自己店面的地理位置或者商业环境来调整“治店内容”和“柜台设置”。

为了掌握自己店面的情况，有必要事先掌握以下 3 个重点：

① 来店购买汽车的顾客的生活习惯和生活方式。

② 市场规模和自己店面的市场占有率。

③ 竞争对手店面的现状。

2）从顾客的观点来检查。店面由于持续性的营业，对于当事者来说慢慢地变得难以进行客观的回顾和评价。特别是，越是管理者自身意识强的店面，越容易变得根据自己想法或

者靠主观印象来治店，结果变成难以捕捉顾客需求的店面。

为了防止陷入这种倾向，至少要注意养成每天以顾客的立场和观点，从进店到出店观察自己店面的习惯。看一看自己的店面对于顾客来说，是否是一个“容易进”“容易在店内逛”“方便看商品”“方便挑选商品”“容易和商品接触”“清洁美观、令人愉快”“容易出”的店面。站在顾客的立场，顾客对店内商品的主要印象如图3-1所示，顾客选择某店面服务的主要因素如图3-2所示。

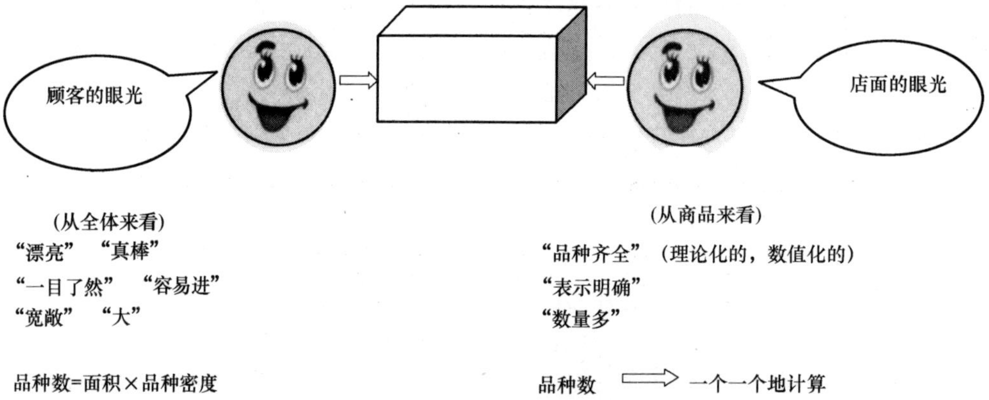

图3-1 顾客对店内商品的主要印象

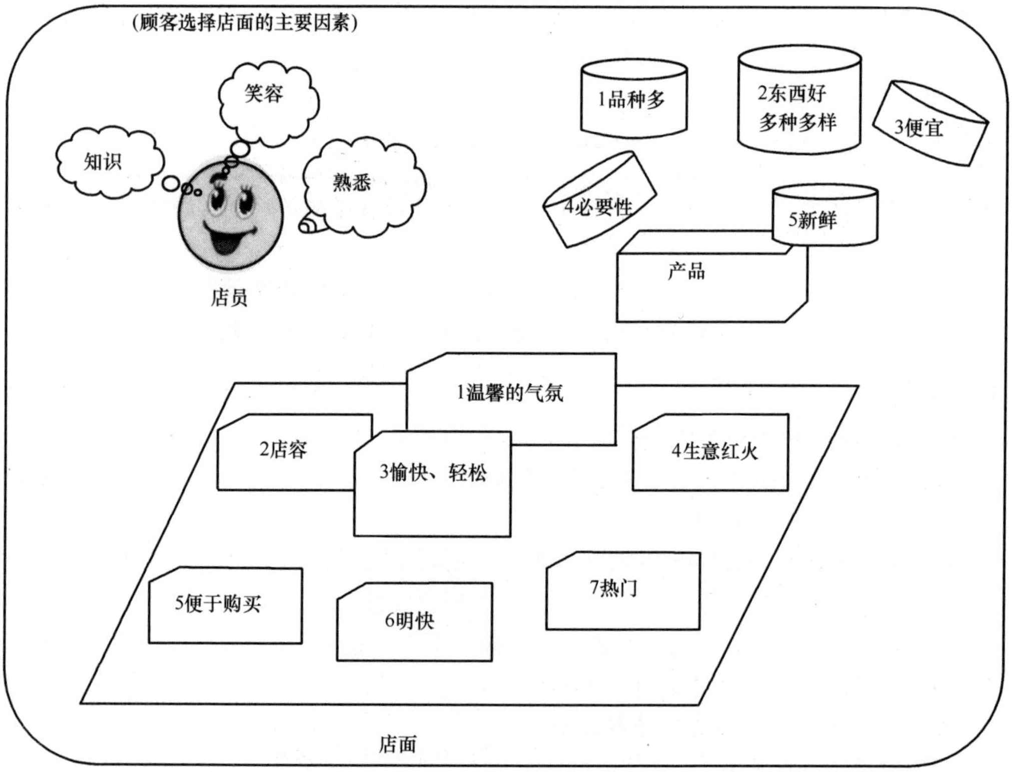

图3-2 选择某店面服务的主要因素

（2）外装（店面供应计划）

店面商品的供应计划是指为了满足顾客的需求，将店面的商品在“合适的场所”以“合适的量”和“适当的价格”，在“适当的时期”以“妥当的方式（展示）”所进行的一系列活动。

1）店面商品供应计划的原则。要以容易进、容易选的店面表现为基本——以座垫举例，如图3-3所示。

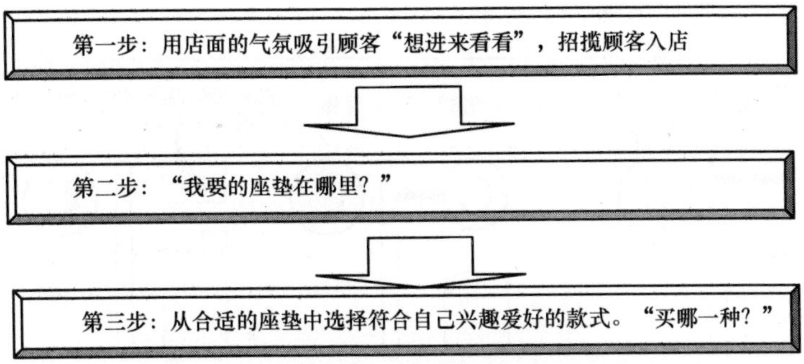

图3-3　以座垫为例的店面商品供应计划原则

2）店面的吸引和号召力。在销售区购买车辆的车主或者在售后服务区保养的顾客一般很少主动到精品区，在这种情况下，让他“一目了然”知道店里有销售精品是关键。为此，可以说尽可能在店面也展示商品是最理想的。具体可以从以下几方面加以改进，如下表3-2所示。

表3-2　店面的吸引和号召力的要素

内　容	重　点
视觉认知性	对于购车或者保养的车主，一眼就可以知道4S店在销售精品（5m以内就可以看到的广告牌、彩旗、商品展示、POP等）
精品（装饰）店面的特点	产品、设备、专业施工车间应有尽有，具有专业店面的高品质感
期待感	利用宣传标语、标志等，创造明快、生意红火的气氛来引导顾客
安心感	明确标价，张贴技术服务收费标准一览表

（3）店面陈列的重点——以DVD导航举例

进店来的顾客首先想知道的是，有没有适合自己的DVD导航。能不能根据自己的预算来挑选。

店面陈列的重点可以从表3-3所示这几方面加以展示。

表3-3　店面陈列的重点要素

内　容	重　点
各种车型配套展示	大众顾客普遍认识的车型的配套DVD导航展示
价格表示	同一种车的DVD价格按不同品牌或型号等级划分
性能比较说明	利用商品介绍板（卡），对顾客重点说明功能性、个性化性能等
模拟操作感受	利用展示空间，将DVD导航进行现场模拟操作演示，让顾客体验感受

（4）商品橱窗和热门专柜

商品橱窗的基本作用如下：

➢ 展示花样，表现品种齐全的倾向。

➢ 宣传重点商品（新商品/促销品）。

➢ 反映季节变化。

特别是引起顾客产生进店冲动的热门专柜的设置应成为重点。

橱窗设计的重点事项如下图 3-4 所示。

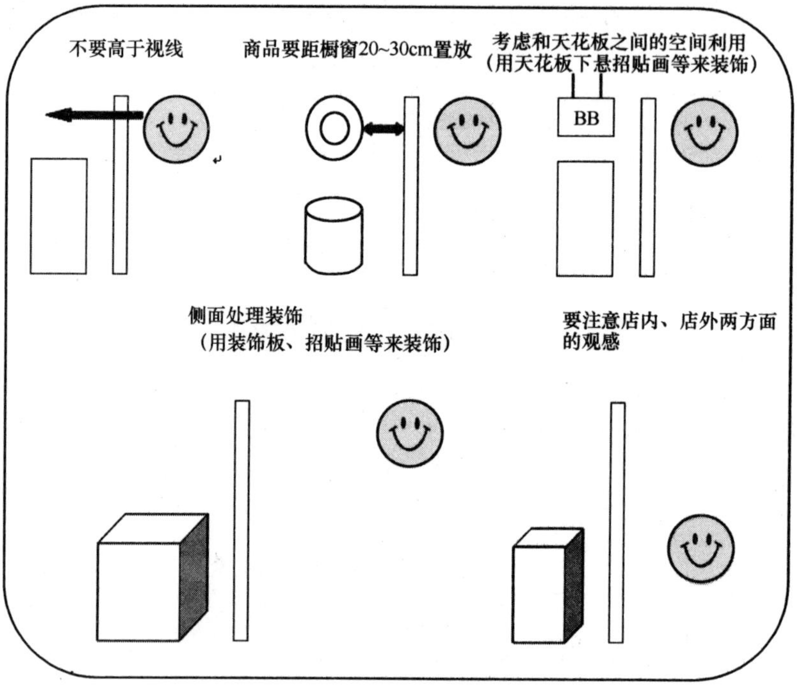

图 3-4　橱窗设计的重点事项

2. 柜台设置——店内

商品整理得非常清洁、美观、有序的柜台是令人非常愉快的。所谓陈列是使商品和柜台进一步美观，提高附加价值，以便扩大销售的手段。但是，如果过多地投入成本和时间，而且经常需要解释和说明的话，那就失去了意义。

（1）店内柜台设置的基本原则

把商品采购进来，只放在仓库里，商品是卖不出去的。直接关系到销售的关键一步就是柜台设计和制作。柜台设计的构成要素如图 3-5 所示。

① 店内布局的设计顺序：

➢ 摆在哪里？（重点商品）［要考虑店内各个销售专柜的平衡（均衡搭配）］

➢ 怎么样让顾客看？（大小、高低）（是畅销商品？还是想促销的商品？）

➢ 从什么角度让顾客观赏？（方向角度）（以顾客的眼光来看）

➢ 商品之间的互相关联？（重视关键点）（一个个的商品是否散散乱乱的？）

➢ 器具是否合适？（尺寸、形状、用途）

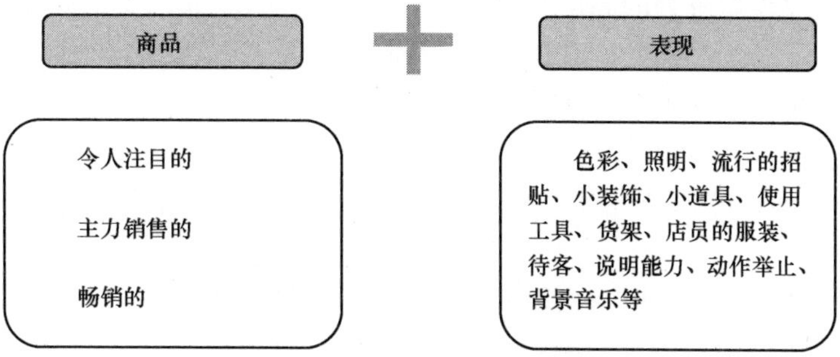

图 3-5 柜台设计的构成要素

➢ 表现是否有新鲜感？（季节的气息；新商品；信息的发布）

➢ 整体的平衡是否达成了？

➢ 柜台设置的制作重点。

➢ 容易找。

➢ 容易观看。

➢ 方便触摸。

➢ 方便选择。

顾客可以直接把商品拿到手中观看，可以增加购买的方便程度，即可以使顾客数量和购物金额得到增加。

② 柜台设置的 5 个基本原则：

➢ 对顾客要有吸引力和号召力。

➢ 美观大方。

➢ 陈列的整理、整顿要做到条条有理和清洁。

➢ 要常变常新。

➢ 价格要立牌标价。

③ 商品展示的基本原则：

➢ 在店面里陈列商品（包括轮胎、轮毂等）

➢ 橱窗、入口附近要设置畅销商品销售专柜，并进行主题化。

➢ 店面要反映季节的变化，店内常变常新，保持新鲜感。

➢ 墙壁陈列要有效地安排。

➢ 每个月改变一次商品展示的主题和空间。

④ 店内柜台设计要点：

➢ 店内的布局至少 3 个月要变一次。

➢ 促销的道具要经常注意使用最新的，商店要总是保持新鲜的印象。

➢ 活用大量销售商品及他店所没有的独有道具，展现商店的独到之处和高级感。

➢ 为了保持新鲜感，一般来说，展示商品的新产品、新商品比率要在 30% 以上。

➢ 在陈列上特别重要的一个关键是要活用顾客视线高度的黄金区，因为从膝盖到眼的高度，即地面上 60 ~ 150cm 是最容易看到的，最令人注目的空间，所以在这个范围内陈列想推销的商品是非常有效的，广告牌也是挂在这个范围内最合适。

➢ 通道的宽度要根据陈列的高度来决定，如果高度为1.5m以下，则宽度为1.5m以上；若高度为1.8m以下，由宽度为1.8m以上是标准。

➢ 服务费和技术费用一览表一定要挂在醒目处。

（2）陈列

① 地面陈列。地面陈列是直接在地面上设置柜台，而周围全是通路，顾客可以从所有角度看商品。

由于地点、大小、高度可以自由设计，所以可以改变店内印象。

地面陈列的重点事项：

➢ 入口：要离开入口1.5~1.8m；不要在正对面形成一堵墙，不给顾客压迫感。

➢ 活用台面：不把商品直接放在地面上，一定要采用垫台等陈列工具。

➢ 地面陈列的特征：周围都是通路，顾客可以从所有角度观看；地点、大小、高度可以自由设计。

➢ 岛形陈列：不要影响店内视线，高度要在150cm以下；要确保通路的宽度。

➢ 背面处理：在设有背景时要使用幕布、大型招贴画、宣传广告等来进行背面处理。

➢ 高级商品的陈列：商品量要少而精，空间和装饰要有富余；如果集中一点，会更容易出聚焦效果。

➢ 大众商品的陈列：要突出量感，保持价格便宜的印象。

地面陈列的基本原则：陈列要做到无论是从左右还是中央，什么角度看都是正面，不要产生死角；一眼就可以看出和其他柜台的不同。

② 店壁陈列。利用店内墙壁进行陈列，根据顾客眼睛的位置（高度、距离），在上、中、下各个部位各有以下作用。

➢ 墙壁的功能：作为商品陈列空间的同时，又是展现店内气氛的场所。

➢ 墙壁的活用方法：考虑把墙面分为上、中、下3个部分。

➢ 上部（眼睛高度150cm以上）：用于装饰、启示空间。

➢ 中部（黄金空间）：配置让顾客慢慢看，能用手触摸，任意挑选的商品；广告牌也适合这个位置。

➢ 下部（膝盖下60cm以下）：由于不容易看到，陈列要注意让顾客视线自然俯视；要注意不要成为滞销品，经常调换商品。

壁面陈列的基本原则：店内壁面也是创造店内气氛的场所，如果只是杂乱无章地摆放商品，则和仓库没什么两样，所以，要下功夫把墙壁分成上、中、下3个部分。一般讲，人的视野幅度是60°左右，站在通路上的顾客如果距离陈列架70cm，则进入视野的宽度为90cm，因此，陈列时的陈列宽度以90cm为标准是至关重要的，和店内壁面陈列同样，岛形陈列也要记住，以宽度90cm为单位进行是一个基准。

第三节 精品销售

销售的重要性自不待言。李嘉诚先生说，自己的成功，一大半的功劳得益于曾经的销售经历。的确，销售人员应具有抗压的耐力，应变的能力，慧眼识人和快速的判断力，都非其他岗位所能比拟。但也因此，这里才是竞争最激烈的战场，所有前期的投入、研发、团队打造、关系维护，最终都要集中在这一方战场分出胜负。当然，任何一项工作都不是孤立地存在，放到整个商业链上，都是一项系统工程。集团公司的精品销售更是如此，它是一个从上到下实施的过程，每一个环节的疏漏，都可能引起整体工作的缺失或错位。

4S 店精品业务（亦称精品）如果想取得好的业绩，在运营思路上需要非常清晰。

首先要确定“以销定采”的精品营运方针。所有的采购都必将来自店面、来自市场、来自客户的真正需求，只有这样才能紧紧跟随客户的脚步，不断研发出新的高质量刚需产品。

其次是企业内部的集中采购，无论是车商集团还是 4S 店都是极为必要的，因为集采的目的不仅仅是降低成本，更重要的是品牌优化。目前国内大型经销商集团无一不在集采工作上下足功夫，这也是提高利润的快捷渠道。但如果一味地看重成本的降低而迫使生产厂家以牺牲产品质量和售后服务保障为代价，那么，这对于整个精品行业的发展都是不利的，更无从谈及集采的产品品牌、质量必须要与企业的乘用车品牌相匹配。

案例分享：国内某车商集团的集采四大原则。

1）厂商合作原则：直接与厂家谈判、签订合同，但可由代理商、服务商提供服务。

2）数一数二原则：只选择同类产品中在销量规模、产品质量均处于全国前 3 名的。

3）团队决策原则：新产品导入和供应商选择合作时应建立企业集采委员会并由决策成员集团议定、团队决策，以避免个人决策失误或道德风险。

4）重点产品原则：营运方针、集中采购一旦明确，接下来的重要工作就是确定“重点产品”。“20% 的产品带来 80%”效益，尤其是出于安全私密和外出旅行的客户刚性需求产品，如安全遮阳车窗膜、GPS 导航等。当然，随着市场竞争，车商应不断地根据市场需求而调整自身的产品采购及定价策略，以满足车主需求。

一、销售的主体

这里的销售，站在集团公司的角度而言，应有两重含义。

1. 集团公司精品管理部门的销售

这里的客户，是指集团公司旗下的各 4S 店。如何让各店或者说一线消费者认可我们精品管理部门推荐、引进、确定的产品，是我们应做的主要工作。

1）先让旗下的各 4S 店认可精品管理部门，认可这个部门的人是首要的工作。

做销售的都知道，销售产品其实是销售业务员这个人，客户认可了你这个人，才会认可你推销的产品。在汽贸集团公司内部也是一样的。

所以，我们的精品管理部门的领导和员工，应该坚持原则、以集团公司利益最大化为前提，本着与人为善、帮助扶持的心态做事，来化解内部的阻力。

2）尊重各 4S 店的意见和习惯，前期先求销量提升，再求成本降低。当然，成本降低，同时销量提升是最好的结果，只是说前期的重点，是如何提升销量。

3）集团公司引进的产品，如果遵循我们前面“进货环节”所讲的方法和流程，各 4S 店应该没有太大的抵触情绪。但精品管理部门却不能因此放松自我要求，应将引进的产品的生产厂家、产品品牌和型号、价格、服务商等放在集团公司内部管理网上，欢迎大家比对价格和服务，以便监督。他人的监督，是对自我最大的保护。

4）在监督中需要提醒大家：比对同一品牌、同一型号的产品，价格相差很大，太阳膜有上千家，导航竞争激烈时也高达500多家，价格没有最低，只是更低。不是同一品牌、同一型号的，如果再不是行业领袖企业或前三甲企业的产品，就更没有可比性。

同时，比较时也请看清条件：对方是不是一般纳税人，能不能提供增值税发票，发票的品目是不是真实的项目；是否提供安装服务，售后问题如何解决，保质期是一年、两年还是三年，产品有没有上保险；结账方式是不是一样，多长的账期，等等。

5）搞好理念培训，让大家接受集团公司精品管理的思想和管理理念，理顺思想是任何工作的前提。

6）搞好销售技巧、产品知识和话术的培训，这是销售上量的基础。当各4S店的销售人员综合素质和专业素质提高了，精品销售管理工作才能相对高效和轻松。

2. 集团公司旗下各4S店的销售

在“组织架构”章节已经讲了在4S店由谁来组织、实施销售，其方式主要有两种：一是专职精品人员销售，和整车销售人员以1∶3的比例配置；二是全员销售，每一名前台接待、整车销售员、售后维修人员，同时都是精品销售人员，打一场“人民”战争。

两种方式各有利弊，需各集团公司结合自己的4S店的特点，择其合适者选之。

二、销售的时机

销售的时机可以说无时、无处不在，随时都可以销售，但像五一、十一、元旦、情人节、春节等大型节假日是商家重要的销售时机一样，汽车经销商、4S店作为大宗产品的商家，更需要把握好时机。在上述重大节日的“统一销售时机”之外，针对具体的客户，销售的时机也需要好好把握。

1）新车落地时。客户此时满怀购车的喜悦，又在不同程度上有向亲人、同事、朋友炫耀的心理，多多少少都会有冲动的消费性行为。这是最重要的销售时机。

2）第一次保养时。经过一段时间的驾驶，车主对自己的车况有了相对较深的了解，也和其他车主有了对比，在保养的时候可能会咨询一些问题，这时，销售人员、售后人员或前台接待，就可以很自然地过渡到精品的推荐上来。

3）车辆出现故障时，甚至事故时。一是可能部分部件确有损坏，另外，这个时候车主可能有些无助。如果说购买新车时是最喜悦的时候，那出现故障或事故时，可以说是最脆弱的时候。这个时候推荐产品，可能更容易打动人心。当然，需要站在客户的角度思考问题，并且“度”需要把握到位。

4）车辆作为二手车出售时。当车主出售二手车时，一方面可能像对待宠物一样有些依依不舍，想最后整修一新，不负它跟随自己奔波效力一场；另一方面也有整旧如新、卖一个好价钱的想法。这时的开支，可能会相对较大。

5）参加重大活动时。参加婚宴、生日派对、同学聚会、接待重要客人等活动，在某种形式上，也可以说是一次车辆展示秀，特别是豪华车主，这种心理可能更强烈。这时，车主走进4S店维修、保养或美容时，可以适当地推荐一些产品，特别是外观性的，或功能性的产品。

三、销售的模式

精品销售模式按照汽车销售的时间节点，可以分为前装销售、售中销售、售后销售和联动销售机制。

1. 前装销售

前装销售指的是售前加装，又称加装销售。简单地理解就是打造新车型，亦即将一款市场上的普通车型，自己增加一些功能和配置，推出一款全新的车型，以有别于其他集团公司的同品牌4S店所售的车型。

这就引出第一个问题，怎么加装呢？

1）参照本品牌车型中高配车型的配置。

2）参照其他品牌车型中高配车型的配置。

第二个问题：加装哪些产品呢？

1）满足绝大多数车主需求的功能或产品，为第一需求产品。

2）满足部分车主需求的功能或产品，为第二需求产品。

3）满足小部分，或特定群体需求的产品，为第三需求产品。

怎么来理解什么是第一、第二、第三需求呢？

用示例说明：一般农民在手头宽松之后，欲购置电器，一般的情况下，大多数人一般是先买电视，后买冰箱、空调，最后买汽车。电视，就是绝大多数人的第一需求。

如果一位农民，家里有人身体欠佳，必须将饭菜或中药在冰箱里储存，这时，他有限的资金，可能会先行购买冰箱，这时冰箱就是第二需求。

如果他因为生意或其他原因，迫切需要先购置汽车，因为这样的选择概率很小，所以这时的汽车就是第三需求。

在提升配置的过程中，我们需要注意哪些问题呢？

应先易后难，先做大多数人需要的配置提升或外观改选。

应主动引导车主消费，理直气壮地推荐，因为你给车主带来了帮助。

应让车主明明白白消费。是不是原车配置，真皮是什么级别，都应告诉车主，以免不必要的消费纠纷。

提升配置后的加装车，如何才能更容易地卖出去？

1）样车展示，让车主看到实际加装后的效果。

2）起一个好听的名字，如领航版、至尊版，黄金版、限量版，精英版、尊贵版，科技版、运动版、豪华版，贺岁版、剧院版，粉红佳人版、沙漠越野版等。

3）做好员工的培训、引导，并辅之以奖励。

2. 售中销售

这里所说的售中销售，是指没有加装到整车上，客户购买新车时，销售员推荐销售的产品。大多数产品都可以采取这种方式销售，只是存在难易之分。

这一类产品在推销时，为了减少客户的顾虑，最好采用“减法”或“加法”式销售，也就是说，可以为客户设计一个“礼包”，将不同的产品组合在一起，根据客户对产品的第一需求、第二需求、第三需求，列置一项表格，依次递减；或只列第一需求，在表格上留下空白位置，依需要添加。

3. 售后销售

这里所说的售后，是指车主购买新车之后，在4S店或街边美容连锁店加装了精品以后，再次在4S店购买的消费行为。

哪一类产品适合售后销售呢?

➢ 车主已经加装的产品，市场上又出现了更新换代产品，销售员至少自己认为值得更换。

➢ 适合在车主维修、保养车辆时需要的产品，比如养护产品、OBD远程诊断产品、底盘装甲产品。

➢ 车主在事故之后有可能引起高度重视的产品，比如夜视仪、360度安全预警产品。

➢ 车辆内外饰产品、美容产品。

如果“售后销售”再细分，又可分为新车购买后当期的售后销售和客户回店维修、保养时的精品销售。

新车购买后的售后销售，应该理解为最主要的销售方式，因为这时客户正处于产品需求期，有需求，明明白白地向消费者推荐，理直气壮地销售，是主要的销售方式之一。

客户回店维修、保养时的精品销售，相对而言针对群体消费欲望不够强烈，因为顾客已经在前期购买，因此只能作为一种补充销售方式。

上述几种销售方式，各有利弊，需要综合运用，打“组合拳”才能创造最佳业绩。但基本上以前三种为主。在目前的国内4S店市场，第一种售前加装方式最为常用，因为最简单易行。

随着“三包”法的实施，有可能引起车辆问题纠纷的产品和销售方式，4S店需慎重选择。

4. 联动销售机制

在全员销售的组织架构中，已经讲了销售要打的这一仗，是一场“人民”战争，全员战争。为了营造浓郁的销售气氛，应该在内部引入联动机制。

➢ 与信贷部门结合，在信贷业务中，将精品以“贷”的形式推销出去，尤其是金额较大的产品，比如夜视仪、高端的太阳膜、高价的漆面美容、保养。

➢ 与二手车部门结合，将旧车整修一新，并可进行升级改装，车辆的漆面、内饰的整新，底盘的保养，发动机的清洗等。

➢ 与保险部门结合，安装智能钥匙赠送盗抢险，贴太阳膜赠送玻璃险等。

四、销售道具与激励

演员演戏，需要借助道具，以便更入戏。销售精品，也应该借助身边的道具，以便更顺利地成交，提高成交率和销售量。

1. 销售道具

销售道具主要有以下几种：

1）加装的样车。

2）相应的表格。像我们前面所说的“加法”“减法”表，设计的“礼包”，可以让客户直观地看到需要加装、采购哪些产品，优势何在。

3）宣传海报、宣传画。

4）介绍产品的视频广告，介绍产品功能、安装办法的视频、幻灯片。

5）导航、一键起动的演示仪，让客户直观感受产品的性能和与其他产品对比的优劣。

6）太阳膜的演示台，隔热展架、透光率测试、威固发明的借助“能量测试仪”与“热能转动仪”测试太阳膜隔热性能“魔镜”、测试吸热效果的“秒杀器”、体验膜热反射效果的“反射吸热对比”等。

7）促进底盘装甲销售，可将已经废弃不用的底盘装甲溶液的空瓶子、空罐子放在一旁，让客户看到有多少车已经做了底盘防护，增加其认同感；再将锈迹斑斑的底盘放在一个角落，让客户看到如果不做底盘保护，将来会腐蚀到什么程度。

2. 如何激励销售

士气需要鼓舞，员工的付出需要得到回报。另外，任何工作，如果只安排、部署，却没有检查、奖惩，时长日久，也会落入空谈。那么，对精品销售，我们应该如何落实奖惩呢?

1）总体原则。奖惩结合。以奖励为主，惩戒为辅；以荣誉引导为主，以物质奖励为辅；以及时性奖励为主，以长远性奖励为辅。

2）方案应有引导性。比如，某4S店的奖惩方案规定：销售一台裸车（即未经加装的车），提成50元；销售一台加装车，提成500元。十倍的差额，让员工主动选择加装车。

3）方案应有相对的稳定性，不能看到员工提成收入高了就立即修改绩效方案，这样反而挫伤员工的积极性。方案可以改，但至少需要在一定时期内保持稳定。

4）下达任务，应分解到年、月、周；每季、每月调整，每周跟进、公布，检查原因，分析成败，奖优惩劣。

5）下达任务，应分解到具体的项目。每一个主要的项目，都指定小组长、负责人，使负责人既在工作上背负压力，又可在业绩中体现自我能力和价值，并增强荣誉感。

6）可将销售员工分组，按人数多少分成几个小组，几个小组之间会自发地PK。

7）一定要有惩戒。这种惩戒，金额也许不一定很高，但一定要有所体现，并在适当范围内公布。比如月精品销售冠军榜、末位销售人员的公布。在周会、月会上让冠军讲经验，让末位讲讲感受、表决心。

8）让榜样引路。比如上面提到的销售冠军榜。榜样需要树立、挖掘、打造、培养，就是说，如果没有很优秀的榜样，可以制造榜样，让制造的榜样为荣誉而战，直至成长为真正的榜样，并用其来倡导正气，弘扬先进。

9）最大的激励，其实还是集团公司的企业文化。集团公司有没有弘扬正气，鼓励先进的文化，有没有批评落后，鞭策后进的氛围，有没有让老实人、能干的人获得应得的物质和精神奖励的制度，有没有树立落后者知耻而后勇的文化氛围。

五、营销组织及注意要点

按照和新车销售的结合程度分类，精品的营销主要有三种模式：

第一种售前销售，即新车销售之前就加装精品，提升配置，然后搭配新车一同销售。

第二种售后销售，即车辆销售之后的精品销售。比如底盘养护，升级换代的产品销售。

第三种售中销售，即独立于新车销售之外的精品销售。

第三种售中销售是大多数4S店最常用的销售方式。应该说，它是最考验4S店员工销售水平的一种方式。它要求所有的精品销售员都是精兵强将，对每一类、每一种、每一款精品都了如指掌，这非一日之功，需要经验和时间的积累。所以，这种方式是最难做的。

第二种售后销售，有很大的局限性，因为作为一辆“旧车”，应该加装、改造的，客户已经做了；没做的项目呢，客户基本上也已经没有了兴趣。这就像我们的房子一样，如果搬进去入住之后，即使再有不满意之处，非特殊情况，也就懒得再装修了。但这种方式也有其好处，就是对某类产品，有很好的介入时机。

第一种售前销售，搭配新车一同销售精品，是现在力推的一种方式。这种方式的好处也是显而易见的：

1）让客户看到了升级车，以实际效果说话。这也是4S店明显有别于街边美容/装具店的优势，为什么不好好利用呢？

2）节省车主的时间，也节省业务员推销的时间和技师安装的时间。客户买了新车以后，往往会有亲朋好友庆祝，或带上亲友兜风试驾，没有耐心等我们花2～3h的时间贴太阳膜、安装导航、更换真皮座椅，而其即使已经认可了我们的推荐，一旦走出4S店的大门，也有可能“黄鹤一去不复返”。

3）业务员勿需掌握太多的产品知识或销售技巧，因为有实际效果摆在那里替我们说话。

4）成本低，性价比高。一辆高配置的车，比标配的车往往要高出2万元甚至更多，但如果自己提升配置，成本可能只需7000～8000元，售价1万元也还有3000元的赢利。这种4S店赢利，业务员提成，客户省钱，三方受益的事，何乐而不为呢？

5）可以在新车销售和精品销售之间相互促进：当新车畅销时，以车辆销售促进精品销量。比如2010年末的北京市场，一辆车加装2万元的精品客户也接受。

当车辆滞销时，又可以精品促进整车销售。将车辆提升配置后，即使稍有赢利，不也有利润空间吗？再退一步讲，即使精品加装不赢利，平价销售，不也促进了新车的销售吗？

在这里引入两个概念：一是创造新车型。如果当地有同品牌竞争的4S店，这种方式就更有必要，在产品越来越同质化的今天，我们可以打造一款“新车型”来推向市场，使自己更具竞争力。

应该给客户这种概念——没有加装、提升配置的车，就像一间没有装修过的毛坯房，怎么入住？哪一个有品味、有实力的人，不将房子收拾好以后再入住呢？当然，可以结合自己的经济实力，大装、精装，或小装修，但不能一点儿也不装。

如何创造新车型，或提升配置，其实很简单，就三点：一是考虑本汽车品牌的高配置车型；二是参考其他汽车品牌的高配置车型；三是根据客户的需求创造新车型。

在这里需要提醒大家注意几点：

① 提升配置的产品，一定要优质、安全，最好和原车相匹配，不用破坏原车的线路线头。

② 最好容易复原或拆除，万一加装不当，没有销售出去，也不影响新车的销售。

③ 应考虑大多数车主的第一需求。就像农民脱贫致富后买的第一件家用电器一样，一般大都是电视，而不会是冰箱或空调。应考虑是做大众客户，还是做小众客户。

④ 应让客户明明白白消费。让客户清楚是自己按照高配置车型提升改造的，还是生产厂家原厂提供的；加装的是真皮座椅，还是人工复合皮座椅。

⑤ 应理直气壮销售。首先业务员自己要认可这种方式，热爱这种方式。就像保险员推

销保险一样，这份工作不仅仅是为了解决自己的衣食住行，而且是在向客户推销一种生活甚至生命保障。4S店现在做的是，让客户花较少的钱，享受更优质的服务。我们做的是善事，是好事。

如何让销售真正地发挥威力，需要多管齐下，三种方式并进。但建议大家，不妨先从第一和第二个方式开始，因为它们相对容易做。就像考试一样，我们都是先从容易做、会做的考题开始答卷的啊。当有了时间，再回头做难做的、加分的试题，即第三种方式。

而且有了前面的基础，管理层和员工层对精品有了初步的认识，就比较容易进入状态。当三种方式互相融合、运用自如后，精品销售将无往不胜。那么，我们销售的是什么精品呢？答案是：产品和服务。

六、任务指标的下达

对4S店、对员工，考核指标是最大的风向标。所以，指标下达是否具备科学性，有没有引导性，将对业绩的达成起到至关重要的作用。

1. 集团公司对4S店的考核

指标1：整体销售额,——当期的精品销售汇总额。

指标2：单车平均额,——精品销售数（当月/累计）÷累计售车数（当月/累计）。

指标3：销售毛利,——汇总的精品销售全额－汇总的精品采购全额。

指标4：精品占比,——累计精品销售金额（当月/累计）÷汽车销售数。

是否在分母中加入车辆维修数或车辆维修金额可酌情考虑。

指标5：毛利率，——(汇总的精品销售金额－汇总的精品采购金额)÷精品销售金额。

指标6：4S店主推项目的上述数据。

2. 各4S店对销售员工的考核

对员工的考核，上述指标1、指标2、指标3为主要指标，必要时可加入主推项目的相关指标。

各项指标数据，在不同的阶段可能会有不同的侧重。对不同指标数值的重视，会起到不同的引导性。比如：

当集团公司强调销售额的数值时，可主推指标1。

当不同品牌、车型间相对难以比较业绩时，可推出指标4。

当计划主推某类项目的产品时，可推出指标6。如果没有计划主推某项产品，这项指标可以封存不报。

七、汽车精品销售常见问题解答

1. 问：为什么说加装销售是4S店目前应该主推的销售模式？

答：1）客户看到了样车，以样车的实际效果说话。这也是4S店和街边店和其他品牌装修连锁店相比独具的优势，因为4S店最不缺少的就是汽车。

2）节省销售员的时间，不需要更多的销售技巧，甚至不必了解更多的产品知识，让“菜鸟”级销售员也可以轻松卖精品。

3）减轻销售员的心理压力，不必有更重的心理负担，不用担心介绍完一项产品之后，还得考虑下一项产品。

4）节省客户的安装时间。

5）减少客户接受后又反悔的几率，因为客户接受推销的精品后，可能因为安装、施工时间过长而离开，离开后又可能接收到其他信息而变卦。

6）将低配置的车型，加装升级成中高配置的车型，4S店投入成本低，收入高，而客户花钱不多，却又可以享受到和高配置的车型一样的功能服务，销售员又可以从中提成，三方收益，何乐不为？

7）采用此方法，可以在整车销售和精品销售之间良性互动：当整车畅销时，以车辆销售促进精品销量；当车辆滞销时，可以精品促进整车销售。

2. 问：曾听到有的销售经理说，16:00以后销售的车型，找各种理由和借口不让客户提车。为什么？

答：因为16:00以后所售的车，销售员已经没有时间再推销精品，或再介绍保险、会员俱乐部、延保等项目。而且，即使客户接受了你的精品推荐，当天店里也没有时间施工、安装，而客户一旦离开，很可能又会出去比价，一去难再回。

3. 问：怎么理解加装车可以“在整车销售和精品销售之间，双方可相互促进：当整车畅销时，以车辆销售促进精品销量；当车辆滞销时，可以精品促进整车销售”？

答：以2013年的福特品牌为例，因为车辆供不应求，很多车主需要加价才能提车，这时客户对精品的价格并不敏感，是搭配精品销售的最好时机，所以说：整车可带动精品销售。

当车型滞销时，可以用精品提升车辆配置，相当于给予客户更多的优惠，而由于精品差价的存在，客户对车价相对乐于接受，虽然精品利润降低甚至可能“平来平走”，但只要精品不赔钱，销售出去的车辆就是一大赚头。所以说：精品可以带动整车销售。

4. 问：我曾经听过霍老师的讲课，在课堂上您提出过“销售精品、杜绝赠送”的观点。现在车辆竞争这么激烈，卖精品实在是难上加难，在这种情况下，可不可以赠送精品？

答：1）4S店赠送的产品，从成本的角度考虑，价格不会很高，质量可能较差，时间稍长出现质量问题，引起客户反感，导致信任丢失。

2）对4S店来说，失去了利润最大化的机会。你赠送了500元/车的太阳膜，就失去了推销5000元/车的太阳膜的机会。失和得之间，哪个让4S店得到或失去更多？

3）赠送的产品，客户也许表面欣喜，但内心不会珍惜。他为自己感觉占了便宜而欢喜，又因白白得到，对质量问题产生怀疑，而不加珍惜。

4）我们需要明白：客户不是要买“便宜货”，他只是想“占便宜”。我们把优质高价的产品给他打折，让他感觉到和占点儿便宜是一样的。

5. 问：如果客户坚决要求赠送，需赠送哪一类的产品为宜？

答：1）非一次性消费的产品，如座垫、脚垫、香水、把套等。

2）不含施工的产品，如车内空气加香器、紧急充气泵。

3）需要特别强调的是，施工、安装的产品，如太阳膜、一键起动等，一定不得赠送。因为这类产品赠送的不仅仅是产品，还有技师的工时费、提成费，而车主如果自行在外安装，不让我们施工，一旦出现质量问题还会抱怨到我们身上。

八、对汽车精品销售的几点建议

1）从4S店总经理到销售员，普遍树立精品“只能销售，杜绝赠送”的观念。

2）明文规定：赠送需要店里最高级别领导签字，并且每月、每个销售员有赠送的金额限制。

3）要树立心理定位：4S店就是卖优质产品的，就像LV专卖店一样，它会赠送你一个LV包吗？

4）对特别难缠的客户，可以将优、劣产品进行对比。告诉他：别人家能赠的，我也能赠，但品牌、质量不同，我不敢保证赠送的产品质量如何。

5）就像在地摊上不可能买到真正的LV包一样，在超级的大型卖场，也不可能引进质量差、价格低的产品。我们4S店，就是卖优质产品的地方。

6）充分展示产品与服务的差异化优势。优质的产品虽然价格高，但一般来说都有很好的品牌力及优异的性能。必须让客户感受到好品牌能为他带来的荣耀感，让车主充分体现出高性能的差异优势。另外，要充分体现服务的差异化，对客户来说，“感知价值”是最重要的价值。你的产品与服务，是否能让客户拥有“超值”体验在某种程度上决定了成交率与满意度。好的施工服务的专业性可以让客户感觉到“高端品牌”与“赠送产品”的区别，促进客户“购买”高性能、高品质的产品与服务。

九、斯巴鲁汽车精品营销实例

下面以斯巴鲁汽车为例介绍精品营销活动的运营方法。

1. 企划背景

斯巴鲁森林人汽车（以下简称森林人）在本月继续以微弱的优势胜出夺得冠军，以9.8%的关注比例成为了10月份最受用户关注的中型车车系，关注比例较上月上升了1.1个百分点，但领先优势并不十分明显。凯美瑞上升速度较快，对森林人构成严重的竞争威胁。

2010年末新车扎堆上市，在新车的冲击下，在销车型纷纷采取不同形式的优惠促销、降价等最直接的促销方式。

新车利润下降，4S店急需根据消费者的需求开创独特的营销模式，实行包装不同版本车型，增加差异化、多元化，保证整车利润的营销策略势在必行。如在原厂新车的基础上，组合个性化定制的汽车精品项目（如高清数字DVD导航、智能钥匙一键起动等），并提供系列的营销增值服务。

2. 活动概要

1）活动名称：森林人“2011贺岁版”荣耀登场。

2）活动时间：2010年×月×日~2011年×月×日。

3）活动范围：×××汽车4S店。

4）活动目的：通过加装××整车娱乐导航解决方案、专车专用DVD导航等配置，使森林人车型“源于原厂，高于原厂”更加超值，从而笼络想锁定森林人但对车型价值较为重视的客户群。

充分发挥汽车精品资源优势，树立销售顾问推介信心，赢取边际利润；通过“贺岁版”多元化增值的噱头，吸引消费者眼球，增加来店量，从而赢得销售机会。

5）活动内容：

一重礼：试驾有礼活动，活动期间来店试驾，即可获得×××元礼品。

二重礼：活动期间购森林人贺岁版均送×××元贺岁礼包。

三重礼：活动期间购森林人贺岁版抽奖撞大运，赢取×××元油卡或港澳区域旅行套票。

6）活动对象：2010年×月×日~2011年×月×日内购买森林人贺岁版者（以销售认定）。

7）贺岁版精品数据分析：

① 森林人贺岁版

森林人2.0X手动舒适版，22.98万元；

森林人2.0XS手动豪华版，24.98万元；

森林人2.5XS自动豪华版，26.48万元；

森林人2.5XT自动豪华版，33.98万元。

森林人贺岁版常见配置的销售价格和成本价见表3-4。

表3-4 森林人贺岁版常见配置的销售价格和成本价

配　置	销售价格	成本价
DVD导航　倒车影像系统		
双屏头枕电视		
车灯升级　氙气灯		
智能钥匙　一键起动		
原厂自动防眩目后视镜		
原厂烤漆挡泥板		
原厂轮眉		
车型专用蕾丝布椅套		
合计		

豪华版选装双屏头枕电视；其他车型选装车灯升级。

森林人原厂精品选装2895元/台

销售≤？台　　提成:？元/台

销售≥？台　　提成:？元/台

预计利润空间=46000－权限价24000－提成

② 傲虎贺岁版

傲虎2.5i豪华版，29.98万元；

傲虎2.5i豪华导航版，32.48万元；

傲虎3.6R豪华版，42.98万元。

傲虎贺岁版常见配置的销售价格和成本价见表3-5。

表3-5 傲虎贺岁版常见配置的销售价格和成本价

配　置	销售价格	成本价
DVD导航影音系统		
智能钥匙　一键起动		
双氙气前照灯总成		
御用型前后杠		
踏板		

（续）

配　　置	销售价格	成　本　价
原厂行李舱装饰条		
原厂尾灯装饰罩		
原厂邮箱盖贴		
原厂行李舱置物网		
合计		

傲虎原厂精品选装 1650 元/台

销售≤？台　　提成:？元/台

销售≥？台　　提成:？元/台

预计利润空间 =56000 – 权限价 28000 – 提成

8）销售目标及奖励措施

① 销售奖励：销售员每销售一套“贺岁版”套餐，单车精品毛利为 10%（扣除成本）。

② 部门月度奖励：销售部完成月度目标设定，奖励 3000 元部门基金。

③ 部门季度奖励：销售部完成季度目标设定，奖励价值 3000 元国内游名额两个。

注：建议各店给予营销激励支持；4S 店可根据各店实际情况制定激励措施。

9）礼品支持

方案一：豪华双肩电脑背包，如图 3-6 所示。

方案二：电脑内胆包 + 鼠标，如图 3-7 所示。

图 3-6　豪华双肩电脑背包礼品

图 3-7　电脑内胆包、鼠标礼品

备注：产品仅为示例，请根据实际情况调整。

10）活动实施步骤，具体流程如图 3-8 所示。

11）宣传方式及推广进程，具体流程如图 3-9 所示。

3. 广宣方案

1）店头布置要求

① 采用贺岁版统一设计，统一形象布置，突出活动主题。

② 设立贺岁版专区，突出终极奢华车型的差异性。

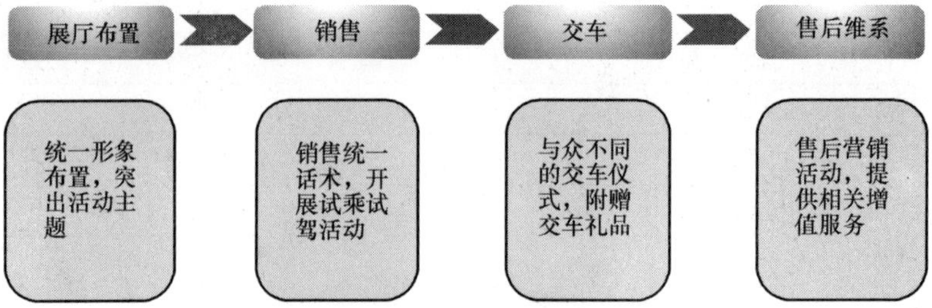

图3-8 活动实施步骤

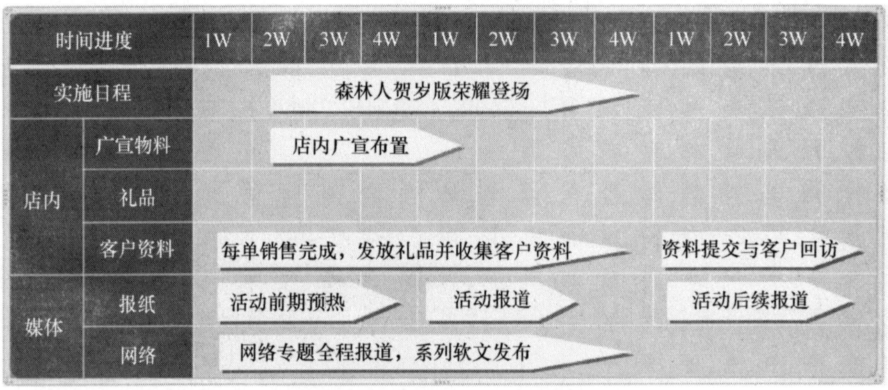

图3-9 宣传方式及推广进程

③ 在设计主题统一的情况下，根据展区的实际尺寸调整设计尺寸。

2）车辆展示。店头采用贺岁版统一设计，统一形象布置，突出活动主题。

3）主背景板。具体背景如图3-10所示。

图3-10 主背景板

4）宣传单页/X展架，具体单页与展架如图3-11所示。

5）相关宣传资料，具体相关宣传资料如图3-12所示。

6）展厅布置效果如图3-13所示。

图 3-11　宣传单页/X 展架

桌贴

地贴

横幅

图 3-12　相关宣传资料

图 3-13　展厅布置效果

4. 销售话术及宣传物料

（1）销售话术

1. 问：贺岁版是否是斯巴鲁的新增车型？

答：该车是由××××店独家推出的一款为超值增配的全新车型。并非购买以后进行加装，而是车辆出售时标配，是一款名副其实的原厂级车型。

2. 问：增加的配置如何保修？

答：所有新增配置均提供2年/5万km保修，享受与广汽丰田大部分车型相同的质保标准。

3. 问：我只要2.0森林人，不要导航是否可以？

答：2.0X森林人包牌价为×××元，而贺岁版版仅售×××元，还比2.4凯美瑞增加了DVD导航系统、倒车影像系统、倒车辅助和头枕等，绝对是物超所值。所以，我们建议您选择贺岁版更加实惠。

4. 问：不要增加的配置，可否在2.0森林人价格基础上直接给我优惠××××元现金？

答：因为该车型是车辆销售前标配的，而不是购买以后加装的，所以无法给您折现。

5. 问：其他版本车型是否可以增加优惠与贺岁版相同？

答：对不起，不可以。因为贺岁版是一款新增车型，为×××特别打造的，您若选择其他版本的车，我可以按照其他版车的最大优惠给您。非常感谢您喜欢广汽丰田并选择森林人。

6. 问：包牌价如何计算？

答：包牌价=净车价+购置税+上牌费+其他

（2）宣传物料

相关宣传物料如图3-14所示。

图3-14　相关宣传物料

5. 客户回访

（1）活动短信

×××店岁末冲巅峰之作，森林人贺岁版独家发售，送保险，更享受0利率0月供，再送万元大礼包，更有机会赢取港澳区域游。2.0XS版优惠高达×××，抢购热线：8888888。

（2）客户回访

C卡客户回访：

1）××先生/女士，您好，我是斯巴鲁×××店销售顾问×××。

2）没什么事情，主要是问候一下您，近期生意不错吧。

3）另外我们为庆祝森林人销量超过×××台，特推出贺岁版，这款新车注重的是升级DVD导航与专车专用影音效果，把家庭影院的视听效果搬到我们的森林人车上。

4）您用车过程中有什么需要帮忙的，也请随时给我电话。打扰您了，我们再联系。

十、体验式营销助 4S 店汽车养护步入 2.0 时代

在整个 4S 店的售后产值中，养护产品的比重一直占有相当的比重，也是利润相对较好的项目。但通过我们调研得知，传统养护产品的销售瓶颈期已经来临，很多的 4S 店养护产值不升反降。如何找到深层次原因并寻找破局的方法，成为越来越重要的课题。

首先，车主消费日趋理性，同时由于信息不对称，大多数车主对车辆的维护缺少了解。对强硬式推销产品的方式越来越抗拒，究其原因是不了解、听不懂、看不明白，进而对整个养护产品的疑虑加重，反过来也影响了产品的销量。其次，大多数 4S 店的 SA 对养护产品的作用原理了解不透，销售工作也缺少标准化、流程化，导致服务顾问销售水平参差不齐，销售工作主要靠“能人”带动，给 4S 店养护产值的增长带来了很大的制约。

如何有效解决以上两个方面的问题？目前市场上新近提出的“体验式营销 + 顾问式销售”提供了另一种解决的思考方式。

市场上体验式消费比比可见，如苹果“体验店”、红星美凯龙“体验式家具广场”、迪士尼体验式主题公园以及整车销售行业的“试乘试驾”等，都是体验式经济之具体表现。

而在汽车售后服务市场，若能率先将体验式营销的理念和方法植入汽车售后服务的过程，那 4S 店必将引领中国汽车后市场发展的潮流。

传统营销与体验营销的区别

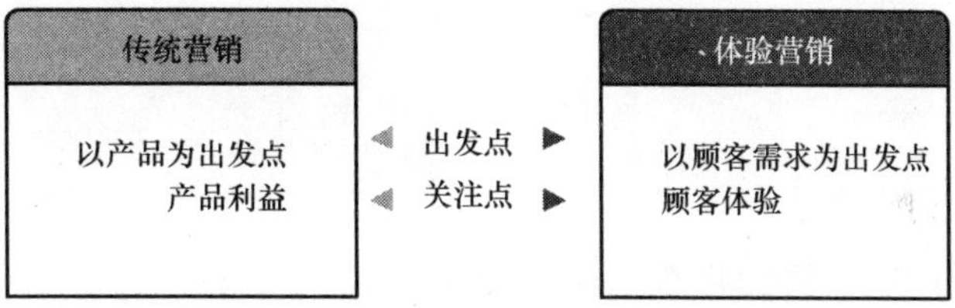

德国 CTP 公司率先将“体验式营销”理念、模式和全面解决方案引入汽车后市场。

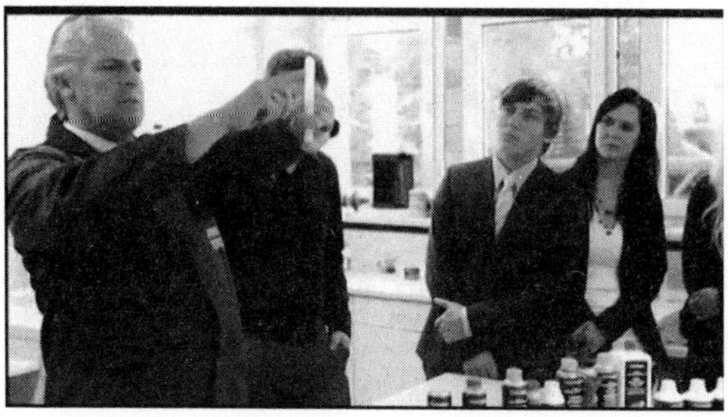

互联网时代，信息越来越对称，汽车后市场也必将迎来关注客户体验，能与车主有效互动和更多参与感的 2.0 时代。其核心就是有效帮助 4S 店扩大市场份额，加强与客户的沟通交流，加强客户与 4S 店之间的联系，提高业绩，增强竞争力。

作为汽车后市场体验式营销的倡导者，庞大集团与德国 CTP 公司一起率先在汽车养护市场进行了积极大胆的创新，下面以庞大集团与德国 CTP 公司合作的案例来看他们如何利用体验式营销助力 4S 店汽车养护步入 2.0 时代。

2014 年 CTP 公司联合庞大奔驰大区开展【车主学堂】，通过销售顾问与车主面对面，通过让车主现场体验，让车主真正明白如何养护、什么时间养护、养护后的效果如何。彻底告别车主被动消费，疑虑重重的 1.0 时代。

在车主学堂【爱车养护】环节，用直观的展示工具，让车主看到、听到进而感受到，建立信任关系，培养起车主在4S店长期做养护的习惯。

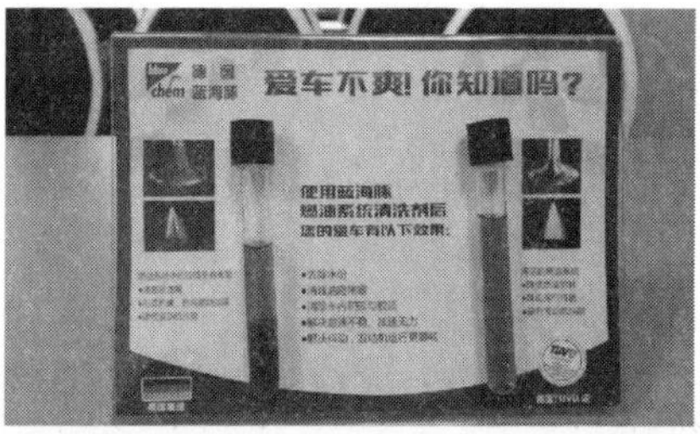

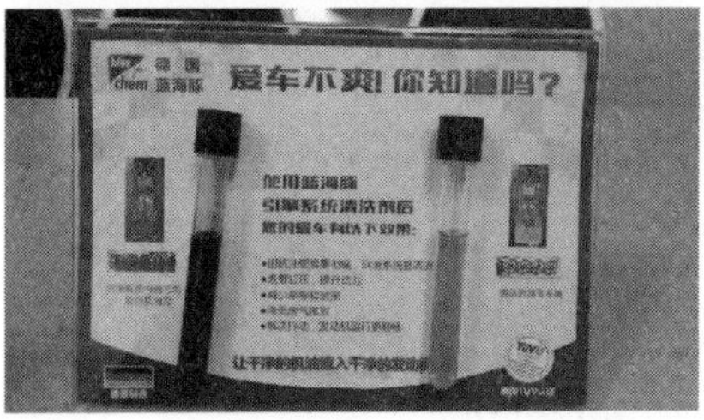

解决了客户顾虑问题，我们再看如何让销售标准化、流程化——让顾客看到养护产品效果的过程，实际就是用体验式营销加顾问式销售的全过程。好处就在于，将销售流程标准化，在标准流程中加入工具辅助，将“能人销售”改变为普通员工皆能销售的方式。

通过庞大集团与德国CTP公司的案例，可以看到体验式营销+顾问式销售实现了销售过程的标准化管控。从养护产品的销售、人员管理方面来看，都起到了良好的促进作用，加强了服务顾问与客户之间的互动，提升了客户满意度，加强了信赖感，成为4S店突破销售业绩的一大利器。

第四节 精品库存的管理

库存是为了解决产品在时空问题上的矛盾而设置的，避免出现库存不足无货可售，或库存太大造成产品、资金积压占用的问题。库存管理的目的是增加汽车精品的销售机会，让有限的资金发挥最大的效用。

一些人习惯把精品和配件相提并论，但二者其实差异很大，后者是车上的必需品，而前者则是非必需品。体现在库存上，就是配件的种类、数量再复杂，也有一个定数，主机厂的配件更是有统一的编码，便于电脑扫码管理；而精品包罗万象，种类、数量都可以无限极。那么，怎么进行库存管理呢？

实际上，库存管理不仅仅是对产品的进、出、存的业务管理，更是以支持前台销售和售后服务，为客户提供优质服务为目的地存储、收发、计划与控制。

对4S店的精品而言，在库存管理上主要有以下几个方面。

一、库存量的确定

（1）数据分析

将库存分类，整理出每一类产品前三个月的平均月销量，重点是上一个月的销量，然后参考去年同期的销售数量，看该月份在全年的销量走势，从而使本期的订货数量和种类有参考的依据。

（2）核定系数

根据上述数据，结合对市场的分析，预测当月的销售数量。一般情况而言，应在0.5系数左右之间浮动。比如预测当月销量看好，则可以上月销量的1.5倍预订产品；如果预计形势不利，则可以上月销量的0.5倍预订产品。1.5还是1.2，0.5还是0.8，这个系数应根据市场预测而定。

二、库存结构分析

对一个存储系统来说，库存结构影响物流周转速度，所以它也是衡量库存质量的一种标准。根据库存周转率的相关概念和公司实际的运营特点，可以得到合理库存比例关系，进而利用这个比例关系，得出实际库存中不良库存的部分。

库存周转率=12个月的出库总成本/平均库存

平均库存=(月初库存+月末库存)/2

通过控制库存结构，减少不同环节的库存浪费，就能提高库存周转率，在较低的库存水平下达到同样的客户需求满足率。

三、产品入库管理

订货员和收货员、库存管理员一定要分离，避免出现实物和订货单数量、品种、规格、型号不一致的情况。采购入库流程见表3-6。

1. 登记工作

1）入库之前，应先进行清点，核对数量与到订货单是否一致。

2）入库时，需要订货员和库管员一并验收，并在入库单上签字，随附有领导签字的订单。

3）及时登录台账。原则要求收到货、整理入库后2h内登记台账，台账应分类，详细记载数量和金额。

4）在外包装上，应标注入库日期，以便在出库时做到“先进先出”。

2. 入库手续

1）清点无误后，办理入库。再请认真核对供应商名称、产品名称、编码、计量单位、入库数量和金额，以及匹配车型。确保与到货清单一致。

2）认真核对仓位。对于没有的仓位应及时合理设置。

3）保持编码/代码的一致性，避免查找无绪。

4）完成入库操作后，应将订单、到货清单、入库单一起装订，妥善保管，作为报销凭证。

5）所有产品到货后应立即入库，未办理入库前不得出库，不得借支。

6）对于暂无发票、无法确定价格的产品，应根据当前供应商的价格或历史价格，采取暂估入库方式办理，待取得正式发票后，进行调账处理。

表3-6 采购入库流程

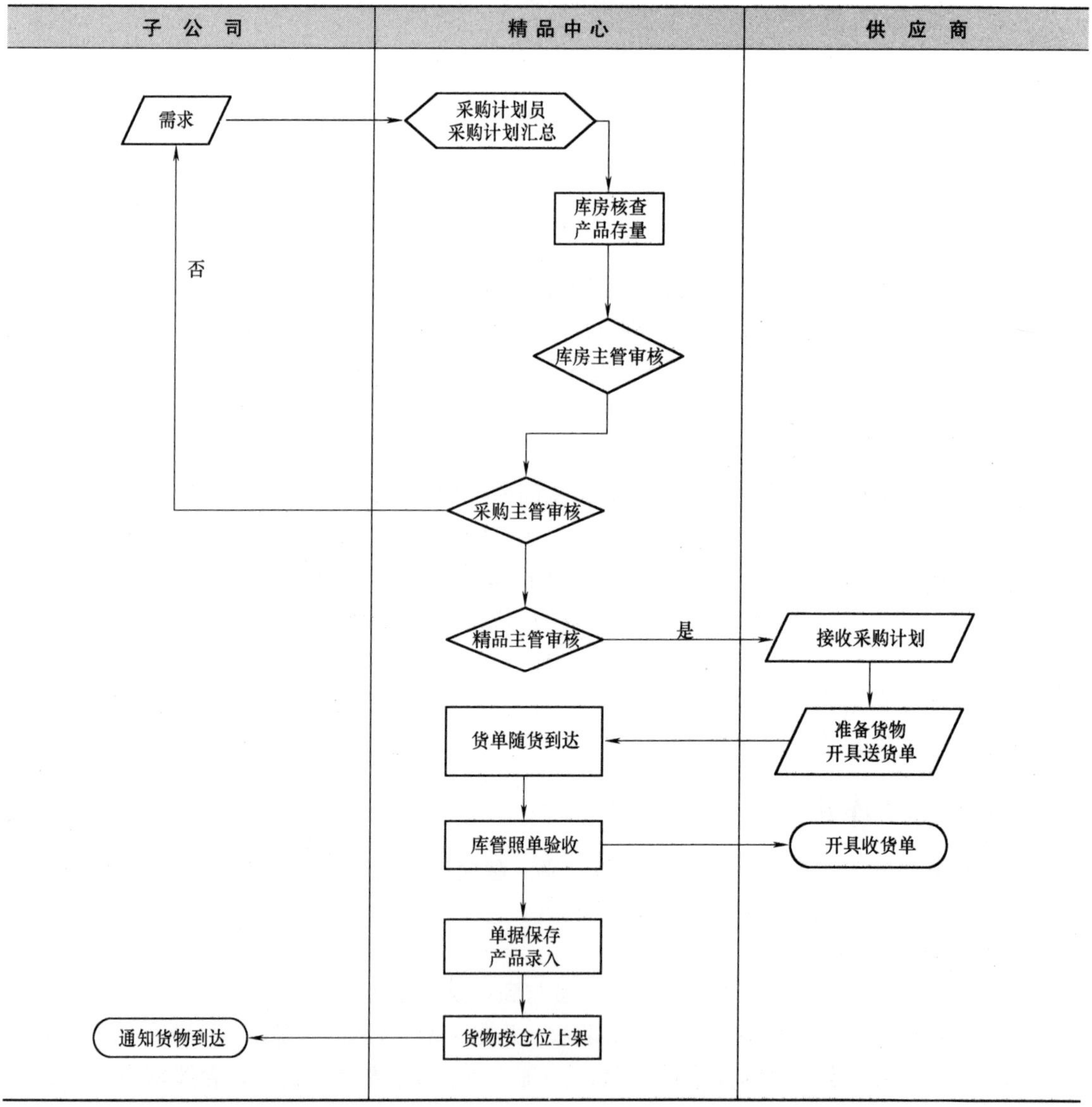

四、产品出库管理

出库分三种情况：

① 正常销售领用。

② 车间维修领用。

③ 滞销品、残次品出库。

无论哪一种领用，都需要填写“出库单”，并由库管员和领用人以及批准领用人签字。精品出库及施工流程见表3-7。

表3-7 精品出库及施工流程

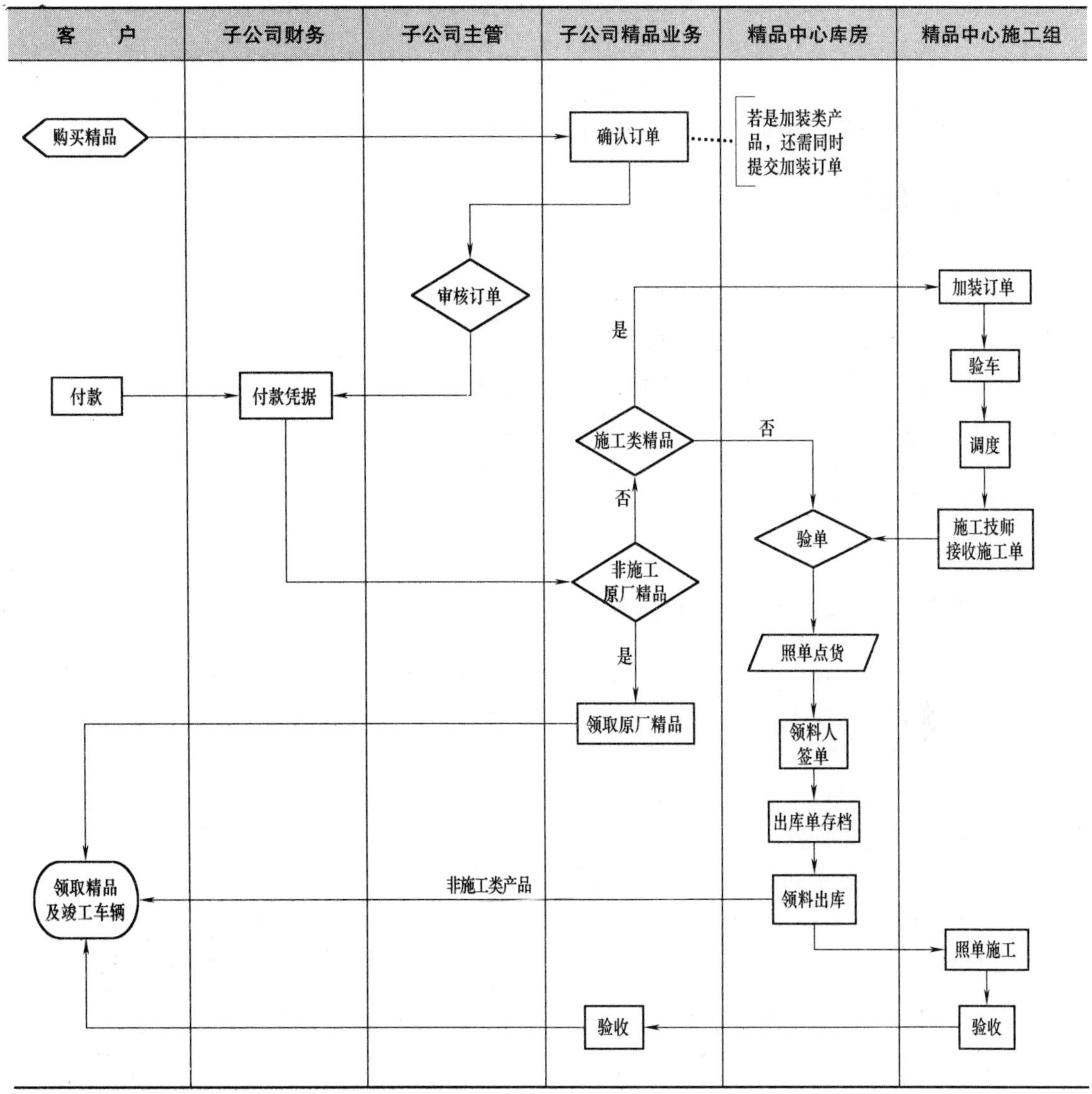

出库时，应根据入库日期，按先进先出原则进行。

出库后因误领、误发等原因需要退回仓库的，经验收确认没有损坏的，可办理领用退库，并及时录入系统、登录台账。注意要打印“退库单”，相关领用人、退库人签字。

如果需要细分，可将“出库单”细分为出库单——销售领用，出库单——维修领用，出库单——残滞品出库。

在这个过程中，应注意冲减台账，做到货实相符。

五、存放注意事项

1）分类摆放，或是结合分车型摆放。

2）先到先出，尽可能使库存产品保持新鲜状态。

3）及时检查库存，设定预警系数或数量，及时补货。

4）每日填写出、入库登记表，方便定期整理。

5）每日做缺货检查，每周对滞销产品、毁损产品、丢失产品做分析汇报，并及时上报处理。

6）注意做到防火、防水、防盗、防虫蛀，确保货品安全。

六、盘点规定

1）时间：每月底，或次月初盘点，根据集团公司和店内经营实际情况而定。

2）执行人：库管员、精品订货员和财务经理，三方共同实施。

3）方法：分区或分类盘点，初盘加复盘。

① 初盘时，按品种、规格等分类清点，并填写盘点表。

② 初盘后，交叉对产品进行复盘，必要时可抽检盘点。

③ 复盘时如果出现差错，对所有物品重新进行盘点。

④ 实物盘点完成后，与财务核对。如有差错，可查对日销表、当月进货单/入库单和库存台账登记。

七、滞销品、残次品、死库存的处理

1）死库存：一年以上销量为零的产品，应报废或者折价处理。

2）积压品：半年以上销量为零的产品，应通过兄弟单位之间资源共享，或者向总部或领导申请折价调剂解决。

3）滞销品：三月以上销量为零的产品，一方面通过调整订货和服务营销手段来减少库存，另外通过网点之间进行调剂。

4）残次品：因质量问题，或任何人为原因导致的污损，影响客户直观感受和用户检验的，都称为残次品。

对上述问题，应及时进行货架转移，并对污损产品在可能的范围内及时进行修补。

同时，填写污损、残次的原因和出处，交由供应商或相关责任方处理。

原则上要求，产品三个月没有销量或销量较低，就应及时让供应商调换货，或做折价处理，不得拖延成积压品，更不得形成死库存。

八、退换货的相关规定

（1）4S店和供应商的退换货

1）在不影响二次销售的情况下，尽量和供应商协商退货。注意时间周期别太长，以免增加退换货的难度。

2）超过质保期的，原则上不予退货，可商议换货。

3）在供应商退换货有难度的情况下，可商议在集团公司内部其他4S店调剂。

（2）4S店和客户的退换货

1）一般情况下，超过质保期后不予退换。特殊情况另行商议。

2）售出的产品如果型号不对，或出现质量问题，应在规定期限内退换。

3）退换货的产品和原产品有价格差的，尽量让客户再增补其他产品，或再支付超出部分金额。

4）因人为使用不当造成的产品毁坏，一般不在退换货范围之内。但需视情况而定，必要时可牺牲部分利益，以免因客户不满导致更大的损失。

第五节 精品服务

精品销售之后，就应该谈到服务了。

服务的重要性勿庸置疑。海尔品牌的崛起，是服务力的最佳体现。也是通过海尔，我们才知道，从某种程度上说，服务甚至是比质量还重要的决定因素，因为它直接拉近了市场和客户的距离。

严格地说，服务不只是在销售之后。无论是哪一种、哪一类、哪一件产品的销售，售前、售中、售后，在销售的任何一个节点，服务都无时不在。

现代商业模式正在发生深刻的嬗变，现代流通领域的产品盈利模式已慢慢向服务盈利模式转变，虽然汽车精品销售涉及的“服务”尚没有形成盈利的核心，但其现实意义上的多样性和精细化管理需求的迫切性同样不容忽视。很多人以为产品销售之后就算完成了任务，其实不然，精品的销售和服务是两个不同的概念，也是随着精品诞生而相辅相成的两个大的方面。特别是服务这个概念，应该贯穿从精品采购到消费者购买，再到产品使用、维修、保养直至报废的全过程。

特别需要强调的是，4S店在向客户提供服务的同时，也是在创造着效益。服务，给我们带来源源不断的直接利益和后续利益，所以，我们在准备采购的同时，也理应把服务这个概念融入其中，即建立标准的采购、存储、销售、售后环节的标准，每个时期对应的服务都应有所不同。

一、售前服务

1）宣传活动。汽车品牌厂家和4S店的前期市场宣传，其实是服务的前奏，当然也是销售的前奏。它不仅是自身经营的汽车品牌的宣传，也不仅是所在的集团公司的知名度的传播，还是对车主的汽车文化和商业文化的普及。所以说，企业宣传和市场活动，对车主而言，也是一种服务。

2）环境设施。为车主提供舒适、温暖、轻松的购车消费和娱乐休闲活动，不仅是汽车厂家品牌宣传和4S店营造卖场气氛的需要——如果车主受益，那么它就是4S店提供的一项服务。

3）爱车讲堂。

4）准车主联谊会。

5）试乘试驾活动。

6）针对某一类，或某一个车主的公益、赞助事业。

在提供售前服务伊始，我们就应该注意客户资料的搜集和保密。

二、售中服务

1）销售本身就是一种服务，所以售车介绍是最常见的一种服务。但要求我们对车主介绍时客观、公正、认真。

2）站在客户角度，量身为车主推荐适合的车型。注意：不仅仅是自己4S店所售的车型，介绍应力求客观。

3）精品的推荐和销售。本着客观、公正的态度，以车主真正需要为已任，根据车主财力为其量身定制方案。

4）精品的安装和施工。制订产品安装、验收流程和标准，遵守操作规定，视车主为亲人，将“活儿”做实、做细。不偷奸耍滑，不偷工减料，不以次充好，让车主明明白白、放心消费。

在这个过程中，特别需要注意以下几点：

① 介绍产品要有根据，不想当然，不空穴来风；同时要有充分的物料准备，比如产品的宣传海报、折页、宣传册等。客观为第一要务，详细地介绍产品的特点，质量、工艺标准，品牌等。

② 价格要明确。要有合理的价格体系。明确标明价格，制作价格说明单，详细地介绍产品的价格、折扣以及享受折扣的条件等。

③ 口径要统一。对所有可能接受顾客精品咨询的人员进行统一的培训、包括产品培训、价格培训、促销政策培训等，以便店内口径统一。避免回答不一致时，让客户产生负面联想。

三、售后服务

1）建立客户档案。根据档案细分客户，比如车型、年龄、职业、籍贯、婚否、业余爱好等，都可以做为分类的依据。

2）客户档案不可能一次完成，往往需要多次的逐步完善，应有耐心和细心。

3）客户档案的保管和运用。比如，可不可以根据客户的生日表达祝福，能不能根据客户的爱好组织联谊活动，甚至是组织有关客户之间的洽谈交流？

4）电话回访。尊重客户的体验和感受。

5）疑难问题的主动解决。

6）升级换代产品，或新奇特产品的推荐和销售。

在服务的过程中，我们发现：如果想给车主提供完善、高质量的服务，应以提高4S店的管理水平，和销售员的综合素质为前提。如果销售员没有过硬的业务素质和综合素质，别说不会真正理解服务意识的内涵，即使理解了，也根本没有办法给予。精品施工售后服务处理流程见表3-8。汽车精品售后服务记录见表3-9。

表 3-8 精品施工售后处理流程表

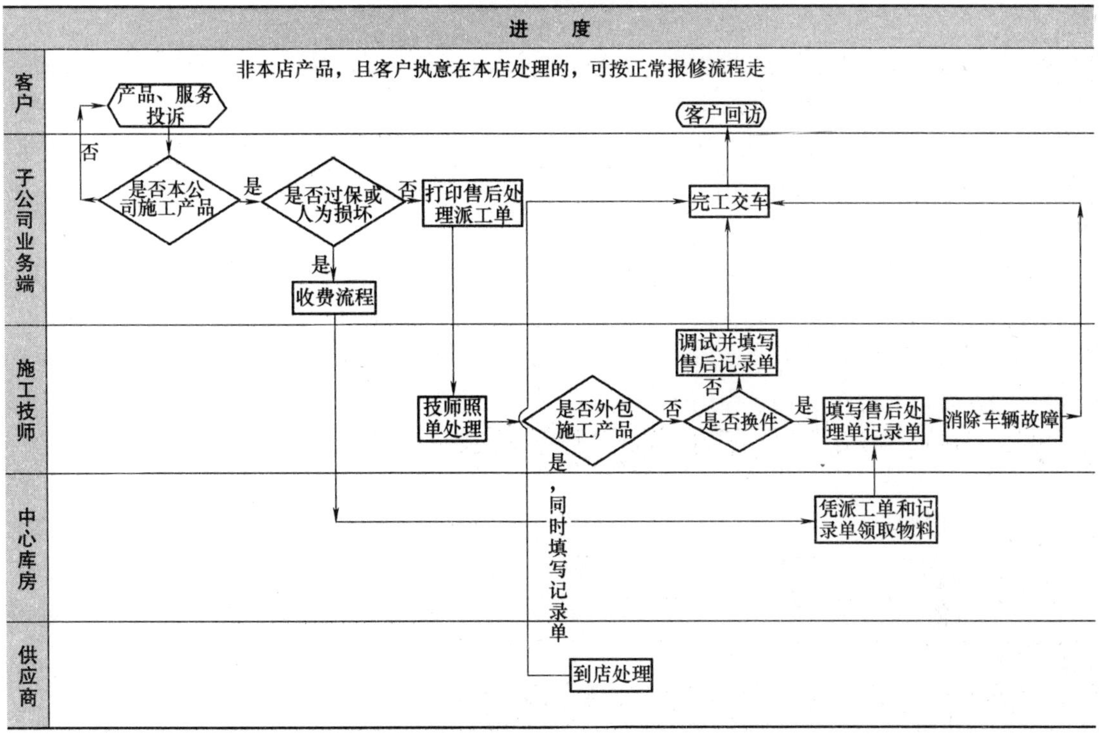

表 3-9 汽车精品售后处理记录单 No. 00001

<table>
<tr><td>供应商名称</td><td colspan="8"></td></tr>
<tr><td>产品品牌</td><td>产品型号</td><td>故障产品序列号</td><td>汽车品牌</td><td>车型</td><td>车牌号</td><td colspan="3">车架号</td></tr>
<tr><td></td><td></td><td></td><td></td><td></td><td></td><td colspan="3"></td></tr>
<tr><td rowspan="4">投诉处理详情</td><td colspan="8">投诉现象描述：</td></tr>
<tr><td colspan="8">故障原因判定</td></tr>
<tr><td colspan="2">产品质量缺陷</td><td colspan="4">施工缺陷</td><td>客户操作不当</td><td>其他</td></tr>
<tr><td>□整体更换</td><td>□部分更换
更换部件：</td><td>□整体更换</td><td>□部分更换
更换内容：</td><td>□维修</td><td>□调试</td><td>□调试</td><td>其他原因：</td></tr>
<tr><td colspan="3">产品安装日期：</td><td colspan="3">故障处理日期：</td><td colspan="2" rowspan="2">处理技师：</td><td rowspan="2">质检：</td></tr>
<tr><td>质保意见</td><td colspan="3">□已过质保期</td><td colspan="2">□未过质保期</td></tr>
</table>

四、精品业务怎么做精做细服务

精品服务根据服务性质、服务对象的不同，可划分为精品销售服务、精品施工服务和售后保障服务。借用“凤头猪肚豹尾”来形容三个服务过程：首先精品销售服务要做得美丽、精彩，开好头；精品施工服务要做得充实、饱满，让客户满意；售后保障服务要像豹尾一样有力，解除客户后顾之忧。

1. 精品服务要求

销售人员从接待客户，最终达成整车成交意向，从初步向客户推荐精品产品，引导客户进入精品销售区域，再细分客户类型、分析所购车型的配置、设计所购车型应配套产品或组合套餐；推广体验式营销，让客户充分接触与体验产品的功能与优劣差异，最终达成客户满意，需求满足。带领客户到财务出单，到仓库出货，到车间安装，整个服务环节可以看做精品销售的全过程，在此过程中的种种服务，离不开“专业性、专家型、严谨性”这三个关键词。

（1）销售人员的专业性

作为一名合格的销售人员，具备应有的销售素质、技能的同时，在提供精品服务的推荐过程中，掌握产品知识的专业性能必不可少。作为精品推荐的第一道关，销售人员的专业化程度决定了客户对整个服务过程的第一印象，此过程的印象分极其关键。此流程的结束，可以画上小小的“顿号”，因为达成客户成交精品的关键流程即将到来。

（2）装具销售人员的专家型

客户来到精品专区，装具专员的服务专家型作用必须凸显：根据客户所购车辆搭配合理的精品套餐，推荐合适的装具单品，演示产品性能，带客户体验产品差异化，引导客户达成精品成交。这一系列的标准化服务流程，只有具有专家型的能力才能打动您的客户，为成交客户画上“分号”。

（3）财务、仓管人员的严谨性

财务、仓管人员所具备的严谨性其实不必多言，其岗位的性质已经决定了他们必须具备应有的严谨性。财务人员和仓库管理人员在为客户提供服务时，如果出现失误，可能就会对客户、公司造成损失，同时让客户失去对公司最基本的信任。财务、仓管人员提供服务时的严谨性，必须为精品销售服务流程画上圆满的“句号”。

2. 精品施工服务

精品施工团队为客户爱车提供施工服务，在此过程中的接待、施工服务是精品服务能否充实和饱满的关键，要想做好“猪肚”，细节可谓决定成败。

（1）接待服务“六要”

①接待准备要充分；②迎接顾客要热情；③车辆检查要仔细；④施工要求要问清；⑤施工时间要告知；⑥安排客户休息要认真。

“六要”是接待服务让客户满意的开始。

（2）施工服务“七有”

①施工流程规范有悬挂；②安全生产有告知；③施工交接有讲明；④派工施工有顺序；⑤施工时间有遵守；⑥技术人员有规范；⑦质检组长有检查。

施工过程中，完善的施工流程，严谨的施工态度，完美的施工效果，这些服务被客户所认知可以说为我们又加了一个大砝码。

（3）验车、交车过程“六应”

①施工明细应说明；②使用注意事项应讲透；③售后服务应告知；④复检项目应讲明；⑤双方验车应认真；⑥交车过程应真诚。

精品施工服务，只要将细节做细，将“有的，要的，应该的”执行透，“猪肚”的效果必能呈现。

3. 售后保障服务

有了漂亮的开始，加上充实的内容，如果再将有力的结尾做到位，标准的精品服务一体化定能带给客户十足的满意度。

1）4S 店与供货单位合作，汽车新三包法实施的应对方案应明确。

4S 店提供的精品首先要具备处理售后保障的应急预案，在出现质量问题时做到有的放矢。例：产品在使用过程中出现质量问题时的解决方案。

产品出现质量问题时，按照协议要求应当按照三包凭证内容给客户进行免费修理或更换（因产品在质保期或使用过程中出现质量问题导致客户不能使用或引起客户投诉时，属于地市级城市的，供应商应在 24h 到达现场解决问题；属于县市级城市的，供应商应在 36h 到达现场解决问题；属于乡镇的，供应商应在 48h 到达现场解决问题；本着先行赔付客户再处理具体事项的原则来解决客户问题）。应急预案只是协议服务的一部分，只有把问题想到前面，售后服务才有保障。

2）良好的服务态度。“态度决定一切”。售后保障服务的“态度”应做到：处理问题要及时、安抚客户显真心。只有做到产品质量有保障、应急预案有准备、服务态度很端正，精品服务的售后保障服务才能真正解除客户的后顾之忧。

五、精品服务的几点建议

1）从技术操作层面来讲，当下的 4S 店精品业务，最急需的是建立一套精品采购、销售、施工、售后的标准体系。

这个体系很庞大，但并不难操作。各个 4S 店集团可以向各个 4S 店提出原则性要求，让各 4S 店相关岗位的人员进行“答卷”，但允许自由发挥，然后从中抽调有思想、有实践经验的优秀人员组成“标准体系建立委员会”，进行碰撞和交流，数易其稿，然后再经过一段的推行后再行修订，这时拿到的，基本可以说就是一份颇具操作性的标准体系。

2）作为销售人员，一定要转变旧观念，接受新观念——销售不是唯利是图，销售是帮助客户解决麻烦和问题的，销售就是为车主服务的。所以，要理直气壮地销售，充满自豪地销售，不要以担心招客户厌烦而不敢销售。走过这一心理关，你会发现，销售真的是别有洞天，另有意境。

3）不能将服务仅仅理解为彬彬有礼的鞠躬、“您好”以及“八颗牙”的微笑。用心、真心地服务，即使只是眼含笑意，甚至没有笑意，展厅内一个欢迎的眼神，厂间内一个汗流浃背的身影，都会让客户感受到服务的真诚。

用心服务，是一切服务的真谛！

第六节 精品考核

前面的章节讲了如何对集团公司的精品管理部门进行考核。下面谈谈精品公司如何对旗下的各实体经营单位，即各 4S 店和经营店进行精品考核，以及 4S 店等经营单位如何对员工进行考核。

考核是一个动态的体系，时移事易，在不同的工作阶段，会呈现出不同的工作重心。今天，我们就从初期、发展期和成熟期三个阶段说起，看看精品业务在 4S 店应该侧重哪一方面的考核。

一、精品业务开展或整合的初期考核

这一时期，因为精品业务刚刚开展，领导重视不够，或是不知道从哪里抓起，机构不健全、流程不完善、人员不固定，业务、项目眉毛胡子一把抓，奖惩措施随意性强或朝令夕改，重采购而轻经营的现象普遍存在。这就需要我们对各店的考核，侧重从以下几个方面抓起。

1）健全机构：专人负责，用心研究工作的开展和未来走向，有长远的业务和人员培训规划。

2）专设卖场：不一定要求多大，但应该有基本的最低下限要求，否则没有卖场氛围。要求干净整洁，和4S店整体风格协调。

3）产品陈列：分类摆放，明码标价；毁损、滞销产品及时更换。

4）主营项目：将市场上旺销项目的类别产品纳入正常销售，有存货、有陈列，有施工车间。

5）规章制度：逐步健全各项管理制度，比如库存盘点、销售提成方案、培训机制等，需要在前期就纳入磨合运行。

需要提醒的是，在人员配备上，订货员和库管员，二者一定要分离，以免出现假货或缺货现象。

在前期，只要业务能健康地步入轨道，别的都不重要，只求业务能顺利地开展即可，其他一切问题都可以在工作中逐步完善。

整合的时长一般在半年至一年。时间的长短取决于集团公司的企业文化和执行力等因素。

二、业务发展期考核

当业务初步理顺之后，考核就应该逐步向精细化方面迈进，这时的考核，除了制度建设之外，更强调对专设岗位的考核。

1. 对精品经理的考核

精品经理在很大程度上影响甚至决定着一家4S店的精品业绩，对精品经理的考核，应侧重以下几个方面。

（1）精品业绩

在业绩方面，主要有以下几个指标体现：

1）精品销售额（当期和累计）。

2）精品毛利率。

3）精品毛利额（当期和累计）。因为利润是企业追求的根本目的。

4）精品车均额。

5）精品销售额占整车销售额的比重。在某种程度上，此指标能削减车价太高或太低的部分不可比因素。

6）精品利润在4S店整体利润中占比。从中可看出精品的贡献度。

7）精品销售额构成。不同的精品业务，在整体销售额中的占比，从中看哪一项业务数量最大。

8）精品利润额构成。结合指标 7），看不同精品业务的销量和贡献度。

9）车型上装率 = 某车型的精品销售额/车辆销售数。这个数据的运用，需要规定一个最基本的精品销售数值，某辆车的精品加装值低于这个数值的，忽略不计，且不得转移、合计到其他车辆上。

10）产品上装率。类似于重点项目达成率等指标。针对某一类或某一品牌的产品业绩表现。

集团可根据总部需要统计相关报表，见表 3-10。

表 3-10　集团统计相关报表样本

区分	全年预算	1 月	2 月	3 月	4 月	5 月	6 月	7 月	8 月	9 月	10 月	11 月	12 月	年度合计	去年同期	同比
精品销售额																
成本																
精品利润																
销车台次																
加装台次																
精品加装率																
平均单车金额																
单车毛利																
毛利率																

根据精品经营项目，也可以分项目统计相应的月度报表，见表 3-11。

表 3-11　分项目统计的月度报表样本

项目区分	1 月					……月					全年合计				
	数量	金额	平均单价	加装率	台均产值	数量	金额	平均单价	加装率	台均产值	数量	金额	平均单价	加装率	台均产值
太阳膜															
真皮															
导航															
凉垫															
防炫目															
倒车雷达															
挡泥板															
座套															
门槛															
前照灯总成															
智能钥匙															
下护板															
地毯															
地胶															
封釉															
香水															
尾灯总成															
其他															
合计															

（2）日常管理方面

1）精品业绩在集团公司同类/档次品牌 4S 店中的排名。可选一二项关键指标，比如累计销售额，或车均额。

2）库存占压比。库存占压比 = 库存精品金额/当期销售比。此项指标重在强调采购人员的订货计划性，以最大程度地降低资金占用成本。

在这里，需要给库存一个定义。简单的理解，库存，就是累计库存金额 - 当期购进金额。

3）退换货率。退换货率 = 当期退货产品数量或金额 ÷ 当期购进数。

4）培训评价。包括培训次数、参训人数、培训效果评估等。

2. 对销售员的考核

1）精品销售额。建议规定一个稍加努力就能使大多数人完成的指标基础值，业绩达到这个数值，即可拿到基础奖金或享受精品提成。超过或低于这个基础数值，提成比例不同。

2）利润比。这个数值其实不太重要，因为一来计算过程复杂，人为地增大工作量；二来这个问题很好解决，即对每项产品 4S 店或集团公司精品管理部门规定一个最低销售价，从而保证一个基本的利润水平就可以。

3）重点项目达成率。对于一些重点项目，可以设定达成率的基本数值。比如导航达成率，80%；太阳膜达成率，75%；真皮达成率，45%。达到这个比率的，享受规定提成待遇；低于这个比率的，提成下浮一定比率。

4）重点车型达成率。

5）赠送产品价值比。赠送产品价值比 = 赠送产品的价值额 ÷ 精品销售额。此项指标主要是限定销售员的赠送权利，为其规定一个额度，不得超额度使用，否则影响提成的比例或额度。

对销售人员应有统一的精品销售达成统计报表，见表 3-12。

表 3-12　销售人员统一的精品销售达成统计报表

组别	销售顾问		销车台次	单项精品达标率								月度总任务达标率								
				精品 1				精品……												
				目标	实绩	达标率	加装率	目标	实绩	达标率	加装率	月度目标	月度实绩	达标率	加装台次	加装率	单车金额	单车成本	单车毛利	毛利率
	姓名 01																			
	姓名 02																			
	……																			
合计																				

3. 对施工技术人员的考核

1）日常的技术能力鉴定：主要施工技能，施工的质量和速度、流程操作是否规范，有无安全隐患。

很多人可能会对流程操作不屑一顾，以为是老生常谈，可有可无。其实不然。20 世纪 90 年代以前学会计的可能都经历过毕业要求珠算达级，老师要求学生手握铅笔拨珠，但很多人不习惯，总是打出一个计算数值后再抄起笔来记录结果，这样的方式在前期也看不出快慢，但当从初级考到中级，特别是高级的时候，已经明显看出抄起笔来再记录数字这个动作太浪费时间，可惜为时已晚，要改变一个习惯真是太难。

在宝马某 4S 店曾发生过一个案例，贴膜技师持枪带电进入车内，不小心烫伤车顶，引发客户大怒。对施工人员来说，当技术达到一定层级的时候，在业务操作上已经很难有大的区别，无非是你比他快几分钟而已，但一个优秀的技师，不会犯低级的错误。

标准化的施工流程对防止问题发生、降低客户投诉、提升客户满意度、增进技师的专业能力非常重要。以太阳膜施工为例，专业品牌太阳膜的供应商提供的绝不仅仅是性能优异的产品，更多的是精湛的贴膜施工服务及业务运营能力。表 3-13 是某品牌太阳膜施工标准流程考核要求，从中可以看出高端品牌对标准化流程的重视。

表 3-13　某品牌太阳膜施工标准流程考核要求

一、车辆检查（10 分）					
检查内容	标准	分数	检查内容	标准	分数
1. 玻璃检查	裂纹、外伤、划痕、金属线是否变色	2 分	4. 仪表台	划痕、掉色、污染变色	1 分
	不可控：玻璃扭曲（物体变形）		5. 车辆公里数	公里数记录填写	1 分
2. 漆面检查	划痕、掉漆、凹凸面	2 分	6. 电器控制	是否正常	1 分
3. 轮毂检查	看是否有破裂、划伤、变形	1 分	7. 整体内饰	是否齐全、污染、划破、变色	2 分
二、保护工作（20 分）					
保护内容	标准	分数	保护内容	标准	分数
1. 工装的整洁	干净整洁	1 分	11. 中控台	用车窗保护膜全部遮蔽、防止进水	1 分
2. 前发动机盖	用威固仪表台布及大毛巾遮蔽	1 分	12. 车档位器	用毛巾全部遮蔽，防止进水	1 分
3. 行李舱	用大毛巾遮蔽	1 分	13. 仪表台	用威固仪表垫或大毛巾遮蔽、防止进水	1 分
4. 车顶保护	用大毛巾或车漆保护膜遮蔽	1 分	14. A 柱四周	用透明带粘好、防止上膜静电吸附绒毛	1 分
5. 车身遮蔽	车漆保护膜遮蔽	1 分	15. 四门门板	用门板保护膜全部遮蔽，沿着胶条遮蔽	1 分
6. 车内物品	把车内物品放行李舱	1 分	16. 门框毛绒边	用透明胶带粘好、防止吸入尘点	1 分
7. 前后座椅	威固专用前后座椅套	1 分	17. 后窗内侧	用大毛巾或台布遮蔽	1 分
8. 转向盘	威固专用的转向盘套	1 分	18. 左右门槛条	脚会踩到的地方，都应当遮蔽	1 分
9. 空调出风口	用透明胶带全部遮蔽、防止进水	1 分	19. 工具摆放	刀具/烤枪不能放到车内或车顶	1 分
10. 仪表台音响口	用透明胶带全部遮蔽、防止进水	1 分	20. 全车保护完和工具准备到位后再施工		1 分

（续）

三、施工过程（30分）			
前窗施工	分数	前窗施工	分数
1. 外部清洗玻璃（用手摸一遍，烤枪吹干）	2分	7. 精裁膜时必须使用垫片（后视镜也必须使用垫片）	3分
2. 外部玻璃爽身粉是否均匀	2分	8. 洗膜、降尘、撕膜、卷膜是否标准	3分
3. 风窗玻璃上膜是否标准（水带是否合格）	2分	9. 使用去污粉清洗玻璃内表面	3分
4. 烤枪温度控制在280～320℃之间	3分	10. 贴风窗玻璃膜时必须单人上膜	2分
5. 必须采用威固干烤技术施工	3分	11. 赶水时必须用小黄刮或威固蓝胶扫赶水	3分
6. 干烤施工完后是否对膜进行冲洗	2分	12. 施工过程中膜的边角料必须统一放到车顶或车内	2分

四、施工后（10分）	分数
1. 各种遮蔽工具撤除和风窗玻璃、膜表面清洁干净	2分
2. 车内物品还原	2分
3. 施工后对膜自检并处理	2分
4. 施工后工具是否整理好	2分
5. 打扫施工现场环境卫生和工具的打磨	2分

五、整体效果，质量验收标准（30分）		分数
1. 折痕	边缘10cm内不得出现超过5mm的折痕，刮水范围内不能有折痕	3分
2. 划痕	膜表面不得出现划痕	3分
3. 虚印	边缘10cm内不得出现超过3处的虚印，虚印大小不超过1cm/处；刮水范围内不能有虚印	3分
4. 脏点	不得出现成片堆积的脏点	3分
5. 刀工	裁减边缘与陶瓷点弧度一致，规整	2分
6. 是否漏光	裁减边缘不得超过离陶瓷点边缘距离3mm的宽。4门上边必须一致，不超过5mm，以不漏光为原则	2分
7. 赶水	水必须赶干（可用无纺布包住刮板吸膜边缘的水分）	2分
8. 用水量	风窗玻璃施工用水量等于或小于250ml	2分
9. 气泡	施工完成后不许出现干气泡与水泡	2分
10. 内外清洁	施工完成后车内外清洁（车内外无遗留工具、物品、边角料，车内原有物品归位，车漆表面无明显痕迹）	2分
11. 车辆完好	施工完成，车辆内外未出现新划痕或损伤	2分
12. 施工时间	风窗玻璃单人施工完成时间未超过1h	2分

如果社会上没有可信度较高的技术级别评定，在自己的汽贸集团内部，不妨引进技术评级，分高、中、低等不同的层级，分别拿不同的工资和提成待遇。街边的普通美发店，理发师还分几个级别、收费标准相差悬殊，更具规模和实力的4S店为什么不可以呢？以贴膜为例，太阳膜施工技师的分级考核要求见表3-14。

表 3-14 太阳膜施工技师的分级考核要求

技能要求	资深工程师	高级贴膜工程师	三级贴膜技师	二级贴膜技师	一级贴膜技师	实习贴膜师
任意车型施工	●					
隔热膜销售	●	●				
施工技能培训	●	●				
高级顶级风窗玻璃施工	●	●				
500ml 水全车施工	●	●	●			
初级顶级风窗玻璃施工	●	●	●			
初级常规风窗玻璃施工	●	●	●			
顶级后风窗玻璃施工	●	●	●	●		
顶级侧门施工	●	●	●	●	●	
常规后风窗玻璃施工	●	●	●	●	●	
常规侧门施工	●	●	●	●	●	●
常规小角施工	●	●	●	●	●	●
裁膜	●	●	●	●	●	●
工具准备	●	●	●	●	●	●
全车保护	●	●	●	●	●	●
车辆检查	●	●	●	●	●	●

2）指标达成率。可用月均贴多少辆车的太阳膜，装多少台导航，做多少台车辆隔音和音响提升等指标考核。可以结合企业文化，为施工人员下达销售指标。需注意的是，这些指标其项目应是便于施工技术人员推销的。

3）客户因施工质量问题的投诉率。可根据施工的产品类别，分别核定一个相对公平的故障施工率，并和奖金挂勾。

4）产品损耗率。主要指太阳膜和地胶等。不同的裁剪方式和不同的施工技术，能否对材料充分利用，直接影响利润额度。

对常用的产品原料，按面积大小核定出一个相对公平的数值。

在业务发展阶段，重点抓好两类指标：目标管理和库存管理。

业务快速发展期，一般在 1～3 年。此后可能会有暂时的停滞，冲过停滞期，业务模式才能真正地成熟。形成工作模式或工作习惯，才有所谓企业文化、制度类的东西沉淀下来。

三、业务成熟期考核

什么是成熟期？

成熟期不是指一路的高歌猛进达到一个什么样的高度，而是在经过顺利的发展，陷入停顿、呆滞、瓶颈之后，又能再次启航，并保持相对稳定的发展速度的时期。

在这一时期，业务已经理顺，无论领导的重视程度还是基层员工的操作执行能力，均已经相对成熟。此时，精品管理应着重强化两个指标。

1）对客户：应重点提升客户满意度和忠诚度。

对客户的满意度和忠诚度的重视，体现在精品上，其首要表现就是：

① 产品质价相当，以品牌和性价比高的产品为主营方向，赚取合理的利润。

② 让客户明明白白消费，说明产品质地、用料、品牌。

③ 提升服务档次，细化服务内容，并通过服务再创新的利润增长点。

2）对集团公司：着重集团公司品牌的打造。

如果有品牌运作能力，一些较大的集团公司，可以引入自己的品牌精品，并通过精品，把自己集团公司的品牌推广出去。在这个过程中，应该注重质量和服务，并且服务重于质量。

四、考核结果的运用

所有的考核，最终都要落实到奖惩上。奖惩不仅仅是物质奖励，同时还包括精神奖励，以及岗位的提拔和调用。

1）提成奖励。根据既定的提成标准，让员工多劳多得。这是最常用、最直接的奖励方式。

2）授予荣誉称号，并在光荣榜上宣传。榜样的力量是无穷的。

3）带薪休假。对某一项阶段性工作完成的优秀者，可安排此种奖励。

4）提供培训、深造的机会。安排学习的机会，提升其业务技能和竞争力，不仅公司受益，其个人品牌价值也会得到提升，是对乐于学习的人的最好的奖励。

5）提拔重用或岗位轮换。对表现优秀者，将其提拔到更高一层级的岗位上来，或多岗位轮训，努力将其打造成复合型人才。

五、A集团各店精品业务统一管理考核办法

下面是A集团各店精品业务统一管理考核办法。

为了提高各经营单位对汽车装饰精品业务（简称“精品”）重要性的认识，将集团公司精品业务实施统一管理真正落到实处，提高集团、公司的核心竞争力，特制定本办法。

（1）日常管理（50分）

1）展区：各经营单位需设立展区（1分），陈列整齐美观（2分）。

考核（检查）方式：实地查看。

2）激励政策：有激励政策（2分），且落实到位（3分）。

考核（检查）方式：查看纸质文字资料和工资奖励表。

3）明确人员：配备汽车精品业务管理员（2分）。

考核（检查）方式：一是看各经营单位上报管理员名单；二是日常管理中的上传下达等业务办理。

4）推销流程：是否将汽车精品推销纳入整车推销流程（5分）。

考核（检查）方式：明查暗访。每少一人（次）推销，扣1分。扣完5分为止。

5）是否有外采现象（20分）：严禁私自外采。

考核（检查）方式：实地检查，凡非从汽车精品管理部进货，又没有报批的，均属外采。每发现一例，无论金额大小，扣减20分。扣完单项分数为止。

6）采购计划：每周三前上报本单位采购计划（2分），且采购金额不低于1000元（3分）。

7）回款（5分）：收到票据后7个工作日内回款的，记5分。每延时1天扣1分，扣完

5 分为止。

8）其他（5 分）：其他违反管理规定的，扣 5 分。

6）~8）项考核（检查）方式：以管理部掌握情况为准。

（2）汽车精品利润增长比（50 分）

1）与同期相比增长 80%（含）以上的，记 50 分。

2）与同期相比增长 70%（含）以上的，记 45 分。

3）与同期相比增长 60%（含）以上的，记 40 分。

4）与同期相比增长 50%（含）以上的，记 35 分。

5）与同期相比增长超过 30%（含），但低于 50% 的，记 30 分。

6）与同期相比增长超过 20%（含）但低于 30% 的，记 25 分。

7）与同期相比增长超过 10%，但低于 20% 的，记 20 分。

8）其他情况，记 0 分。

9）年终综合评定积分达到平均分以上，且汽车精品利润绝对额在自身品牌单位中排名前 3 位的，分别在综合考核分值上加计 10 分、5 分、3 分作为最终分值。

单品单店（品牌店 1 ~2 个的单位）达到平均分以上的，视具体情况酌情加分。

考核（检查）方式：根据往年汽车精品业务完成数，和当年审计后的利润指标确认。

注：

① 开业（以自己能开票之日算起）不足半年的经营单位，可不参与评比；开业半年以上的单位，将最终考核结果折合成一年计算。

② 此项考核办法，解释权归集团公司业务管理部所有。

第七节 精品的美容项目

当普通大众车型的精品在 4S 店单车均额已经达到 1 万元的时候，4S 店的精品业务还能有多大的增长空间呢？这个时候，必须开发新的赢利项目，而美容，就是相对成熟的一个项目。

汽车美容是一个大的、相对模糊的概念，大街上的汽车装潢店、装具店、美容店、改装店，名目繁多，但很多时候它们的经营范围却并无大的区别。不规范的商铺名称和多项的业务经营告诉我们，在普通消费者心中，美容至少应包括如下几个板块。

1）汽车装饰：主要是全车贴膜、铺地胶、改真皮座椅、开天窗、隔声降噪、装桃木内饰等。

2）汽车电子：防盗器、一键起动、倒车雷达、GPS、胎压检测、后视系统等，当然还有离不开的影音娱乐系统。

3）汽车改装：外观改装，如改大包围，更换轮胎、轮毂；性能改装，如改进气系统、排气系统、点火系统、供油系统等。

4）汽车内饰：个性化的产品如香水、地毯、座套、车饰边条等。把不好罗列的项目也可以放到这里，比如车用电脑、车用打印机、车载电话、车用冰箱等，当然也可以将其归放到电子类产品中。

5）汽车美容。

前面1）~4）项，已经在4S店运行的相对成熟，所以下面仅介绍一下大家顾名思义理解的汽车美容。

一、美容项目的范畴

汽车美容主要包括汽车表面美容、车内翻新护理、高级护理三大类。汽车美容项目见表3-15。图3-16为汽车美容各指示部位。图3-17为汽车常见美容项目。

表3-15　汽车美容项目

序　号	类　别	项　目
1	汽车表面美容	无水洗车、全自动电脑洗车、精致洗车；底盘清洗；漆面污渍处理、新车开蜡，氧化层去除；划痕处理、抛光翻新；金属件抛光增亮，轮胎增亮、玻璃抛光、漆面打蜡
2	车内翻新护理	顶棚清洗、仪表盘护理、桃木清洗、皮革护理、地毯清理、真皮座椅清洗、消毒杀菌、汽车桑拿
3	高级美容装饰	漆面封釉、漆面镀膜、漆面镀晶、玻璃镀膜、底盘装甲、臭氧消毒、皮革镀膜、划痕修复、发动机外部翻新、新车光触媒

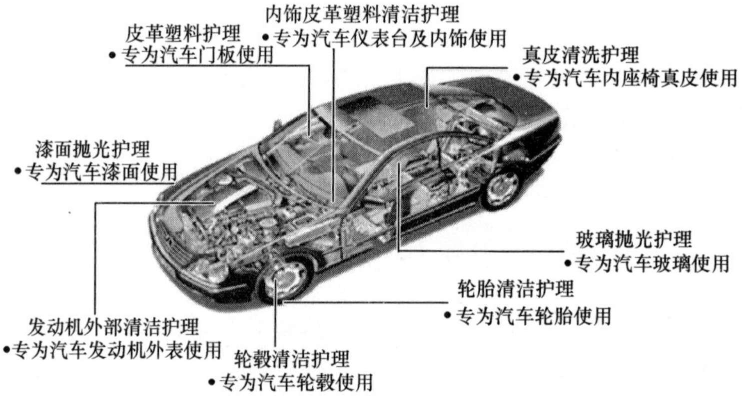

图3-16　汽车美容各指示部位

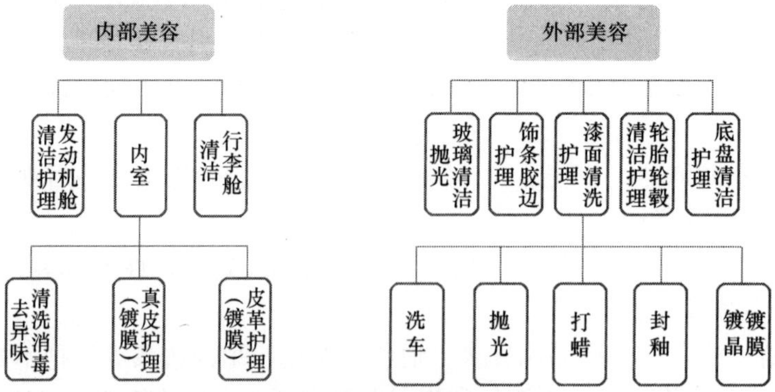

图3-17　汽车常见美容项目

二、4S店的美容模式

目前，4S店的美容项目主要存在三种模式：

1）在精品部下面，或与精品部平行，独立设立美容项目部，独立运作，自己购进产品，自己的技工施工。

2）成立美容车间，但将业务外包，对利润进行合理分配。目前，很多4S店的美容车间还没有真正建立，大多数都是与售后维修车间共用，有自己美容门面或独立车间的少之又少。

3）没有美容车间，也无施工人员，由前台和售后推荐美容项目。当有施工项目时，外请施工人员入场，支付施工费用。

三种模式各有特点，关键还是看自己4S店的实际情况。

第三种模式难成大的气候，因为“架式”都没有拉开，属于小打小闹型，此类服务人员为节约成本产品以劣质为主，技术及管理落后，大大减低客户对4S店的信赖。第一种模式会是将来的趋势，但前期4S店运行困难，没有强大的运营能力很难实施。第二种模式相对比较稳健、实用，可借助服务商的力量将业务做起来。

三、业务开发的方式

1）前台独立销售+维修车间独立销售。把美容项目作为一件产品，由前台销售员和售后维修人员在接近顾客时主动推荐。

新车主要以漆面镀晶、异味甲醛去除套餐为基础，旧车以漆面镀晶、车内清洁护理套餐为主。

此时可将美容项目作成套餐，比如年卡制，类似女士美容，并将客户的会员卡升级，增加客户回店次数，和客户关系的黏性一步步增强，形成消费习惯。

2）前台销售和其他项目绑定。比如，客户购车时，接受导航、太阳膜等大宗项目时，赠送美容项目，从而达到售车不降价的目的。

3）售后实施销售。当客户维修、保养时，由售后人员主推；定期制定不同的套餐优惠服务。

按照以上销售模式，合理制定售前、售后团队月度及年度目标，并给予相应的提成奖励，从而激发大家的积极性。

四、汽车美容项目业务开发合作协议模板

汽车美容项目合作协议

甲方：北京×××××××××4S店

乙方：北京×××××××××有限公司

为了合作开发汽车美容项目，增加服务内容、提高精品产值、提高客户满意度，甲乙双方本着精诚合作、平等互利的原则，对相关事宜进行友好磋商，达成如下协议并承诺共同遵守。

1. 合作项目

双方合作形式为乙方包工包料，驻店施工，项目报价单见附件[1]。

2. 合作期限：____年____月____日～____年____月____日

3. 经营管理

1）甲方委托乙方对店内汽车美容项目进行独家施工。

2）甲方提供美容施工车间和产品展示区，水电由甲方负责。乙方可根据施工需求对美容车间进行装修，装修标准不得违反甲方经营品牌厂家要求。

3）乙方自行准备专业施工设备，因工作需要另行增加的设备，由乙方承担费用，所有权归乙方。甲方现有设备列出清单，由乙方确认使用，所有权归甲方，终止合同时由乙方将清单内所有设备完好归还甲方，维护费用由乙方负责。

4）装饰美容项目所需原材料采购权归乙方，甲方可选择品牌，同类产品乙方有优先权。

5）在施工过程中因技术失误造成的事故损失由乙方承担。

6）非产品质量问题造成的客户投诉，由甲方与顾客协商，乙方可配合解决。

7）为了促进装饰美容快速开展，对一线销售人员的奖励由甲方承担，对客户开具发票的税额由甲方承担。

8）为更好地提高服务质量，乙方驻店工作人员由甲方统一安排调配，乙方人员必须严格服从甲方的相关管理制度。

4. 账目核算

1）每月初，双方根据上月甲方派工单和施工验收单，核对上月已完工且可结算账目。

2）双方结账周期为__1__个月，乙方根据实际项目开具17%增值税发票，甲方收到发票后__10__日内将货款汇至乙方发票中对应账户中，甲方不得以任何理由拖欠乙方货款。

5. 双方权利

1）为保证乙方权益，甲方店内美容项目优先选择乙方，甲方不得利用其他渠道进行汽车美容项目的经营。

2）甲方可根据业务需求，不定期向乙方提出改进方案。

3）甲方有义务辅助乙方进行美容施工的开展，保证正常施工环境的运营。

4）乙方承诺确保其产品和施工质量，不以次充好或者提供假冒伪劣原材料，因产品质量引起的纠纷所造成的损失，由乙方自行承担。

5）在本合同签订生效后，乙方应及时提供美容车间的装修样式并跟进美容车间的装修。

6）乙方定期对甲方进行美容专业知识培训，为甲方提供其他集团优秀的营销方案作为参考。

7）乙方确保其提供的产品价格不高于市场价格，如需价格调整应提前一周通知甲方，以维护双方共同的利益。

[1] 本书末附。

6. 违约责任

甲、乙双方若有任何一方违反本协议的任何条款，另一方有权立即终止协议，并用书面形式正式通知对方，所造成的损失由违约方承担。

7. 纠纷的解决

因本合同签订或履行而产生的纠纷，双方应友好协商，若协商不成，可向甲方所在地仲裁委员会申请仲裁。仲裁无效，可向双方所在地法院提起诉讼。

8. 其他事项

本合同一式两份，未尽事宜，由双方协商解决并签订补充协议，补充协议具有同等效力。

甲方： 北京××××××××4S店 地址： 授权代表： 联系电话： 年　　月　　日	乙方： 北京××××××××公司 地址： 授权代表： 联系电话： 年　　月　　日

五、业务开发岗位的职责和要求

1. 美容组长岗位职责

1）负责人员调配安排，配合上级领导完成各项任务。

2）确定业务模式和销售模式。

3）负责和其他部门的沟通和协调。

4）制定绩效提成方案。

5）理顺员工情绪，鼓舞员工士气。

6）制定店内施工标准，确定业务流程。

7）制定员工的培训计划并实施。

8）督导设备的维修检查。

9）统计上报数据。

10）其他。

2. 美容技师岗位职责

1）服从领导安排，安排、协调和督导下属工作，重点检查施工流程和风险防范。

2）接车时同接待人员一起查看客户车况，就所实施的施工项目提出指导意见。

3）遵照“派工单”施工，严把质量关。

4）严格执行操作规范，避免出现工作失误和工伤事故。

5）作业完毕，将“派工单”交付财务人员，完成手续传递。

6）交车时，向客户讲解施工项目的效果和日常注意事项。

7）不断总结提高，防患于未然，有好的经验和思路及时和上级领导沟通。

8）其他。

3. 美容质检岗位职责

1）对部门施工质量和速度负责。

2）监督洗车和美容施工流程。

3）负责对洗车和美容施工质量的检查和改进，保证合格率和客户满意度。

4）协助组长处理客户投诉。

5）负责设备的维修和检查。

6）提出合理的改进方案并定期培训。

7）其他。

4. 美容接待人员岗位职责

1）服从领导安排，接车时协助技师察看车辆情况。

2）用心接待客户，做到服务热情、周到。

3）详细填写“派工单”，安排员工作业，服务项目填写完整、清楚、明确，尽量避免客户与技师理解有误。

4）策略性地劝说客户增加作业项目及购买美容产品。

5）建立客户登记表，注意做好分类，电脑存档。

6）及时研究客户资料，加强沟通互动，增强客户黏性。

第八节 精品奖惩

一项业务能不能顺利开展，能不能取得优异的成绩，除了产品的品牌、质量、价格之外，奖惩措施也很关键，因为这是员工生活的基本保障，同时也是对员工价值的肯定。相对而言，奖励比惩戒更重要。因为惩戒是负向的，而奖励是正向的、积极的，带有很强的引导性。

在实际工作中，应根据奖励的基本原则，掌握奖励的办法和技巧，让奖励真正地发挥其正面、激励的作用，鼓舞士气，提升销量。

一、奖励的原则

在精品奖励中，应遵循如下原则：

1）引导性。该阶段，本店主推的项目或产品是什么，通过奖励让员工自发地把该类项目作为主营项目。

2）及时性。奖励与员工个人绩效挂钩，对员工个人提成部分应及时兑现，原则上当月兑现，必要时应该对特殊项目/产品当周甚至当天兑现。

比如，对推销难度比较大的项目，当大多数员工都有畏难情绪时，或大都推销无果的时候，可以设定重奖，并当天兑现。第二笔、第三笔业务降低提成比例，第五笔以后提成比例和兑现时间趋于正常。

3）相对公平性。工作和生活中没有绝对的公平，但管理者在方案制订、奖惩兑现时出发点应该公平，兼顾大多数人利益和感受。

4）及时调整性和相对稳定性。奖励方案和标准应该随工作重心的调整而调整，随业务进展的速度和规模而调整，但不宜朝令夕改，不能变动太频繁，尤其是不能一看到员工提成过多就骤降，应兼顾员工的心理感受，否则不仅达不到激励的作用，反而会让员工积极性受挫。

二、奖励的分类

按奖励的对象分，有销售人员奖励、售后人员奖励、精品技师奖励等。

按奖励的项目/产品分，有导航项目奖励、太阳膜项目奖励，美容项目奖励等。

按奖励的时效分，有月度奖励、季度奖励、半年奖励、全年奖励等。

按奖励的物质属性分，有物质奖励和精神奖励。

从实用性出发，简单地将精品奖励分成两个部分：对销售员工的个人奖励，对部门/小组的集体奖励。

在业务开展的前期，应以物质奖励为主，精神奖励为辅。当业务到了成熟期，应以精神奖励为主，物质奖励为辅。如何调整、把握好这个度，是管理者管理水平的分水岭。

三、对个人的奖励

对个人的奖励，是指4S店根据公司的规定，对精品业绩有贡献的具体经办人员的奖励。主要包括如下方面。

1. 物质奖励

物质奖励主要是指根据销售额度的提成奖励。其具体指标如下。

指标1：综合任务完成提成奖。为每一名销售员下达基础任务，达到这个额度才开始计入提成。对超过基数的，根据超出的额度，设定梯级提成比例。根据精品完成率多少，可以参考表3-16的精品提成率提成。

表3-16 精品提成率

精品完成率/%	100～120	120～150	150～200	200以上
精品提成率/%	6	8	10	13

指标2：车均额提成奖。规定每一款车型的基本精品额，达到这个额度才开始计入提成。对超过基数的，根据超出的额度，设定梯级提成比例。

指标1和指标2最好结合使用，避免出现个别业务员精品销售额并不高，但因卖车较少而致使精品车均额较高，销车数量较多、精品销售额也高，但因所售车辆较多而使车均额较低的业务员感觉不公平、不服气情况的出现。

建议每个月下达员工的精品销售目标：车均额和综合销售额两个指标结合，低于基础数额的不予提成。

指标3：重点项目提成奖。对重点项目，可单独列出来奖励，任务额度、提成比例、兑现时间可区别于其他常规项目。

在这里需要提醒的是，赠送的产品应从销售额度中扣减，不在提成之列。

2. 精神奖励

1）精品销售冠军榜。每周评出精品之星，每月结合周精品之星评出月度精品销售冠军，在宣传栏内公告表扬。必要时撰写优秀人物专稿，在本集团公司的内部报刊和当地的媒体发表，增强其荣誉感。当然，荣誉名称可以丰富，为了奖励更多人员，弘扬士气，甚至可以在根据精品综合销售额评出冠军的同时，再根据个别项目/产品评出“电子产品销售冠军”“美容技师施工冠军”等荣誉称号。但需要注意的是，应让大家对荣誉有珍惜感，所以不建议授予太多荣誉称号。

2）签订长期合同。在大多数汽贸集团的4S店，员工的劳动合同大都是一年一签，对优秀的员工，可以一签3年或5年，特别优秀又经过长期考验的，可以将时间再行延长。

3）提供培训学习、参观考察的机会。在有晋级、培训或外出参观、考察、检查的机会时，优先为其考虑安排，必要时量身为其定做培训项目，使其业务技能迅速提升，开拓其视野，增强其综合竞争力。

3. 职级提升

1）提升员工等级级别。因为提拔的指标毕竟有限，在可能的情况下，将员工分成三级，每级的基本工资或业绩提成比例不等。连续半年业绩超前的员工，可以上浮一级工资或行政级别。

2）提供多岗位轮训的机会。通过多岗位锻炼，使其尽可能多而快地掌握公司业务全貌，培养其综合思维能力和全局看问题的眼光，加速其成长。

3）提拔。如果综合素质较高，可将其从执行层提拔到管理层，从员工提拔为上一级岗位负责人。

在这里需要提醒：并不是每一个优秀的员工都能成长为优秀的经理人。这一要看其素质和能力，二要看其兴趣。“汽车销售之神”乔吉拉德终其一生都是一名销售员，但我们记住了他的名字，而成千上万的总经理、董事长的名字我们却不得而知。而且，从个人幸福感受度而言，如果做销售比当总经理更快乐，那么，我们就没有必要强逼他到一个不快乐的管理岗位上来。

中国人有强烈的“官本位”的思想，这种思想也影响到企业。人生最大的悲哀，就是离开自己驾轻就熟并且热爱的岗位，因为世俗的观念而转投到貌似更高一级，或自己能力明显不逮的岗位上，致使社会失去了一名优秀的员工，而多了一名平庸甚至不称职的管理者。

四、对部门/小组的奖励

1. 根据产品是否需要安装分

1）不涉及安装的产品。精品销售人员、售后人员按各自的精品销售业绩提成，不同产品规定不同提成比例。

2）涉及精品安装的产品。先核定不同类别产品的提成比例或固定金额，然后在精品销售和安装技师之间以6∶4或7∶3的比例进行分配。

3）赠送的产品。原则上赠送的产品不予提成，但对涉及安装的产品，可对安装技师给予定额或一定比例的安装费。

2. 按岗位分组

为了引进竞争机制，分解领导压力，让人人肩上有担子，可将销售或施工技师人为进行分组，每组3或4人，设定一名组长。对完成任务最好的小组，再行给予提成，或定额奖励。

分组方法：

1）合任务分组。将所有销售的精品全部计算在内，每一名小组人员的销售指标汇总合计，以合计数多少论英雄。

2）以项目分组。可将主要的精品项目，比如导航、美容、太阳膜项目分组，每一名组长负责该项目的主要销售、培训和任务分解工作。

按项目分组因存在一定的不可比性，所以不宜简单地以销售合计数多少论英雄，而应结合历史数据，以增长比的比率高低排名。

需要提醒的是，对于市场科组织、策划、实施的营销/促销活动，可根据活动前下达的指标，根据指标的完成情况，或根据精品人员对活动的认可度、贡献度和依赖度，适当给予奖励。见表3-17。

表3-17　精品奖励方案简略表

单　位	岗　位	激励政策
集团1	精品销售总监	整体精品业务挂钩
	销售总监	整体业务挂钩
	店总经理	利润挂钩
	销售顾问	营收系数提成： 1. 溢价金额＝总售价－裸车基价－装饰签单价（＝销售现价装饰金额－装饰签单价） 2. 溢价提成：按实际加价金额的8%予以提成，单台计算，不与其他低卖金额相抵 3. 溢价部分金额不单独考核，并入装饰金额中合并计算装饰任务完成率，参与装饰考核。如合并后仍未完成月度装饰任务，则溢价利润按6%提成
集团2	精品销售总监	低于85%按0.3%，85%～95%按0.32%，95%～105%以上按0.33%，105%以上0.34%
	销售总监	年薪＋责任状制，无专门提成，KPI精品项考核占9分，考核项为月业绩总额及单台加装额
	店总经理	年薪＋责任状制，无专门提成，KPI精品项考核占9分，考核项为销售部、售后部月总额
	精品负责人	店精品税后毛利的15%用于发放以下部门的精品提成：精品部（主管、精品支持、库管、技师，精品部含底薪）＋销售部（经理、展厅主管、组长、销售顾问、网络部）＋售后部（经理、S/A主管、S/A），新开店根据情况可能适当放宽至15%～19%之间
	销售、服务经理	
	销售、服务顾问	
集团3	副总裁	整体售后和衍生业务挂钩
	精品总经理	整体业务挂钩
	研发总经理	自主产品销量挂钩
	研发人员	自主产品销量挂钩
	订单员	与所负责供应商的销量挂钩
	店总经理	与所有业务利润挂钩
	店精品负责人	① 利润的15%作为店端提成及项目销量挂钩 ② 项目的提成有二次分配权
	店销售、服务经理	整体销量及项目销量挂钩
	店销售、服务顾问	整体销量及项目销量挂钩

以实际车型精品奖励方案为例，见表3-18。

表3-18　NEW RAV4套餐精品奖励方案

序　　号	项　　目	原价/元	套餐价/元	提成/元	部门提成/元	赠送
套餐1（适合2.5豪华以下车型试用）	旗舰版前后杠适配2013款RAV4	4450	16300	1600	400	送价值800元茶叶/红酒礼包及空气净化单次
	旗舰版踏板适配2013款RAV4（踏板带LED灯和照地灯）	2800				
	2013款RAV4行李架（铝底座）（S）	2600				
	优玛太阳膜前风窗玻璃	2680				
	优玛太阳膜侧后风窗玻璃	4280				
	护车跑底盘防锈	1680				
套餐2（全车系）	旗舰版踏板适配2013款RAV4（前杠带LED日行灯）	4450	14900	1300	400	送价值600元茶叶/红酒礼包及空气净化单次
	旗舰版踏板适配2013款RAV4（踏板带LED灯和照地灯）	2800				
	优玛太阳膜前风窗玻璃	2680				
	优玛太阳膜侧后风窗玻璃	4280				
	护车跑底盘防锈	1680				
套餐3（适合2.0豪华版以下车型试用）	语音声控一体机	12800	17800	1200	400	全车膜
	一键起动	5300				颈枕1对
	RAV4舒适型真皮	3200				抱枕2个
	音频升级系统	2280				挂件1个
	氙气近光灯	3500				炭包1个
	行车记录仪	1380				防盗锁1把
套餐4（适合2.0豪华版及以下车型试用）	语音声控一体机	12800	12600	1300	300	全车膜
	镀膜套装（2次）	2800				颈枕1对+抱枕2个
	音频升级系统	2280				挂件1个
	行车记录仪	1380				前置2探雷达
	护车跑底盘防锈	1680				炭包1个
	排气管防锈2支	760				防盗锁1把
套餐5（全车系）	镀膜套装	2800	12600	1300	300	送全车防爆膜
	氙气近光灯	3500				
	胎压检测系统	2280				
	升级防盗系统	2280				
	行车记录仪	1380				
	音频升级系统	2280				
	护车跑底盘防锈	1680				
	排气管防锈2支	760				

（续）

<table>
<tr><th>序　号</th><th>项　目</th><th>原价/元</th><th>套餐价/元</th><th>提成/元</th><th>部门提成/元</th><th>赠送</th></tr>
<tr><td rowspan="17">自由搭配（外饰件）</td><td>旗舰版踏板适配2013款RAV4（前杠带LED日行灯）</td><td>4450</td><td colspan="4" rowspan="17">① 凡现金购买此外饰件3件以内（含）9折优惠，4件以上（含）8.5折
② 现金销售提成8%</td></tr>
<tr><td>旗舰版踏板适配2013款RAV4（踏板带LED灯和照地灯）</td><td>2800</td></tr>
<tr><td>2013款RAV4行李架（铝底座）（S）</td><td>2600</td></tr>
<tr><td>尾门下饰条</td><td>330</td></tr>
<tr><td>晴雨窗（注塑）或晴雨挡（带亮条）</td><td>750</td></tr>
<tr><td>后视镜电镀饰条</td><td>300</td></tr>
<tr><td>后护板A款</td><td>650</td></tr>
<tr><td>镀络尾门饰条</td><td>750</td></tr>
<tr><td>镀络前+后雾灯饰框</td><td>650</td></tr>
<tr><td>镀络上门槛</td><td>680</td></tr>
<tr><td>后遮挡（遮物帘）</td><td>710</td></tr>
<tr><td>不锈钢车身饰条</td><td>640</td></tr>
<tr><td>车窗饰条（含中柱）</td><td>1200</td></tr>
<tr><td>下门槛饰板</td><td>380</td></tr>
<tr><td>排气管</td><td>220</td></tr>
</table>

备注：部门提成不重复计算，没注明的按正常标准计提。

五、巧设任务，明确奖惩

《孙子兵法》云："故杀敌者，怒也。取敌之利者，货也。"这个"货"，在这里的解释可简单地理解为：奖励。而奖励需要制订标准。那么，达到什么标准才能得到奖励？

1. 设定原则

在制订标准之前，也就是下达任务之前，需要先设定原则：

1）引进竞争机制，能者多劳，能者多得。

2）75%~85%以上的单位/个人能完成。即通过努力往上争取，大多数单位个人能完成。不通过努力就轻易地完成，或是所有的单位都完成或都完不成的，都达不到奖优惩劣、奖勤罚懒的目的。

3）刚开始管理的前期，应以鼓励为主，惩戒为辅，以减少工作推行的阻力。

2. 任务指标

原则确定之后，采用哪一种指标下达任务呢？其实，精品的任务下达，不外乎三种指标：

① 精品销售额=本店各项精品产品经营产值之和

② 单车平均额=精品销售额÷新车销售数

③ 百分比 = 精品销售额 ÷ 整车销售额 × 100%

前两种方式，适合单一的品牌4S店，或车型品牌比较单一，或车型品牌档次比较接近的集团公司。其优点是比较简单、明了；其缺点是在高、中、低档不同品牌车型兼营的集团公司，可比性较差，比如，夏利品牌的业务做得再辛苦，再有创意，其精品销售额或车均额一般也很难和丰田相比。这就需要我们引入第三项指标：百分比法。

百分比法：通过精品营业额除以新车售价的百分比，基本上能淡化因车型售价过高或过低对精品营业额的影响，相对公平。

任务一旦制订，就需要层层分解。分解的不只是指标，同时还有压力，当然也可以理解为奖励：

一是应从集团公司的管理层分解到各个品牌大区/各4S店。

二是各4S店应从经理分解到精品经理，再分解到销售员。

三是实行小组负责制的，一定要落实到小组，再落实到具体人员。

四是应分解落实到项目（如太阳膜、导航等）。

五是应分解落实到每个季度、每个月份。

任务分解之后，需要按照时间进度，或小组考核排名，或项目考核排名进行奖惩，否则就体现不了奖惩的及时性，达不到控制的目的。

要推进业务，制订一套有效的奖惩方案是关键。但在实际运行中我们发现，很多4S店的精品激励方案，只有奖励，没有处罚，致使奖惩的力度大打折扣。4S店的利润构成，主要有四大板块：新车销售，维修保养，精品业务，保险及其他。如果只是某一两项做得好，就相当于给了我们四分地，但我们却只耕作了二分。即使这二分地耕作得再好，也荒芜了其他二分地，又有什么值得表扬或奖励的呢？

而且，4S店是一个很好的资源平台，如果不能充分利用，就是浪费。我们浪费了企业的资源，难道不应该惩戒吗？所以，一定要奖罚结合，以奖为主。

3. 实例

以下是某集团4S店的精品销售提成方案，仅供参考。

1）销售一台裸车（裸车，即没有对新车进行任何加装、改造，没有进行任何配置提升的车。也就是说，从汽车生产车间采购的、原样卖出去的车）提成50元，销售升级车提成500元。

2）单车精品任务以8000元为基数。比如：达到1万元的，单车提成增加1.2倍；只完成加装4000元的，则提成为50%；低于4000元的，按一定比例扣减收入。

3）本月销售车型中，加装额低于2000元的车型销售，占本人销售车辆50%的，不仅没有精品销售提成奖，而且没有新车销售提成奖。

这个办法虽然看似简单，但具有很强的杀伤力：第一，它有方向的引导——倡导卖加装升级车；第二，有具体的奖惩标准；第三，奖罚结合。所以其效果立竿见影。

六、以关系协调为基础的收式

做精品也同样需要一个收式，这个收式就是关系协调。尤其是对于集团公司的精品业务管理层而言，因涉及部门、人员、各方利益和各种习惯性因素太多，更需要注意关系的协调，否则很可能人为地增加工作障碍和阻力。

对 4S 店的精品管理而言，精品团队既包括精品团队本身，也包括前台销售人员和维修人员，同样离不开关系协调。很多部门经理都把带领本部门做事当作自己工作的第一要务，这种思路本身就有问题，因为如果这样，还不如找一个资深业务员或业务骨干带领本部门做事更方便。深圳思巴达集团董事局主席刘一秒说得好，部门经理的第一要务，是协调其他部门；第二要务，是与老板和集团高层沟通；最后才是带领本部门做事。

那么，对精品运营而言，关系如何协调呢？或者说，怎么才算关系协调得好呢？

用图 3-18 来说明，可以表达得更简洁一些。

这就是说，首先应挖掘员工的恐惧心理：如果卖不好精品，不仅其物质利益受损，其精神利益，比如说先进工作者等各项荣誉也不会有，并且会影响到个人的提拔使用；然后通过其业绩达成，满足其物质、精神和职场发展需求，从而进一步利用其感恩心理，使关系更顺畅；最后，使之养成习惯，形成依赖，周而复始地运转。

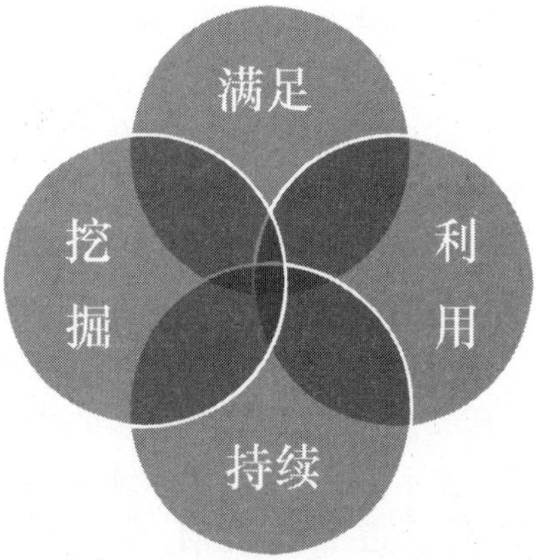

图 3-18　以关系协调为基础的收式

做精品很容易，掌握好方式方法就可以良性运转。但是，做精品又很难，需要各部门的协调联动，需要经常保持市场的敏感度。自相矛盾吗？其实不然。从复杂到简单，再从简单到复杂，是一个递进式的过程。

之所以说容易做，是指应该从战略上藐视敌人、藐视困难，从初级开始提升，相对容易。之所以说不好做，是指应从战术上重视困难，研究问题、解决问题，而且从中级提升到高级水平相对困难。再者说，评分的标准也在与时俱进，不断地进行调整，今天的 100 分，可能明天只是 80 分甚至 60 分的水平。

所以说，精品之路没有止境，“没有最好，只有更好”，充满了未知和变数，这也正是行业的魅力、职场的魅力。

后　　记

不知不觉间，3 个月过去了，这本书已经基本完成。书中虽然已经啰嗦了太多，但总感觉意犹未尽。是画蛇添足也好，是总结陈述也好，还是想把一些感受、疑惑和认识，最后归纳一下，和大家分享。

1. 差异化产品经营，是永续之路吗？

刚进入这个行业时，总是听到同行说：要做差异化的产品。可是，市场上哪有那么多差异化的产品？格力空调、海尔空调和美的空调，如果不带标识，有几个消费者分得清？又有几个从业者能分辨得出？

汽车精品市场一如 10 年前的家电行业，变化太快，竞争日益激烈。前期可能会有暴利，但日后必趋于微利，这是所有行业必将走过的过程。没有哪一个行业能永远暴利，市场不允许。当利润高的时候，蜂拥而至的后来者会稀释、摊薄你的利润。

所以，面对大家提得最多的产品差异化，我不敢苟同。个人认为，靠产品信息不对称来赚钱，是不持久的，不是永续的发展模式，只能是暂时的过程或短期、短视行为。随着竞争的加剧，渠道越来越透明，客户越来越懂行，想要靠模糊概念来欺骗客户，显然难长久。如若不信，大家可以试试：让一个“80 后”泡在“百度”上 3 天，基本上可以把一个行业弄个门儿清。

4S 店不能去做坑蒙拐骗的业务，我们要做的就是让客户明明白白消费。这也对我们提出了更高的要求：一是团队要有过硬的销售能力；二是市场需要更高程度的规范化，这一点 4S 店应和供应商一起努力。如若一直血腥地杀价，到最后大家都没办法生存。

调整和变化是永恒不变的主题。既然左右不了大势和环境的变化，唯有不断改变自己，适应环境的变化并在变化中持续保持向前的动力。最终的方向，必然还是通过服务提升客户的满意度以求得长远、永续的发展。

2. 真正的差异化，是服务的差异化

4S 店与汽车精品生产厂家不同，它们不是产品的生产者，而是无形服务的提供者。可以这样说，服务才是汽车经销商唯一的核心竞争力。在整个销售和服务环节中，4S 店的产品就是服务。但现在，经销商更多把注意力放在卖有形产品上，而忽略了在有形汽车产品之上，在销售和服务环节中缺少了真心和感情。自身“产品”的认知偏差，让经销商的精品销售南辕北辙。通过优质的服务更好地卖车，把感情和服务有机结合起来，才会形成真正的生产力。

大家可以思考一下：国美和京东，卖的产品有多大差异吗？沃尔玛和家乐福，产品有多大区别吗？同样是涮羊肉，东来顺和海底捞，羊肉和锅底，有多大的区别呢？

产品已经同质化，但服务的方式和模式却有不同。

服务的方式和模式或有不同，但最终的目的却是一样：让客户满意，追求客户满意度的最大化。

3. 真正的胜出，是执行力的胜出

做汽车精品，其实没有什么高深的学问，就是在理念统一的前提下，追求细节和执行。

我们发现，虽然几乎所有的4S店集团都明白经营汽车精品的重要性，都知道汽车精品销售所能带来的利润，也都有一个团队在负责运营，但令人遗憾的是，做得好的集团和4S店，永远是凤毛麟角，更多的还是原地踏步，或是艰难地起步，一年年难以走出在低层次徘徊的怪圈。

大家都知道要以集团公司利益为重，但在产品的选择上，在供应商的选择上，为什么总是要考虑太多个人的因素呢？

都明白要聚焦产品，将重点项目、重点产品做好，但为什么同一类别的产品，竟然在一家4S店会有几家并存，任由他们恶意竞争、互相扯皮呢？

执行力是看不到的生产力，却如同一柄利剑，切割出高低上下。

言行一致，令行禁止。以公司利益最大化为原则，在看似简单的背后，考验的是集团公司的文化和执行力。文化和执行力看不到，却又无所不在，并成为最终决定胜负的关键因素。或许，这正是道家所言：虚胜于实，无胜于有。

如何提高精品的执行力，非精品一部门之力所能，而需要整个集团公司的合力。也因此，我们说，企业的竞争，最初是产品的竞争，到最后决定胜负的，是企业文化的竞争！

企业文化的打造是一条漫无止境之路。作为4S店业务板块的一个重要分支，作为企业文化的一个组成部分，从这个意义上说，4S店的精品之路还有更多的路要走，还有更多的无奈和精彩等着我们去体验、感受和创造！

路漫漫其修远兮，吾将上下而求索。让我们一起努力！